河北农业大学农林经济管理

2017年度河北省社会科学重要学术著

河北省社会科学发展研究课题（课题编号：

植物品种权交易价值评估研究

Study on Evaluation of Plant Varieties Rights of Transaction Value

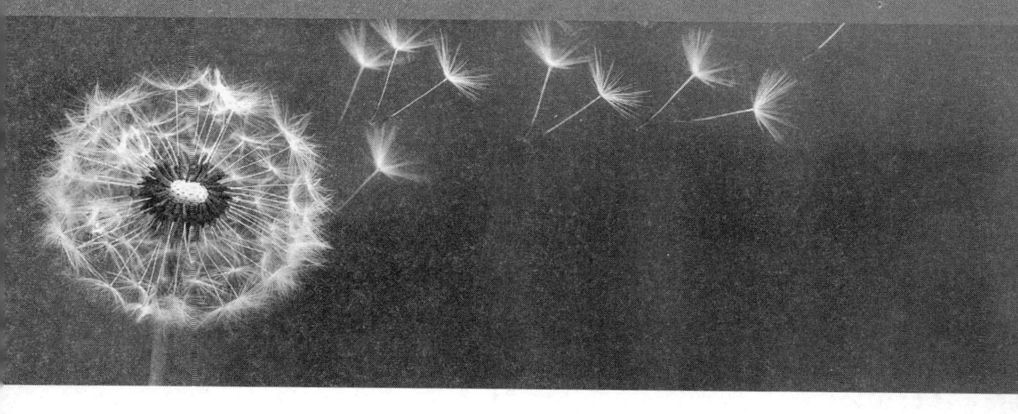

刘宇 著

中国财经出版传媒集团

经济科学出版社
Economic Science Press

图书在版编目（CIP）数据

植物品种权交易价值评估研究／刘宇著．—北京：经济科学出版社，2018.5
（河北农业大学农林经济管理学科论著）
ISBN 978-7-5141-9328-2

Ⅰ.①植…　Ⅱ.①刘…　Ⅲ.①植物-品种-知识产权-研究-中国　Ⅳ.①D923.404

中国版本图书馆CIP数据核字（2018）第102008号

责任编辑：崔新艳
责任校对：王肖楠
责任印制：王世伟

植物品种权交易价值评估研究
刘　宇　著
经济科学出版社出版、发行　新华书店经销
社址：北京市海淀区阜成路甲28号　邮编：100142
经管中心电话：010-88191335　发行部电话：010-88191522
网址：www.esp.com.cn
电子邮件：expcxy@126.com
天猫网店：经济科学出版社旗舰店
网址：http://jjkxcbs.tmall.com
北京季蜂印刷有限公司印装
880×1230　32开　8.75印张　240000字
2018年5月第1版　2018年5月第1次印刷
ISBN 978-7-5141-9328-2　定价：38.00元
（图书出现印装问题，本社负责调换。电话：010-88191510）

总　序

河北农业大学农林经济管理学科萌芽于1956年，当时在农学系设立农业经济教研组。1979年成立农业经济系筹建组，1980年正式成立“农业经济系”并招收本科生；“林业经济管理系”于1986年成立并开始招收本科生。1986年，农业经济管理专业建设成为河北省首批经济管理类硕士授权点，1995年建设成为河北省省级重点学科，2000年取得了农业经济管理专业的博士学位授予权，同年建成土地资源管理硕士学位授权点；2003年建成林业经济管理和会计学两个专业硕士学位授权点；2005年建成农林经济管理专业一级学科博士和硕士学位授权点。

伴随着我国研究生教育和农林经济管理的发展，河北农业大学农林经济管理学科经过几十年的不懈努力，已经形成了从专科生、本科生到硕士研究生、博士研究生的较完整的培养体系。现已形成的稳定的研究方向为：农业经济理论与政策、农业经营与企业管理、农村财政与金融、农村经济信息管理、农村经济统计与数量经济、会计与资产评估、土地经济与管理、林业工程与管理、林业资源与可持续发展等。师资队伍中已经呈现一批优秀的“三农”专家、教授、学者，为河北省乃至全国做了大量社会服务工作，期间形成了大量的研究成果，包括课题、获奖、领导批示、应用证明，我们以博士生导师为主成立编委会，从中推选出部分研究成果以“河北农业大学农林经济管理学科论著”形式编辑出版，以期为我国农林经济管理研究生教育和学科发展做出一定贡献，同时介绍本学科的最新研究成果，为农林经济管理理论研究和“三农”建设科学决策服务，并以该套论著出版增强各高校、科研单位及相关部门之间的交流与合作。

农林经济管理事业及学科在快速发展，其中许多理论问题需要进一步深入研究，敬请专家学者对该系列论著的出版给予关注、关心和匡正。

河北农业大学商学院教授、院长
王建忠

前　　言

植物品种权是农业知识产权的重要组成部分，其顺利交易转化对促进我国农业发展有重要作用。近年来，我国越来越重视植物品种权保护，其申请量和授权量均呈现逐年上升态势。相应地，植物品种权交易的种类和数量也逐年增加，植物品种权价值评估逐渐成为农业知识产权价值评估中最重要的组成部分。

然而，由于植物品种权自身的特殊性，对其交易价值进行评估非常困难。目前国内对植物品种权价值评估的研究较少，以市场交易为目的的评估，无论理论层面还是实践层面都难以满足需求。传统评估方法下的评估结果均为一个确定的值，只考虑委托方的利益，没有充分考虑供需双方各自利益的最大化，也没有反映出植物品种权价值的变化区间。中国资产评估协会在 2008 年提出了价值区间的概念，此后评估界对资产价值区间的研究越来越多，但大都集中在商标、技术型无形资产、商誉等方面的价值评估上，植物品种权价值区间研究仍属空白。

随着我国植物品种权评估业务数量的不断增多以及评估立法、规范的不断完善，探讨确定新的研究思路并合理确定新思路中的参数，对于完善植物品种权评估体系、保证植物品种权价值评估结果的合理性、促进植物品种权的合理流动并实现其价值最大化意义深远。

本书的研究将“价值区间”引入植物品种权价值评估中，以植物品种权交易价值评估为研究对象，在分析植物品种权价值特殊性的基础上，运用市场供求理论，从供给和需求双方角度出发，通过构建植物品种权价值区间评估模型，探索植物品种权价值评估的新思路，并通过案例应用验证植物品种权区间价值评估模型的可行性。

本书在以下三方面有所创新。

（1）分别构建了植物品种权供给方以及需求方的价值区间评估模型，确定了供需双方各自的价值区间。

（2）在植物品种权折现率参数的测算上，针对我国大部分种业公司为非上市公司的现状，对传统确定折现率的 CAPM 模型进行改进，提出了同时适用于非上市公司的基于 CAPM 模型的动态生命周期折现率，并在此基础之上构建了企业特有风险以及植物品种权特有风险指标体系。

（3）在植物品种权分成率的测算上，提出了可比公司调整法，对待估种业企业与可比上市公司的影响分成率的因素进行调整及量化处理，在一定程度上缩小了待估种业企业与可比上市公司分成率之间的误差。

本书在撰写过程中参考了国内外专家的优秀研究成果，本书的顺利出版得到了河北农业大学商学院的支持和帮助，在此一并致谢。

由于时间和水平有限，本书还存在一些不足，恳请广大读者批评指正。

作　者

2018 年 4 月

目　　录

第一章　引　言

第一节　问题的提出

一、研究背景

20 世纪 90 年代以来，随着国际间经济合作与发展空间越来越大，农业知识产权在农业国际竞争中的作用日益凸显。植物品种权作为农业知识产权的重要分支，与之有关的投资及交易数量也在逐步增多，在我国乃至国际评估领域中，植物品种权价值评估的种类和数量呈现出逐步上升态势。

植物新品种是指经过人工培育或对发现的野生植物加以开发，具备新颖性、特异性、一致性和稳定性并有适当命名的新品种。而植物品种权（PVR）是农业知识产权重要的组成部分，是由植物新品种保护审批机关依照法律、法规规定，赋予植物品种权人在一定期间内，对其植物新品种所享有的独占性质的所有权。随着农业生物技术的发展，具有行业特征的农业无形资产种类越来越多，优良的植物品种权对农业生产发展的促进作用日益突出，其研发成为农业技术创新中最活跃的因素。加之植物品种权具有一定的垄断性，它在我国乃至国际农业竞争中正逐步取代农产品竞争，成为新一轮知识产权争夺的焦点。“十三五”时期是确保我国农业科技整体实力率先进入世界前列的关键时期，大力提升植物品种权的研发，对积累我国农业发展战略资源，实现新形势下对农业可持续发展的保障作用意义重大。同时，十八大报告也明确提出创新驱动发展的战略思想，植物品种权正是将创新育种成果转化为国家农业发展战略资源的有效途径，其价值是衡量一个国家、地区和企业农业自主创新水平的重要指标，对植物品种权价值进行研究具有重要的战略意义。

种业是我国战略性、基础性核心产业，长期以来我国高度重视种业发展，采取了诸多有效措施促进其发展。1997 年 3 月 20 日，中华人民共和国国务院颁布了《中华人民共和国植物新品种保护条例》（以下简称《条例》），于 1997 年 10 月 1 日起施行。《条例》对植物品种权的内容、归属、授予条件等做出了详细规定。1999 年我国正式加入国际植物新品种保护联盟（UPOV），标志着植物新品种保护国际协作的开端。2000 年，全国人大常委会颁布了《种子法》，进一步推动了种子产业的市场化，逐步由传统的政府主导向市场主导转变。2004 ~ 2014 年，中共中央连续 11 年发布“中央一号”文件，专注“三农”问题，强调保护农业知识产权的重要性，以促进成果转化。2010 年 6 月，农业部发布了《农业知识产权战略纲要（2010—2010 年）》，提出 2010 ~ 2020 年的战略目标，并专门针对植物品种权提出了专项建设任务。2011 年 4 月 18 日，国务院全文发布《关于加快推进现代农作物种业发展的意见》（以下简称《意见》，业内又称为“种业新政”），首次明确了种业科研的分工，提出逐步建立以企业为主体的商业化育种新机制，标志着我国农作物种业将进入产业升级的新阶段。为贯彻落实《意见》要求，结合实施《全国新增 1000 亿斤粮食生产能力规划（2009—2020 年）》和《全国现代农业发展规划（2011—2015 年）》，国务院办公厅于 2012 年 12 月 26 日发布了《全国现代农作物种业发展规划（2012—2020 年）》，提出了未来几年我国种业发展的总体要求及目标，并明确了重点发展任务。2015 年 4 月，农业部科教司发布了《中国农业知识产权创造指数报告（2015）》，报告显示，“十一五”期间，农业植物新品种申请量和授权量年均增加 4. 89% 和 29. 16% ，分别是“十五”

期间的 1.72 倍和 4.29 倍，农业植物新品权申请量和授权量快速增加，标志着我国农业科技创新能力和育种创新能力快速增强。

在农业实践方面，自加入 UPOV 以来，农业部先后发布 9 批植物品种保护名录，受保护的植物属、种高达 93 个。据农业部统计，截至 2014 年 12 月 31 日，农业部植物新品种保护办公室共受理植物品种权申请 13824 件，授权 4845 件，其中接受的国外申请为 813 件，我国在 UPOV 申请保护的数量已居世界第二位，可以看出我国植物育种创新已取得初步成效。

在计划经济时代，农作物品种大都无偿使用，大大挫伤了育种者的创新积极性，进而影响了品种创新的质量和数量。随着国外种业逐渐进军国内，行业竞争日趋激烈。许多育种单位采取有偿方式向经营单位转让植物品种权，育种研发的市场价值逐步凸显出来。与此同时，与植物品种权有关的研讨会及交易活动也日趋活跃。

2008 年 9 月 2 日，农业部和山东省政府共同在莱州主办了“第四届中国农业植物新品种展示暨品种权交易会”，会议以“保障权益、激励创新、加快转化、提升产业”为主题，征集了全国参展品种 163 个（其中，玉米 96 个、花生 20 个、蔬菜 47 个），参展企业高达 86 个。参展交易会的 8 家科研单位和企业现场签订了植物品种权转让协议，涉及 20 个新品种，转让金额达 8000 多万元。2014 年 5 月 26 日，国际种子联盟（ISF）主办的 2014 年（第 75 届）世界种子大会在北京市丰台区隆重开幕，来自国内外种业界的 1400 多名代表参加了此次种业盛会。同年 8 月 13 日，农业部依托中国农科院成立了国家种业科技成果产权交易中心，实现了植物新品种及其育种材料的在线交易，促进了种业科技成果公开交易、提高了成果转化率。随后的 12 月 2 日，农业部在该交易中心举办种业科技成果确权推介交易活动，首次公开举行种业成果确权交易签约仪式，总共完成 9 项交易成果，金额高达 3000 万元。

然而，我国在植物品种权交易方面依然存在诸多问题，包括交易规模小、交易数量少以及交易流转不畅等。尤其是科研单位以及高等院校自主研发申请取得的植物品种权，绝大多数仍停留在科研报奖阶段，并没有进行交易实施和应用，阻碍了植物品种权转化推广效率。究其原因，主要是由于目前我国植物品种权交易平台较少，交易市场尚不成熟，运行机制不够健全，缺乏科学的估价系统，不具备完善的农业科学技术信息网络系统和中介组织，交易缺乏动力等，这一切不利因素都直接阻碍了植物品种权的有效流转，从而造成植物品种权转让实施的低效率以及闲置和浪费。

从产权经营角度来看，植物品种权作为价值较高的农业知识产权，其本身就是一种财富，只有通过市场进行交易转让，才能实现植物品种权资源的优化配置，促进我国种业长远发展。众所周知，为培育一项植物新品种，育种家大量智力劳动和时间的投入是必不可少的，还要承担研发失败的风险；且研制成功后，若转让价值不够合理，对育种家造成损失的同时也会严重挫伤育种家研发的积极性，不利于我国育种科研事业的长远发展。因此，合理地对以交易为目的的植物品种权交易价值进行研究，不仅符合我国社会主义市场经济的发展方向，而且能够满足我国种业市场交易的需求，符合我国资产评估行业未来的发展方向，同时也与国家的产业政策相吻合。

从评估理论层面来看，2001 年 7 月，财政部颁布了《资产评估准则——无形资产》，2001 年 9 月 1 日起实施，开辟了资产评估行业新局面，对被评估无形资产的范围、评估师的基本要求、评估报告的披露情况进行了详细阐述。2004 年出台的《资产评估准则——基本准则》以及《资产评估准则——职业道德》，进一步对评估基本要求、评估操作、评估报告出具、执业责任等做了详细说明。2008 年，中国资产评估协会组织专家修订并完成了《资产评估准则——无形资产》，此次修订工作的完成，标志着我国无形资产评估准则建设工作发展到不断完善的新阶段。同年 11 月，中国资产评估协会颁布了《专利资产评估指导意见》，自2009年7月1日起实施。2011年5月，中国资产评估协会制定并发布了《著作权资产评估指导意见》，于2011年7月1日起实施。以上意见均对“收益法、成本法以及市场法三种评估方法下评估需重点注意的事项进行了阐述”。2011年12月，中国资产评估协会颁布了《商标资产评估指导意见》，该意见指出：注册资产评估师应当根据评估对象、价值类型、资料收集情况等相关条件，分析收益法、市场法和成本法三种资产评估基本方法的适用性，恰当选择一种或者多种评估方法。2015年12月，中国资产评估协会颁布了《知识产权资产评估指南》，并于2016年7月1日起实施，指南对“知识产权评估报告中通常应当包括的内容进行了说明，包括知识产权的性质、权利状况、地域限制、活力期限等，并阐述了评估师在转让及许可使用、出资、质押、诉讼以及财务报告等不同评估目的下所应当熟悉和掌握的重点内容”。可以看出，在评估理论层面，我国尚未出台专门针对植物品种权交易价值评估的准则及规范，现行的准则及规范（包括知识产权、专利、商标等评估指南）只是从整体上提出了评估的常用思路，并没有针对植物品种权具体评估方法中的难点问题进行详细阐述，例如收益法评估植物品种权时收益期、超额收益及分成率等评估参数的确定，成本法下重置成本的构成及确定，市场法下参照物的选择等。

从评估实践层面来看，一些事务所已经开展了植物品种权价值评估业务，但真正能独立承担植物品种权价值评估项目的评估师为数并不多，且在实际评估业务中也存在着很多问题。例如，收益法应用中，对三大参数（收益额、折现率以及收益期）的确定缺乏科学指导依据；在成本法应用中，由于植物品种权研发的继发性、累积性等特征，其重置成本的确定也存在着一定的困难；在市场法应用中，可比交易案例的选择带有些许主观性等，以上这些均会影响植物品种权评估结果的合理性，对评估质量产生一定的影响。总体来说，能够承接植物品种权价值评估项目的评估公司数量较少，远远不能满足品种权交易日趋增多的需求。

植物品种权价值评估是植物品种权交易价值研究的核心问题，但是，由于其自身的无形性、附着性、垄断性以及价值形成与补偿的特殊性、流通过程的复杂性等特点，对其交易价值进行评估极其困难，这成为阻碍植物品种权实施及创新的“瓶颈”。目前，国内对有关植物品种权价值评估的研究尚少，尤其是以市场交易为目的的评估，无论从理论层面还是实践层面都难以满足有效需求。此外，传统评估方法的应用仍存在诸多不足。例如：结果均为某一个确定的值，只考虑委托方利益，在现有种业市场环境复杂多变的情况下，没有充分考虑供需双方各自利益的最大化，也没有反映出植物品种权价值的变化区间。中国资产评估协会于 2008 年提出了价值区间的概念，此后评估界对资产价值区间的研究越来越多，但大都集中在商标、技术型无形资产、商誉等方面的价值评估上，对植物品种权价值区间的研究仍处于一片空白。

随着我国植物品种权评估业务数量的不断增多以及评估立法、规范的不断完善，探讨确定新的研究思路并合理有效地确定新思路中的参数，对于完善植物品种权评估体系、保证植物品种权价值评估结果的合理性、促进植物品种权的合理流动并实现其价值最大化意义深远。本书将“价值区间”引入到植物品种权价值评估之中，同时考虑植物品种权供需双方的利益，分别构建植物品种权供给方和需求方可接受的价值区间模型，在得出植物品种权价值评估区间的基础上，运用一定的方法找出其最可能实现的成交价格，即均衡价值在价值区间中的具体位置，以期为植物品种权交易过程中最终交易价格的确定提供一定的参考及借鉴。

二、研究目的

本书的研究目的是通过分析植物品种权价值主要影响因素，对植物品种权交易时供给方和需求方双方的利益进行分析，构建植物品种权价值区间评估模型，并找出植物品种权价值区间评估模型中主要参数的确定方法，确定植物品种权达成交易时的均衡价值，最终解决植物品种权价值估算问题，提高植物品种权价值评估的科学性。

三、研究意义

在我国种业竞争愈演愈烈、植物品种权申请和交易日趋增多的今天，评估行业只有顺应种业发展的需求才能谋求自身的生存和发展。基于目前我国“种业新政”中提出的建立以企业为主体的商业化育种机制的要求，植物品种权的流动性逐步增强，植物品种权评估业务也越来越多。与此相对应，植物品种权价值评估的方法也应当得到进一步的发展与完善。

目前，由于植物品种权的特殊性以及种业交易市场发展的不完善，在我国植物品种权价值评估中主要应用的仍是评估准则中规定的三大评估方法，其中以收益法应用最为广泛。2011 年 12 月我国资产评估协会出台《实物期权评估指导意见（试行）》后，相继有部分学者针对“植物品种权的期权特性”，将“实物期权法”应用到植物品种权价值评估中，但是该方法的应用仅仅限于理论方面的研究，并未在评估实践中得到广泛应用。上述方法均有一个共同的特点，即在植物品种权价值评估过程中只考虑了委托方的利益，并没有从供需双方利益的角度出发，因此，在对最终评估值确定的过程中，未免会带有倾向委托方的主观色彩，在一定程度上影响评估结果的可靠性。此外，无论以上哪种方法，均有不同的理论基础、应用假设及范围，用不同方法评估待估植物品种权的价值评估结果也会有所差异，同一评估师在不同情况下对同一植物品种权评估的结果也可能会不一样，这样在确定最终评估价值时难免会出现误差。特别是每种评估方法得到的评估结果直接为某一个确定的值，不能反映出植物品种权价值的范围及变动趋势，可靠度有待检验。

因此，在原有植物品种权评估思路直接确定“点值”的基础上，考虑供需双方的利益，探索基于“区值”的植物品种权价值评估模型，在缩小植物品种权评估误差的基础上再确定其均衡价值，意义重大。

（一）理论意义

我国资产评估的理论研究明显滞后于评估实践发展，植物品种权价值评估问题同样如此。近年来，随着植物品种权交易种类及数量的增加，植物品种权评估实践也在不断前进，社会各界对植物品种权价值评估的需求也越来越多。然而，目前我国尚未出台一部关于植物品种权价值评估的准则。在评估实务中遵循的是《资产评估准则——基本准则》《资产评估准则——无形资产》等准则，目前这些准则和规范并没有针对植物品种权的特点提出具体评估思路，不能满足植物品种权价值评估实务的迫切需求，且一些学者提出的评估方法创新缺乏现实应用的基础。

因此，针对植物品种权的特殊性，同时考虑供需双方的利益，对植物品种权价值区间评估模型进行构建并确定其最终的均衡价值，对于完善植物品种权资产评估理论、保证评估结果的合理性、更好指导评估实践有一定的推动作用。

（二）现实意义

第一，将植物品种权评估价值以区间形式表现出来，有利于促进供需双方达成交易。根据植物品种权价值区间评估模型得出的价值区间，可以反映一定时期内植物品种权价值的变化趋势，有利于在植物品种权交易中供需双方做出正确决策，即可以根据植物品种权价值的变化趋势来综合决定是否卖出或者购买，促进供需双方在兼顾各自利益的基础之上达成交易。

第二，将植物品种权评估价值以区间形式表现出来，有利于供需双方节省交易成本。众所周知，评估值并不是产权交易的成交价，要得出成交价，还需产权交易双方根据评估值进行讨价还价，在此基础上，通过供需双方的博弈，最终达成其均衡价值。在评估值是确定值的情况下，供需双方谈判势头是“发散”的，无形中增加很多交易成本，最后的成交价有可能大大高出评估值，有可能大大低于评估值，不利于降低成本。如果供需双方在确定的评估价值区间内进行谈判，谈判势头是“收敛”的，即在区间的上下值之间进行波动，这有利于双方进行合作，降低交易成本。

第三，将植物品种权评估价值以区间的形式表现出来，有利于提高植物品种权价值评估的质量。在确定的植物品种权评估价值区间的基础之上，通过贝叶斯纳什均衡找到其均衡价值，可以缩小其讨价还价的范围，缩小评估误差，进而提高评估结果的合理性，保证评估质量。

第四，对现有评估思路及评估参数的确定具有一定的指导作用。一是本书确定了供需双方的价值区间，在此基础上通过贝叶斯纳什均衡找到均衡价值，有别于目前评估中直接确定一个固定的评估值的评估思路。二是本书对所构建的供需双方的评估模型中的参数进行了量化及确定。其中，供给方评估模型中成本类评估参数的确定对传统评估方法成本法中参数的确定有一定的指导作用；需求方评估模型中收益类评估参数的确定对于传统评估方法收益法中参数的确定有一定的指导作用。

第五，有利于充分发挥资产评估在植物品种权研发、交易、保护、运用和管理中的中介作用，更好地服务于国家农业知识产权战略。一是可以保证植物品种权交易的公平合理，增强植物品种权的保护意识，促进植物品种权交易市场的健康发展。植物品种权价值评估是否科学、公平、合理关系到产权交易当事人的切身利益。二是有利于促进植物品种权的有效利用和转化，对农业科技产业化起到积极的推动作用。目前我国的育种科研成果的转化率较低，许多教学科研单位的育种成果并未得到充分利用，主要原因是缺乏有效的知识产权交易平台、中介服务平台以及合理的植物品种权价值评估服务系统。植物品种权的评估能够为科技成果转让提供价格依据以及独立中介服务。

第六，有助于植物品种权评估事业持续、健康的发展。加强植物品种权评估的理论及实践研究，对于提高评估方法的适用性、评估参数选择和运用的规范性及合理性，解决植物品种权评估行业的信任危机有一定的积极作用；也可以改善资产评估在社会公众中的形象和地位，营造良好的外部环境，促进植物品种权评估事业的健康可持续发展。

第二节 国内外研究现状

一、国外研究现状

在发达国家，评估历史悠久。资产评估的触角已延伸到市场经济的每个角落，规范的市场体制、广泛的评估范围、活跃的交易市场、快速的信息传播均为资产评估行业的发展和资产评估理论与方法的完善创造了良好的外部环境。国外资产评估主要分为两大流派：一派以英国为代表，注重不动产评估；另一派以美国为代表，重视企业价值和无形资产评估。

本部分主要围绕植物品种权价值评估理论、植物品种权价值评估方法以及收益类参数确定三方面展开研究。由于植物品种权属于农业知识产权的一种，植物品种权评估方法大多借鉴的是知识产权评估方法，因此该部分的国外研究综述主要借鉴了知识产权评估方法的最新研究成果。

（一）植物品种权价值评估理论研究

植物品种权价值评估研究要以一定的理论研究及经济理论作为起点。美国资产评估师协会认为，“价值”应当是资产活动范围考虑的首要问题，因此，资产评估理论研究的起点应当从价值展开讨论。此外，资产评估过程离不开对资产评估结果的“确定性”的分析。因此，本部分植物品种权价值评估理论研究主要围绕资产评估中价值的概念、经济学价值与资产评估价值的关系以及资产评估结果的确定性三个方面展开。

1. 资产评估中价值的概念

在目前的资产评估理论基础研究中，价值（格）理论是资产评估理论的根本，它不仅直接关系到资产评估的相关概念的定义、实际操作中对评估过程的模拟和相关因素的把握，还关系到评估结果的属性以及评估结果准确性参照标准等关键问题。在查阅文献中，发现国外学者在资产评估价值论述中，基本上是沿着价值（value，广义或狭义）、市场价值（market value）、市场价格（market price）、最可能市场价格（the most probable price）的概念顺序，沿着相应的价值理论（price theory）、估价理论（valuation theory）、评估理论（appraisal theory）这一链条进行的，虽然大多数研究只是链条中的某一段或某一点而已。

贾菲（Jaffe，1985）与莱斯特（Lusht，1985）指出，正确理解相关经济理论中价值的含义，对于提高评估质量有着积极的促进作用。正是基于这种认识，国外学者对评估理论的研究基本上是依据一定的价值观或价值理论来展开的。另外，博弈论作为经济理论发展前沿与一种重要的分析工具，目前还没有引起国外资产评估学者的重视。

不同的价值概念导致不同的价值估计，不同的价值定义也决定了评估时所采用的适用的评估方法。资产评估是对资产价值的评估，而人们对价值概念（主观或客观）和价值形式的认识是有差异的。西方对价值的理解基本上建立在经济意义的价值论尤其是效用价值论基础之上，但对资产评估价值应具有的经济价值具体形式是有争论的，也是有侧重的。《国际评估准则》（IVS）主编迈克尔·让·梅尔格拉姆（Michael R. Mailgram，2001）指出，在世界范围内，资产市场的特点各不相同，价值概念、方法上有着更宽泛的不同。如在一些国家（以不动产评估为特色），“在用市场价值”是基本的概念，而在另外一些国家（如美国），实务工作者仅认可“最高最佳用途的市场价值”。

著名的评估学者拉特克利夫（Ratcliff，1972）提出了价值三概念：所有者的主观价值（V_s）、市场价值（V_p）和资产销售价值（V_t）。其中，V_s可以被认为是在用价值，而V_p、V_t为交换价值。在拉特克利夫提出的三个概念中，市场价值概念对资产评估理论有重大影响。他指出，资产评估是决定市场价值的过程，而市场价值的不确定性需要明确表述价格预测幅度，市场价值可用最可能市场价值（Most probable Price，MPP）来替代，最可能（销售）价格这一定义增强了评估过程的可信度。美国专业评估统一准则指出，价值可以称为对特定的使用者或投资人的所有未来收益（由财产权引起的）的现值。价值与价格是有区别的，资产的价值通常指公允市场价值。在有效市场结构下，价格将与价值相等，但在买卖双方信息不对称、谈判技巧或经济实力不同的情况下，两者有差异。价值概念的基本内涵是“最高最佳用途”原则。

凯爱特·史布尼斯（Keiht Spnece，2000）等人认为，价值是一个依不同的持有人而不同的、有争议的主观问题。在评估词典中，价值有很多种类型，如账面价值、保险价值、重置价值、评估价值、真实价值、内在价值、清算价值、战略价值、投资价值和公允市场价值。其中的公允市场价值是被大多数评估权力机构、协会、税务机构、法规体系所普遍认可的评估标准。

有些学者或机构还从广义价值观角度论述了资产评估中的价值概念。卡普拉（Capra，1982）曾指出，在过去的400年里所采纳的价值系统是以货币价值为基础的，它限制了投资决策中定性因素的考虑。皮特·登特（Pete Dent，1998）和马里昂·坦普尔（Marion Tempel，1998）将广义价值论分别用于定量及定性的评估，提出价值既意味着市场交换价值，也指道德伦理价值，两者并不独立。英国学者尼克·弗伦希（Nick French，2001）在探讨不同价值定义的基础上，认为存在一种将各种定义密切联系起来的主线：拉特克里夫的三种价值概念的比较——市场价值概念在评估中的指导作用——市场价格与市场价值的概念比较。

2. 经济学价值与资产评估价值的关系

迈克尔·布莱特（Michael Blight，2003）认为在运行良好的市场中，不需要规范的价值理论。此时市场价值 = 真实价值 = 现值。相反，如果资产市场运行不好时（正如现实资产市场），则需要规范的价值理论，此时市场价值、真实价值与现值就不相等。在三者不相等时，我们将探询最适当的方法来评估真实价值、现值、长期市场均衡价值和它们与市场价值的联系。

总体说来，经济学价值理论依历史发展顺序形成的三大价值理论（即古典经济学价值理论、边际效用价值理论、新古典供求价值理论）为不动产及企业价值评估提供了分析与评估资产价值的基本理论基础。

新古典供求价值理论主要研究相对静态时的市场均衡价格的形成，由局部均衡论和一般均衡论两部分组成，其核心都是研究资产供求双方在市场上相互作用的规律。英国经济学家马歇尔（Alfred Marshall，2000）在其《经济学原理》一书中提出了在特定的时期内将特定的商品作为研究对象的局部均衡理论。一般均衡分析是由瑞士洛桑学派的法国经济学家瓦尔拉斯首创的一种经济分析方法。它通过考察所有商品市场的同时均衡来解释竞争性市场上的价格决定理论。从本质上讲，两者是一致的，即市场均衡价格是市场的供应量等于需求量时所对应的市场价格。两者的区别是，前者只考虑局部，后者则要考虑整体。在一般均衡模型中，如果放松市场出清的要求，就得到了局部均衡模型。资产评估理论目前主要构建于局部均衡理论框架内。

马歇尔是现代西方资产评估理论与三种基本估价方法的奠基人。欧文·费雪（Ivring Fisher，1938）发展并延伸了复利和最大生产率理论，发展了收益法。最大生产率理论后来成为资产评估中重要的"最高最佳用途"原则。

约翰·劳森（John Lawson，2002）支持价格理论是价值理论正确替代的论点。他希望建立一种认识，即放弃过去的、不能反映现实状况的估价理论，而支持基于实证研究基础的估价理论，因为它具有可以解释评估方法与鉴别房地产市场固有风险的优点。事实上也正如约翰·劳森所言，随着西方价值理论向价格理论转化，近十几年来，权威的不动产学者强烈呼吁采纳以实证经济学为基础的估价理论。这些人士认为，任何评估理论都需要预测经济事项和价格，评估理论必须以实证经济学为基础，在这里价格理论被限定于微观经济学领域。

拉特克利夫支持新古典经济流派中的市场价值作为资产评估概念，认为市场价值评估是行为分析过程，是在不确定条件下的经济预测。他还以效用价值论为理论分析前提，认为评估时应首先分析资产的内在效用，以及哪些人愿意购买这些资产。保罗·福·温特（Paul F wendt，1953）指出，理查德·冉科勒（Richard Ruggles，1948）在美国经济协会年度会议发表的题为"价值理论的价值"的论文是价值理论让位于价格理论的转折点。

3. 资产评估结果的确定性

植物品种权价值评估的准确性一直是评估业务追求的目标，因此关于评估准确性的研究也占据一定的地位。

哈佛（Harvard ，1995）认为估价最重要的作用是预测价格，只有准确的资产估价才能让资产转让市场正常运作。迈克尔·布莱特认为，对资产的估价是现代经济能够有效运行的关键因素，没有正确的估价，社会稀缺资源就不能合理配置。

沃德利（Wadly，1997）将估价准确性定义为"估价与市场价格的贴切程度"。沃德利还称，估价准确性与"估价差异"（或称"估价方差"）是有区别的，并将"估价差异"定义为"由不同估价师在同一时间、对同一资产出具的估价之间的差异"。鲍姆

(Baum, 1988) 和尼尔·克罗斯比 (Neil Crosby, 1988) 将“估价”定义为对最可能销售价格的估计或预测。所以，估计准确性应被认为是估价与市场价格的接近程度。目前国外对评估准确性的定量研究基本上是按照沃德利的定义进行的。

尼克·弗伦希 (2001) 指出市场价值是一种估计值，评估师不能证明或测量评估值的精确性，虽然法庭、法官通常谈及“正确评估值”，但这一评估值也不能被证明是否正确或精确。尼尔·克罗斯比等人 (2003) 利用投资资产数据库的销售数据与资产评估数据进行对比，认为由于时滞及估价的公开市场假设条件的不现实，用实际销售数据判断估价正确性存在问题，所以估价差异与错误边际相联系。

(二) 植物品种权评估方法的研究

方法研究在评估领域一直占据着重要的地位，约翰·艾丽斯 (John Alice) 的著作《机器设备评估》、美国物业评估协会出版的《物业评估》以及联合国于 1979 年颁布的《技术转让评估指南》均对知识产权评估的成本法、市价法和收益法进行了较为系统的论述，是论述三种基本评估方法较早的著作。后来，美国评估促进会评估准则委员会颁布的《专业评估职业统一准则》对三种评估方法进行了更为全面的阐述。

知识产权评估的代表作《无形资产与知识产权评估》是戈登·史密斯 (Gordon V. Smith) 在 1989 年出版的，对知识产权评估理论和方法做了全面的论述。在分析各种方法于知识产权评估上的适用性以后，认为未来超额收益法是最适合和有效进行知识产权评估的方法，并对收益法在各种情况下的具体评估公式进行了分析。

山姆·克伊 (Sam Khouy, 2001)、乔·达妮埃莱 (Joe Daniele, 2001)、保罗·哲莫艾德 (Paul Germeraad, 2001) 对方法的研究更侧重于市场的成熟度，认为在知识产权转让市场非常不成熟和不完善时，成本法也许是最好的选择；当市场具有一定的成熟度时，收益法就有了它的适用可能，也是较好的一种选择；而当市场非常成熟时，市场法的应用条件就已具备，选择市场法的评估结果最有说服力。

戈登·史密斯和拉塞尔·爱·帕尔（Russell L. Parr，2005）出版了专著《知识产权：评估、盗用与侵权赔偿》，详细分析了传统方法在知识产权评估中的特点以及实物期权法在知识产权评估中的应用。该著作在 2007 年和 2008 年追加了新的内容。

奥斯曼（Osman，1986）的论文“技术的价格和它们的价格形成”，在介绍技术资产价格确定方法的同时，提出了技术资产的价值基础是其为所有者带来的预期收益，并以此给出了评估公式。哲让德·吉·艾代尔（Gerald G. Udall，1989）和托马斯·爱·派特（Thomas A. Patter，1989）在论文“为新技术定价”中认为，在技术交易中利润分成的技术估价方法是一种较为有效的评估方法。

理查德·拉兹盖蒂斯（Richard Razgaitis，2009）在著作 *Valuation and Dealmaking of Technology-Based Intellectual Property: Principles, Methods and Tools* 中对技术特征的知识产权评估的原则、方法和工具做了非常详尽的阐述，提出了行业标准定价方法、排序法、经验法、现金流折现法、期权法、拍卖法等六种主要的方法，并根据美国相关数据进行了实证分析。

（三）收益类参数确定研究

1. 折现率

折现率是影响评估结果的重要参数，折现率微小的变化都会引起评估结果数以万计的偏差。鉴于折现率的重要性，国外学术界对折现率的确定方法进行了大量研究。

美国评估师协会的詹姆斯·M·希尔指出，折现率就是经验丰富的投资者为待评估公司进行投资所需要的回报率，在存在正常的资本市场和产权市场的条件下，任何一项投资的回报率不应低于该投资的机会成本。经济学家林特（Linterne，1965）提出风险报酬率属于未来现金流折现率的一部分；1976 年斯蒂芬·罗斯（Stephen Ross）提出的套利定价理论也说明了折现率需要考虑风险报酬率；2003 年《欧洲评估准则》中规定，折现率应当与现金流预测中的假设相匹配，尤其应当反映投资资本的成本；2007 年，冉杜夫·思泰吉克（Rudolf Stegink，2007）通过对美国上市公司 2004 年无形资产折现率的实证研究，证明了无形资产的折现率是由无风险收益率、市场的风险溢价以及该项无形资产的风险溢价构成的。

有三种确定折现率的经典模型，其他所有模型都是建立在这三种模型的基础之上的。一是夏普（Sharpe，1964）和林特纳（Lintner，1965）在资产组合理论和资本市场理论的基础上建立的资本资产定价模型（CAPM 模型）。CAPM 模型研究证券市场中资产的预期收益率与风险资产之间的关系，以及均衡价格的形成。在运用该模型确定公司折现率时，一般要考虑该公司是否上市，由于非上市公司的数据的局限性，在确定公司折现率时一般不采用 CAPM 模型。伊博森（Ibbotson）扩展方法对 CAPM 模型加以补充和改进，它不仅考虑了系统风险还考虑了非系统风险，这样计算出的折现率不仅可以用于上市公司而且可以用于非上市公司。二是斯蒂芬·罗斯在 CAPM 模型的逻辑基础上建立的套利定价理论模型（APT 模型），该模型增加了多个风险因素，还考虑了无风险收益率，它是适用于所有资产的估值模型，但由于模型的因素数量过多，大多都是凭投资者经验自行判断选择，而且每项因素都要计算对应的贝塔值，而 CAPM 模型只计算一个贝塔值，所以在资产价格估值的实践中，CAPM 比 APT 使用更广泛。三是莫迪格利安尼（Modigliani，1986）和米勒（Miller，1986）两人站在投资者角度提出的加权平均资本成本模型，它考虑资本结构中每个成分的相对权重并体现出该公司新资产的预期成本，不仅考虑了股本成本还考虑了债务成本，更适用于上市公司的价值评估。

2. 收益期

收益期是传统评估方法收益法中重要的参数之一，其是否准确、合理关乎评估结果是否合理。国外学者对无形资产收益期的确定进行了大量研究，并取得了一定的成果，对我国的评估实践起到一定的指导作用。

巴布科克（Babcock，2002）将某项资产的价值描述为从某一时点起开始收到未来效益的权利，该权利通常具有一定的时间期限限制。对于植物品种权而言，植物品种权的收益期是指在植物新品种保护期限内，能够持续发挥效用，并为相关方创造超额收益所持续的时间跨度。史密斯（Smith，2005）等认为，经济生命周期是指资产利用处于尚可取得利润的时期。当资产利用不再取得收益或当利用其他资产可以取得更高收益时，该项资产的生命周期即告结束。美国财务会计准则委员会（Financial Accounting Standards Board，FASB）发布的《财务会计准则报告》第 142 号（SFAS142），将无形资产有效生命周期定义为无形资产相对于一个经济实体的有效生命周期，是其预期对该实体未来收益所做出的直接或间接贡献的期限。弗农（Vernon，1996）首次提出了产品生命周期理论，在其《产品周期中的国际投资与国际贸易》一文中，弗农将产品生命周期归结为市场寿命，即一种新产品从开始进入市场到被市场所淘汰的整个过程。弗农认为，产品生命和人的生命一样，也要经历开发、引进、成长、成熟、衰退的阶段。

3. 分成率

无形资产技术分成率一直是国内外学者最为关心的热点问题。国外学者对分成率的确定进行了大量研究，取得了许多对评估实践具有指导意义的方法，但松浦（Matsuura，2004）认为对销售利润分成是评估实务中的重点及难点。目前主要的方法为要素贡献法、边际分析法、约当投资法，这三种方法在实际应用中各具优势和劣势，要根据评估对象特点慎重选择。戈登·史密斯（1989）等对此进行了深入的研究。这些研究成果集中于如何获得评估基准日更可靠的分成信息及合理的分析方法。边际分析法最早起源于19世纪70年代，该方法针对资产或事物现状，以数量分析为基础而进行边际函数的最优化分析。边际分析法基于经济学中“理性人”假设，是西方经济学研究中常用的和重要的研究方法。经济领域分析中，经常考虑的边际量包括边际收入、边际成本、边际产量、边际利润等。边际分析法广泛应用于经济行为和经济变量的分析决策过程，如对效用、收益、投资、产能的边际分析等。

李（Lee，1992）总结了“三分法”和“四分法”的发展历程，并将两种方法概括为“技术许可的权威协定”。此后，在挪威召开的许可贸易执行协会上，相关国家代表提出利润分成率为25%左右比较合适。联合国工业发展组织对印度等发展中国家技术引进过程中相关协议和条款进行分析和汇总后认为，技术的利润分成率在16%~27%之间较为合理。

（四）国外研究现状述评

1. 在植物品种权价值评估理论方面

综观文献可以看出，国外专家学者对经济学中价值的概念以及植物品种权价值评估中价值概念做了详细的对比剖析，且将价值作为评估研究的核心内容；对价值的构成、价值的实现都有较深入的见解；对评估结果的合理性、准确性十分重视，但是将博弈论应用到资产评估中的研究较少。

2. 在植物品种权价值评估方法方面

综观文献可以看出，国外学者更注重理论与实践相结合的研究，定性研究与定量研究相结合，理论分析与数据支撑相配合，在传统的三种基本评估方法的基础上又借鉴了其他一些学科的方法，但研究中忽略或没有突出资产评估面对的市场环境动态变化不确定性，以及评估师认知能力所带来的模糊不确定性。同时，在应用中也没有突出由资产评估不确定性所决定的评估值应具有区间性特点，因此，需要进一步构筑适应资产评估不确定性特征、突出区间值表述方式的资产评估方法。

3. 在收益类参数确定研究方面

综观文献可以看出，国外学者关于无形资产收益法评估参数的研究侧重于两个方面。一是以数据支持为基础。西方国家市场经济发达，拥有十分完善的市场信息和数据库资料，而且这些数据资料权威性很高。因此，西方国家对收益类参数的研究中，注重数据来源和数据标准分析。二是侧重实际操作。国外关于无形资产收益法评估中，主要倾向于对各种实际问题的实务操作，对评估理论方面分析较少。

二、国内研究现状

我国的资产评估理论研究起步较晚，20 世纪 90 年代初出于国有资产管理的需要，开始从国外引进包括评估方法在内的资产评估理论体系，可以说，我国的资产评估无论是理论还是实践方面均是在学习和借鉴国外成果的基础之上发展起来的。本部分内容对国内植物品种权价值评估理论、植物品种权价值评估方法、价值区间模型以及收益类参数的确定等方面的研究成果进行了分析与汇总。

（一）植物品种权价值评估理论研究

植物品种权价值评估理论包括待估植物品种权的价值载体、价值类型、价值影响因素、评估的目的以及评估假设等多个方面。

姜楠（2001）认为，过多争论无形资产价值来源和决定因素，如从劳动价值论、社会劳动价值论、价值多元论，以及复杂劳动加倍论等寻找依据，固然能丰富人们对无形资产评估价值决定理论的认识，但是，这些理论观点对于指导无形资产评估实践尚有一些距离。然而明确无形资产评估价值的属性是一种价格范围，明确所谓无形资产的内在价值是无形资产的潜在获利能力，明确决定无形资产评估价值高低的是无形资产潜在获利能力的实现程度，这样一些基本范畴和原理则是非常重要的，因为这能够解答关于无形资产价值决定方面的理论争论，又客观地揭示了无形资产评估价值的源泉和决定因素，这不仅在理论上澄清了关于无形资产评估价值决定问题，同时，又使得评估实践有了可操作性的技术指导。

张燕敏（2001）从资产评估的理论基础出发，对无形资产价值内涵、价值形成、价值分类和计价定位理论进行阐述，并考察了与评估相关的最佳用途规律、替代规律、预期收益规律等。

郭兴海（2001）从无形资产载体的角度对价值评估进行研究。因为无形资产与有形资产相比，附着性和无形性令无形资产评估的价值量化更难把握。原因是无形资产价值的载体不易科学合理地界定。所谓的无形资产价值载体是指通过无形资产来获取经济收益时所依附的行为主体。行为主体一般是多元的，多元的主体造成控制无形资产的主体的不同，因而价值载体也不同，最后引起价值量的变动。所以无形资产评估中，确定无形资产价值载体是至关重要的一步，最终决定着评估结果的正确性。

李家媛（2002）研究了无形资产价值基础、价值类型和基础价值类型的计价定位系统，认为系统的构成是从评估目的开始，评估目的决定价值类型，价值类型决定评估的主要假设和次要假设，之后再到计价方法和计价方法的定位。这一提法是较有创意的。陈久梅（2002）对无形资产的定义、特点、分类、评估的意义及作用、评估程序等方面进行了综合论述。姜楠还对资产评估假设、资产评估价值类型等方面进行了创建性研究，许多成果已在注册资产评估师（CPV）教材中体现。大连光华资产评估有限公司的严邵兵从不确定性角度对市场价值的含义做了阐述。中央财经大学的刘玉平、中南财经大学的汪海粟从相关概念、假设、计价属性等几个方面进行比较研究，对资产评估与会计之间的关系进行了区分。

王淑珍、李小娟（2004）认为无形资产具有依托产品的生命性、外观的不易识别性、自然依赖性较高、可控性较差、保密性差、难以保护、地域性强、高风险性等特点，在此基础上提出了农业无形资产评估的假设、原则和方法的选择。陈丽娟（2004）对资产评估的基本理论进行了较为全面的研究，认为资产评估的本质是资产评估理论的逻辑起点，环境是影响评估结果的重要因素，在对现有假设进行评述的基础上提出三假设说，其对资产评估理论的探索性观点值得借鉴。

李国芳、赵邦宏认为（2007）农作物品种权价值影响因素包括农作物品种权的自身状况、转让时间和条件、外部环境因素以及其他因素四个方面，并针对农作物品种权价值的特殊性对其评估方法的选择进行了探讨。

由河北农业大学资产评估研究所牵头，河北农业大学多名硕士生如马北雁、王秀东、刘静、马慧景、王哲等对资产评估业目前不规范的现状，从理论框架、企业价值评估理论与方法、质量和控制、规范体系、风险管理、程序等不同角度进行了研究。

（二）植物品种权评估方法研究

有关植物品种权价值评估方法研究的文章，主要研究思路如下。首先，介绍如何使用三种传统的评估方法，指出三种方法的使用条件，同时结合植物品种权的特征，论述三种方法的优缺点和适用范围；其次，因为传统方法均存在着不足，所以研究者会积极地寻找更为适合的方法，或针对传统方法提出改进的建议，或是借鉴，或是提出一种新的方法。

关于三种传统方法不足的论述，主要观点基本相同。第一，在市场法的应用中，由于植物品种权本身具有独创性，植物品种权之间缺乏可比性，再加上我国现阶段种业交易市场发展的不完善，没有大量可类比的案例，导致市场法的应用受到一定限制。第二，在成本法的应用中，由于植物品种权研发成本的复杂性、继发性等特点，对其成本进行准确界定存在一定困难，更重要的原因是植物品种权的价值并不完全取决于它的成本，因此成本法受到限制。第三，在收益法的应用中，收益法因其理论的完美性在植物品种权价值评估中受到青睐，但是收益法在运用中存在着极大的主观性，如折现率、收益期限和收益额的确定等均受到一定程度的质疑，可靠性有待验证。

刘凤朝、刘则渊（2001）论述了植物品种权价值评估的理论基础，认为劳动价值论和效用价值论放在一起来说明资产价值的做法是有问题的，设计评估方法时应考虑多种方法的结合使用。王淑珍、李小娟（2004）提出了“成本—收益现值法”，即在重置成本的基础上加上一定收益额的农业无形资产的评估方法。张永榜（2004）比较和评析了近年来出现的各种创新方法，包括以劳动价值论为基础创造的评估模型、以效用价值论为基础的评估模型、以期权理论和数学理论建立的评估模型，这些模型在使用中受到很大限制，最终建立了结合市场价值的理论模型，即在资本定价原则的指导下，认为资产评估价值有一个合理的区间价格，对综合评价指标公式进行改进，然后运用改进后的公式对评估值进行确定，具有创新性思维。吴兴全（2005）系统地论述了农业无形资产的特点、评估方法选择的特殊性和三种传统方法在运用时的局限性，提出可以运用定性分析法和统计预测方法对资产评估参数进行测定。马敬（2007）首先运用收益法对植物品种权进行评估，得出评估值，然后建立价值影响指标体系，通过对各影响因素进行打分，最后用模糊综合评价法确定纠偏量对收益法初评值进行修正。李国芳（2008）对植物新品种评估中采用的收益法进行了详细论述，结合植物新品种知识产权的特点给出了各参数的选择依据。宋霞（2008）给出了植物品种权估价的价格区间模型，对各因素构成做了详细分析，并重点探讨了期权法在品种权评估中的应用。

周洐平（2003）利用期权定价模型对农业知识产权进行评估，由于植物品种权属于农业知识产权，因此可以推测出期权定价模型在植物品种权价值评估方面的适用性。王黎霞（2006）从无形资产的特点和期权定价模型的原理出发，详细地介绍了期权定价的二叉树模型和 B-S 模型，并利用案例比较了传统的评估方法和期权定价方法评估的优缺点，进而认为期权定价模型从某种程序上更能反映无形资产价格的灵活性和不确定性。除此以外，邹海雷（2004）、王志强、梁明锻和陈培昆（2004）、茅宁（2000），张梅青、裴琳琳（2003）、夏健明、陈元志（2005）、马忠明、易江（2004）等人或针对不同的对象，或从评估理论的合理性，或从适用性等方面分别对实物期权定价模型这种评估方法进行过讨论。步士贤（2011）从植物品种权自身价值、受让方和转让方三个角度充分考虑了影响植物品种权转让价格的因素，给出了转让价格的区间，并提出了转让方在转让过程中的定价策略。

可见，在植物品种权价值评估方法方面，国内除了对三大传统方法的适用性及优缺点进行分析之外，也在针对植物品种权的特殊性不断探讨新的评估方法。已经有学者将实物期权法应用在植物品种权价值评估中，也有部分学者对植物品种权转让价值的区间进行了粗略探讨，但是并没有通过实例验证，仅限于对定价策略的提出。

（三）“价值区间”评估研究

我国开展资产评估工作已经有 20 多年，评估报告得出的结果无一例外都是单一数值，比如某植物品种权的评估值为356.77万元。对如此“精确”的评估值，业内人士、当事人双方以及有关各方也都习以为常。但是我国评估界关于资产评估值是用“点值”表示好还是“价值区间”表示更为合理的探讨一直未曾中断过。

段毅才（2005）从评估结果本身、双方交易的达成、交易成本等多方面指出了“价值区间”评估相对于“点值”评估结果的优势所在。马小琪（2006）研究了博弈论在资产评估当中的应用，提出了基于区间与理想点法（TOPSIS）的灰色关联评估方法，打破了以往传统单一的对评估值的确定，并且克服了以往区间价值评估忽略偏好的弊端。王莉（2006）通过对交易市场进行分析，针对技术型资产的特点构建了技术型资产价值区间评估模型，并且借助一定的数学及经济学方法，找到了其均衡价格。沈永清等（2007）对技术型无形资产的价格构成及影响因素进行了详细分析，并在此基础上运用粗糙集理论，构建了评估技术型无形资产的区间评估模型，但是受篇幅限制，没有通过实例进行验证。杨小丽（2009）针对房地产的特点，构建了房地产价值区间评估模型，并通过实例对其进行了适用性及合理性验证。崔恩渤（2009）借鉴数学和统计学等学科的研究方法和思路，从不确定性角度对现有的评估方法进行了补充和完善，认为可以用一定置信水平下的价值区间来表示评估结果（即不确定性范围），市场价值应该是所有交易价格的统计分布，可以用中平均数（或中位数）表示最可能价值。杨大楷等（2010）在考虑影响无形资产价值、持续发展能力及风险的基础上，通过实证分析构建了无形资产通用的区间价值动态评估模型，而后又对“商誉、品牌资产”区间价值评估进行了类似探讨。

（四）收益类参数确定方面的研究

1. 折现率

折现率指的是在一定期限内的未来收益折算成现值的比率，它对植物品种权价值的评估起着至关重要的作用。折现率细微的变动将会造成收益法评估结果的巨大差异，基于这种特殊的地位，国内外对折现率做了大量研究。

（1）有关定性折现率的探讨。2004 年，中国资产评估协会发布了《企业价值评估指导意见（试行）》，其中第二十九条规定，注册资产评估师应当综合考虑评估基准日的利率水平、市场投资回报率、加权平均资金成本等资本市场相关信息和被评估企业、所在行业的特定风险等因素，合理确定折现率。注册资产评估师应当确定的资本化率或折现率与预期收益的口径相一致。2006 年，我国新会计准则《企业会计准则第 8 号——资产减值》中规定，预计未来现金流量的折现率是企业在购置或者投资时所要求的必要报酬率。郭复初（1994）提出为折现率还可用资金利润率表示，这样能准确反映企业投资于无形资产所获收益的大小。李延喜（2002）进一步探讨了折现率的特点，说明了折现率的大小取决于公司的机会成本。李雪莹（2014）在《无形资产评估中折现率问题探讨》中认为无形资产折现率的选取要从折现率的本质出发，根据无形资产的特点，结合无形资产所依附的企业情况对无形资产的折现率进行取值，这样才能科学客观地选取折现率。

（2）有关定量折现率的探讨。由于中国经济市场的特殊性，对于在资本经济市场下建立的 CAPM 模型、WACC 模型和 APT 模型，我国学者们对它们的适用性都持有不同的观点。汪海粟（2000）在《企业价值评估十大矛盾》中认为，由于我国经济市场不够成熟，稳定性弱，所以评估人员在我国利用经济市场数据建立 CAPM 模型时，要根据行业的发展情况和被评估企业的实际状态，结合评估人员的工作经验对模型结果进行判断分析。与此同时，周海珍在《浅论收益法中折现率的确定》中认为，在我国 WACC 模型是适用的，但要考虑公司投入成本。崔劲（2005）在《中美资产定价模型的实证比较研究》中认为中长期模型和 APT 模型对中美证券市场的拟合程度相似。王少豪（2005）在《企业价值评估：观点、方法与实务》中认为，我国许多大型企业都是国家控股企业并且我国的证券市场缺乏流通性，信息资源极度短缺，所以要结合被评估企业因素的分析，运用 CAPM 模型计算折现率。李杰和孟样军（2007）在《无形资产评估折现率：美国的研究成果及启示》中提到由于我国信息数据积累较小，导致经济市场的信息不对称，在计算无形资产的折现率时不能像美国一样运用 WACC 模型计算就可以，还要考虑该无形资产的个别风险。高亭亭、苏宁（2010）在《基于上海证券交易所股票样本的 CAPM 模型适用性研究》中，以沪深股市为样本应用时间系列模型解释了 CAPM 模型在中国市场的适用性。胡晓明、冯军（2014）在《企业估值中折现率的确定：基于 CAPM 模型》中，从评估实务出发，采用因子分析法对企业的个别风险报酬率的影响因素进行量化，应用 CAPM 模型计算企业的折现率。

2. 收益期

国内有关收益期的研究相比折现率和分成率较少，但是现有的一些研究成果也为本书的研究提供了一些借鉴。

《资产评估准则——无形资产》第二十五条规定，注册资产评估师使用收益法时应当综合分析无形资产的剩余经济寿命、法定寿命及其他相关因素，合理确定收益期限。《专利资产评估指导意见》第二十八条明确了注册资产评估师运用收益法进行评估时，应根据资产的技术寿命、技术成熟度、法定寿命、产品寿命及与其相关的合同约定期限，合理确定收益期限。此外，张永榜等（2004）将技术资产的生命周期分为四个阶段，分别为一般性研究发展、应用研发、大量生产制造和市场扩张阶段。安森（2009）进一步将技术资产生命周期划分为引进、发展、成熟、衰退四个阶段。于磊在《技术型知识产权资产评估方法研究》一书中，进一步从产品生命周期的角度进行改进，提出了运用生存曲线进行分析而得到的阶段剩余寿命动态收益期预测方法。李贯忠（2009）在其硕士论文中，在分析专利资产收益期内涵及常用方法的基础上，首次运用了多属性综合评价法确定专利资产的收益期。刘斌强等（2011）指出，技术生命周期的概念源自产品生命周期，是针对技术产品的行销与一般产品有所不同而提出的，技术生命周期理论出发和落脚点都是基于技术自身角度。

3. 分成率

销售收入和销售利润分成模式是国内外评估实务操作中较为常见的确定技术资产收益额的方式，我国学者对此进行了大量的研究，并获取了许多研究成果。

何宽（2006）指出，以往对技术收益贡献的研究仍存在很多不足。其中主要的不足在于，在评估数据可靠性广受质疑且口径不一的前提下，尽管相关人员通过神经网络法、层次分析法等分析手段，并通过方法验证的形式证明了研究结果的可靠性，但此类研究数据处理手段的复杂化和程序化，并没有解决技术收益贡献的核心问题。而造成现有研究方法缺陷的重要原因是尚未建立完整有效的技术资产评价指标体系，且现有研究方法中遗漏了很多影响收益贡献的重要因素。苑泽明（2012）认为，目前学界和实务领域对技术收益贡献的研究仍是依据国内外惯例（分行业）确定某项具体技术分成率的取值范围；正是研究中所确定的分成率浮动的取值范围，为最终确定技术的真实收益贡献预留了较大的研究和实务操作空间。

李红娟等（2007）从整体收益的贡献因素方面论证了两种方法的合理性。朱爱辉等（2008）认为，约当投资法应用最关键的问题是确定各投入要素的约当投资量。从约当投资角度确定利润分成率时，应当以被评估对象所折合的约当投资量与其形成成本或购买方所投入资产的约当投资量之间的比例来确定。

综合其他一些国家的情况，学者们普遍认为利润分成率在15%～30%较为合理。在一些文献资料中，计算分成率则更多采用了等分的方法，无论影响因素多少、因素重要性如何，一概以等分的概念对待，即有多少影响因素，则其对分成的贡献就是因素个数的倒数。

我国相关学者和评估人员也经常将25%～33%的利润率作为技术收益分成的判断基准。以上这些基本分析在实际评估实务中都具有一定的参考价值，但是应该结合评估对象的个性化特征合理地确定利润分成率。

（五）国内研究现状述评

1. 在植物品种权价值评估理论方面

在植物品种权价值评估理论方面，大部分研究是与无形资产的评估合并来谈，关于无形资产的理论研究基本停留在发现特点和分析价值类型上。原因是显而易见的，目前资产评估学科理论的研究滞后于实践的发展，资产评估本身的理论尚在探讨之中，关于植物品种权价值评估的应用理论研究必然受到限制，且大部分研究把目光集中在评估方法的创新上，理论研究难以取得突破性进展。

2. 在植物品种权价值评估方法方面

在植物品种权价值评估方法方面，国内对三大传统评估方法收益法、成本法、市场法的适用性及优缺点一直在不断进行探讨。由于我国种业交易市场的发展尚不完善，使得传统方法的应用受到些许限制。除此以外，实物期权法在植物品种权价值评估中也悄然出现。但是，在评估结果是区间值更合理还是确定值更合理的问题上一直存在着较大争议。目前而言，评估方法对评估模型的构建大部分只从交易一方的角度进行考虑，并未同时顾及交易双方的利益，即评估结果以“点值”为主。在植物品种权交易中，交易实现的前提条件为供需双方均能实现各自的利益，因此，在未来植物品种权评估方法的改进及应用中，应当注意评估模型的构建要充分考虑交易双方利益，使之更符合我国种业交易市场的实质，促进交易的达成。

3. 在价值区间评估方面

在价值区间评估研究方面，目前，有部分学者从不同方面和程度上对评估价值区间的计算方法进行了研究，但是绝大多数为区间值和点值合理性的探讨，且大部分集中在无形资产中的技术型资产、商标与商誉方面，针对植物品种权的价值区间评估模型尚未有人研究。

4. 在收益类参数确定方面

在收益类参数确定方面，我国更加注重分成率、折现率确定的研究，对收益期的研究相对较少。现有的研究以及取得的一些成果为本书中收益类参数的确定提供了一定的指导作用，但是无论哪方面研究，在参数的确定上仍然存在着较大的主观性，因此，应当注意模型和实证分析在参数确定方面的应用，以使结果更加科学和客观。

综上所述，植物品种权作为一种知识产权，具有非实体性、独创性、风险性以及收益不确定性等显著特征，与一般资产差异很大，现有的资产评估方法很难满足其价值评估的要求。已提出的一些技术资产评估模型多数也只有理论意义，操作性不强，很难据以确定出令交易双方都能够接受和认可的交易价格，因此，如何寻求更适于确定植物品种权交易价值的资产评估方法值得深入研究。

第三节　相关概念及研究范围的界定

一、植物新品种

对于植物品种的定义，有关规定不尽一致。《与贸易有关的知识产权协议》（TRIPs）规定，WTO 成员应以专利或有效的专门制度给植物新品种提供有效保护。可见，TRIPs 协议对植物新品种的概念没有做具体界定，且许可成员国将植物品种排除在专利保护的范围之外。国际植物新品种保护联盟（UPOV）的《国际植物新品种保护公约》1978 年文本没有对植物新品种进行明确定义，但规定本公约可适用于一切植物属和种，由此可以推断出 UPOV 公约 1978 年文本保护一切植物属和种，并且不排除人工变种，即包括对转基因植物的保护。UPOV 公约 1991 年文本规定，植物品种是已知植物最低分类单元中单一的植物群，不论授予育种者的权利的条件是否充分满足，该植物群可以是以某一特定基因型或组合表达的特征来确定，至少表现出上述的一种特性，且经过繁殖不会发生变化，当品种符合新颖性、特异性、一致性、稳定性条件时，应授予育种者权利。也就是说，转基因植物品种与原品种有外表上的差异或者品质上的差异，如果满足植物新品种的其他条件（新颖性、特异性、一致性和稳定性）时，可认为其是植物新品种。由此看出，UPOV 1978 年文本和 1991 年文本均认为一切植物的属和种，包括转基因植物，只要满足特异性、一致性、稳定性三条件时，都可被认为是植物新品种。美国1930年5月13日颁布的《植物专利法案》规定，任何发明或者发现并以无性方法繁殖的可区别的新的植物品种，包括培育的芽、变株、变种和新发现的种子，均可依据本法规定的条件和要求获得专利。该法后来并入了美国专利法，在美国的专利实践中，包括转基因在内的动植物及微生物都可以获得专利的保护。美国1970年颁布的《植物新品种保护法》（PVPA），将植物专利扩大到有性繁殖植物。可见，美国对植物新品种的保护客体包括无性繁殖植物、有性繁殖植物和转基因植物。日本对植物进行品种权保护的法律主要是《种苗法》，该法于1947年颁布，其对植物新品种的概念的界定与UPOV公约1991年文本相似。欧盟主要的品种权立法为1994年欧洲议会和理事会通过的《欧共体植物新品种保护条例》，对植物新品种的概念界定与UPOV公约1991年文本基本一致，该条例成为欧洲植物新品种保护领域的统一规划。

我国于1997年颁布《植物新品种保护条例》（简称《条例》），并于1999年加入UPOV公约，适用的是UPOV公约1978年文本。《条例》第二条对植物新品种的定义为：植物新品种是指经过人工培育的或者对发现的野生植物加以开发，具备新颖性、特异性、一致性和稳定性并有适当命名的植物品种。因此，只要在植物新品种保护名录范围内，符合上述“四性一命名”授权条件的植物品种均可以向审批机关提出品种权申请。转基因植物品种与原品种有外表上的差异或是品质上的差异（如具有抗虫性、抗病性），也可认为是植物新品种。

可见，美、日、欧盟对植物新品种概念的相关规定与UPOV公约1991基本一致并且符合TRIPs协议的规定，即许可成员国将植物品种排除在专利保护的范围之外。我国关于植物新品种的定义比较狭义，局限于经过人工培育的物种，或者是新发现的野生植物。本书对植物新品种概念的界定与我国1997年颁布的《条例》对植物新品种的概念界定保持一致。

二、植物品种权

植物品种权最早起源于20世纪四五十年代的欧洲，它的内涵是对育种成果——植物新品种设置专门的知识产权形式并予以保护。根据最早的两部相关立法——1941年荷兰的《植物育种者法令》（*Plant Breeders' Decree*）和1953年德国的《栽培植物品种及种子保护法》（*the Law on the Protection of Varieties and the Seeds of Cultivated Plants*）的规定，这种专门的知识产权形式被称为植物育种者权利（PBR）。而在某些国家也被称为“植物新品种权”（PVR）。称谓虽不同，实质却一样，只是“一体两面”的问题。前者侧重对育种者主体（育种者）的申明，后者侧重对权利客体（植物新品种）的强调。

目前，PBR这一称谓已被《保护植物新品种国际公约》和澳大利亚、加拿大、瑞典、肯尼亚、南非等多个国家采用，PVR这一称谓则被欧盟、新西兰、美国等国家和地区所吸收。我国《植物新品种保护条例》是在PVR的基础之上以“植物新品种权”来命名的，由于在国际上“植物品种权”（即PVR）这一称谓更为通用，且该称谓不管在我国理论界还是实物界均被广泛使用，所以本书采用“植物品种权”这一称谓，简称“品种权”。

迄今为止，无论是UPOV公约还是各国植物新品种保护的立法，都没有给植物品种权下过明确的定义。在我国，“植物品种权”一般是指选育植物新品种的单位和个人依法享有的，在一定时期内生产、销售和使用所选育品种繁殖材料的专有权利。它是农业知识产权体系中的核心形式，如同专利权一样，是一种有期限的独占权。对于授予品种的生产、销售、使用等，只能由植物品种权人或经其许可的人实施，法律另有规定的除外，任何人未经允许，从事上述行为均构成侵权。

三、农业植物新品种

我国 1997 年颁布的《植物新品种保护条例》第三条规定，国务院农业、林业行政部门（以下统称“审批机关”）按照职责分工共同负责植物新品种权申请的受理和审查并对符合本条例规定的植物新品种授予植物品种权。《植物新品种保护条例实施细则（农业部分）》第二条规定，农业植物新品种包括粮食、棉花、油料、麻类、糖料、蔬菜、烟草、桑树、茶树、果树（干果除外）、观赏植物（木本除外）、草类、绿肥、草本药材、食用菌、藻类和橡胶树等植物的新品种，由农业部负责审批及管理。我国植物新品种的保护范围是不断扩大的。截至 2015 年底，农业部共发布了 9 批农业植物新品种保护名录，涉及大田作物、蔬菜、花卉、果树、牧草、其他六大类植物，受保护的农业植物属和种已达 93 个。

四、研究范围的界定

植物品种权交易价值评估是由具有一定资格的评估机构，根据特定的评估目的，选择公允的评估标准，依照一定的评估程序，运用科学的评估方法，对植物品种权在其交易过程中交易时点价值进行确认、评价、估算，为育种者与使用者双方提供价值尺度的一种社会经济活动。通过审定并授予新品种保护的植物品种权，很大一部分集中在教学科研单位手中，具有转让实施的需求，只有通过交易才能够将农业育种顺利实施到农业生产实践中去。

本书将研究范围限定为物化形态的农业类植物新品种，对其在种业市场转让及许可实施中的交易价值进行研究。而植物品种权评估的目的包括企业之间的兼并、融资、清算，植物品种权的转让及许可实施，抵押，保险，债务重组，编制财务报告等。评估人员在选择具体的价值类型和评估方法时必须与评估目的相结合，评估目的不同，相关理论和评估方法的选择也会有所差异。

第四节　研究思路及内容

我国种业市场不断发展完善，涉及植物品种权转让交易的数量也不断增多，使植物品种权价值评估业务也上升到一个新的阶段。然而，我国目前尚未出台完善的针对植物品种权价值评估的相关规范及准则，在评估实践方面，能够独立承担植物品种权价值评估业务的评估所和评估师也是少之又少，即使能够承接此类业务，在评估结果的合理性方面也有待验证，远远不能满足我国种业实践中植物品种权交易日趋增多的需求。随着我国种业的不断改革以及与国际种业的接轨，未来对植物品种权交易及评估的需求也会越来越迫切。

目前我国在植物品种权价值评估方法上主要沿用传统的三大方法，其中以收益法的应用最为广泛。由于植物品种权地域性、自然性等特殊性，收益法中相关评估参数的确定依然存在主观性较强、科学依据不足等问题；且无论哪种评估方法下的评估结果均为某一个确定数值，不能反映出植物品种权价值的变化范围及趋势，只考虑了委托方的利益，没有兼顾植物品种权需求方的利益。本书研究的是植物品种权的交易价值，具体可将其归属于我国资产评估师考试教材《资产评估》中所指的市场价值。该教材中提到，资产评估中的市场价值是指资产在评估基准日公开市场上最佳使用状态下最有可能实现的交换价值的估计值。既然是估计值，就植物品种权交易价值评估而言，是一个数值合理还是一个价值区间更合适呢？相比之下，国外的评估结果有很多并不是给出唯一的值，而是给出一个价值区间。

本书正是以此为出发点，在原有评估理论及实践的基础上，运用博弈分析和均衡价格理论，研究植物品种权价值评估中的价值区间及其均衡价值的确定，探索新的植物品种权价值评估思路，以期提高植物品种权评估结果的可靠性，保障供需双方共同的利益。本书的研究内容主要可分为以下七个方面。

第一，有关国内外植物品种权价值评估研究现状的分析。在充分了解国内外有关植物品种权价值评估理论以及实践基础之上，从我国评估实践出发，分析我国在植物品种权价值评估方面常用的评估方法及其存在的不足，并以此为出发点在原有直接确定“点值”评估思路的基础上，探索植物品种权价值区间评估模型、相关参数以及均衡价值的确定。

第二，有关植物品种权价值评估理论及植物品种权现状方面的分析。其中，植物品种权价值评估理论分别从资产评估基本理论及植物品种权价值理论基础两方面展开研究；植物品种权现状部分除了对植物品种权的特征、构成要素以及市场交易特点进行概述以外，分别从我国植物品种权保护整体状况、申请与授权状况以及植物品种权交易现状三方面展开研究。

第三，有关植物品种权价值影响因素方面的研究。对植物品种权的价值构成、价值实现以及价值影响因素进行剖析，并在此基础上构建植物品种权价值影响因素指标体系，为植物品种权供需双方评估模型中相关参数的确定奠定理论基础。

第四，有关植物品种权价值区间评估模型构建的研究。从供给方和需求方的角度出发，在同时考虑双方利益的基础上，分别构建植物品种权供给方与需求方的价值区间评估模型，同时确定植物品种权交易双方的价值区间。

第五，有关植物品种权价值区间评估模型中参数确定的研究。分别对构建的植物品种权供需双方价值区间评估模型中成本类、收益类参数的量化确定展开具体研究，其中成本类参数方面包括研发成本、交易成本以及机会成本的确定，收益类参数方面包括折现率、分成率、收益期以及增量利润的确定，为现有传统评估方法中参数的确定提供指导作用。

第六，有关植物品种权交易供需双方均衡价值确定的研究。植物品种权最终交易的达成是供需双方博弈的结果。通过贝叶斯纳什均衡找到其均衡价值，即找到植物品种权价值区间内均衡价值的具体位置，以期为植物品种权交易价格提供指导依据。

第七，结合实际案例验证本书评估思路及参数量化确定的合理性。本部分包括评估结果自身的合理性验证及与其他评估思路的比较验证两方面，以证明评估结果的合理性，提高植物品种权价值区间模型的可操作性。

根据本书的主要研究思路及研究内容，本书的研究框架如图 1 – 1 所示。

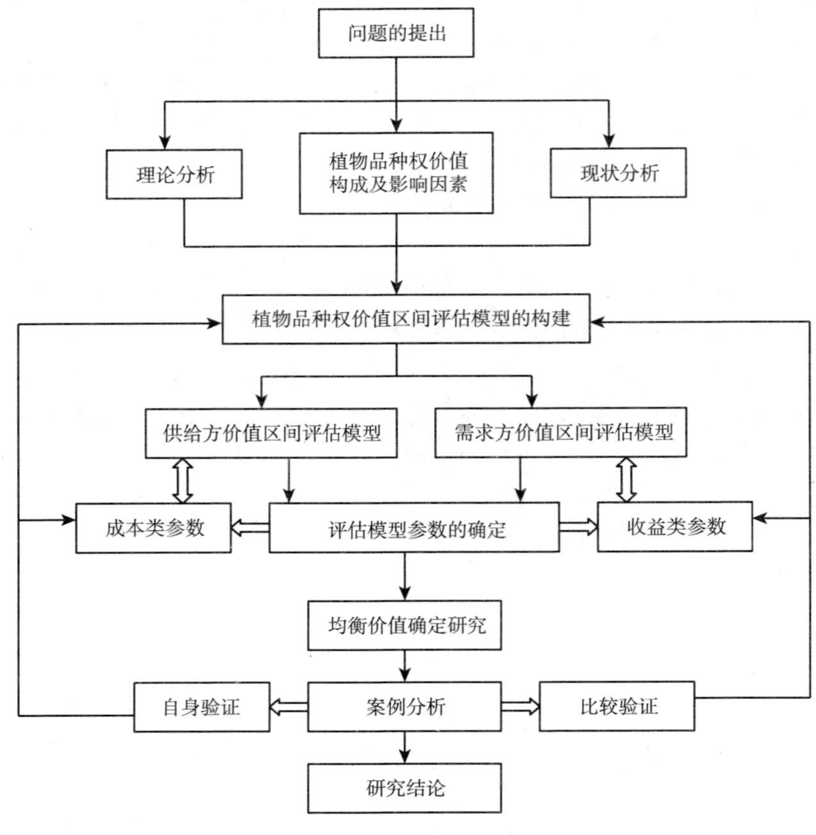

图 1 – 1　研究框架

第五节 研究方法

本书以植物品种权交易价值评估为研究对象，在对大量国内外文献进行查阅、提炼并实地调研的基础上，综合运用资产评估、经济学、管理学、计量经济学等学科相关知识，分析并研究了以市场交易为目的的植物品种权价值区间评估模型的构建、相关参数以及最终均衡价值的确定。根据研究内容以及研究目标需要，本书主要采用了以下几种研究方法。

1. 文献调查分析法

对国内外有关以市场交易为目的的植物品种权价值评估相关研究资料及研究成果进行梳理，通过深入分析和思考，总结出其中共性的原理及方法，以便为本书进一步的深入研究奠定理论基础。

2. 问卷调查和深度访谈相结合

为了进一步确定本书所研究的植物品种权价值区间评估模型中相关参数的确定，在本书构建的植物品种权价值影响因素指标体系的基础上，通过调查问卷与深度访谈设计调查问卷，以确定不同参数的影响因素及影响程度，为参数的量化做准备。

3. 层次分析法和模糊层次评价法等模糊数学方法

资产评估作为一门应用科学，在实践环节很多方面均需要评估师进行主观判断。模糊数学方法的应用首先能够将一些观念性的、难以精确度量的因素量化，突出关键因素对其价值的影响，从定量的角度避免了权重选取的随意性，减少由于信息的模糊性带来的不确定性；其次，在一定程度上可以消除部分评估师的非合理判断，同时也能够发挥评估师的能动作用，保证植物品种权价值评估结果的合理性。本书在植物品种权价值区间评估模型参数的确定上，多次应用了层次分析法和模糊层次评价法等模糊数学方法。

4. 经济学与博弈论相结合的方法

首先，在本书构建的植物品种权价值评估区间的基础上，应用数学中相关的函数理论，构建了供需双方的谈判模型；其次，结合经济学中的博弈理论在考虑供需双方利益的基础上，通过贝叶斯纳什均衡找到植物品种权价值区间内的均衡价值，为供需双方的植物品种权交易价格提供参考。

5. 案例分析法

在本书所确定的评估方法及参数确定的基础上，寻找并选取典型的植物品种权交易案例，对本书的评估方法及参数确定进行自身的合理性验证，并与其他评估方法比较进行合理性验证。

第六节 主要创新点

本书的创新主要包括以下三个方面。

1. 依据供给需求等相关理论，在综合考虑植物品种权供需双方利益的基础上，分别构建了植物品种权供给方以及需求方的价值区间评估模型，为植物品种权市场转让中交易价格的确定提供了参考。一是从植物品种权供给方的角度出发，着重考虑其成本及利润因素，构建了植物品种权供给方的价值区间。二是从植物品种权需求方角度出发，着重考虑市场及收益因素，构建了植物品种权需求方的价值区间。

2. 在植物品种权需求方价值区间评估模型中对收益类参数——折现率的测算上，提出了基于 CAPM 模型的动态生命周期折现率，即在传统的 CAPM 模型基础上，应用模糊层次分析法考量企业特有风险以及植物品种权在其不同生命周期阶段中的动态特有风险。在此基础上，分别构建了企业特有风险以及植物品种权特有风险指标体系，更加符合植物品种权实施的风险特点，从一定程度上提高了评估结果的准确性。

3. 在植物品种权供给方价值区间评估模型中对收益类参

数——分成率的测算上，提出了可比公司调整法，即在传统的可比公司法确定植物品种权分成率的基础上，采用层次分析法，将待估种业企业与可比上市公司影响分成率的因素进行量化处理，在一定程度上缩小了评估误差，调整后的分成率更加符合企业植物品种权所带来的超额收益的实际状况。

第二章　植物品种权价值评估理论研究

第一节　资产评估基本理论及方法

一、资产评估基本理论

资产评估的发展历史较短，在学术界尚未对资产评估的理论体系形成统一的看法和认识。对于资产评估理论的研究起点（如假设起点论、环境起点论、价值起点论等）、基本理论框架等仍有不同的看法。本书在此主要介绍对评估方法具有重要影响的资产评估理论要素。

（一）资产评估本质

本质是一个哲学名词，表示某类事物区别于其他事物的基本特质。资产评估是指专业人员对待估资产价值发表的专业性判断，能够为相关方提供咨询服务。

资产评估的其他理论要素都是围绕被评估资产的价值所展开的，包括对价值使用范围和环境的界定、价值的分析以及价值的估算。资产评估价值具有客观性，它的客观性根源于资产价值的客观性。资产价值是客观存在的，资产评估是对资产价值的反映，尽管资产价值可能有多种表现形式，受许多因素的影响，但当资产用途、资产市场条件确定时，资产价值就是确定的，资产评估作为一种科学行为，从理论上来讲，能够正确反映资产的这种客观价值。

因此，资产评估的整个过程都需要符合被评估资产的价值规律，真实反映特定环境中被评估资产的价值。同时，具有不同价值规律的资产在评估过程中具有各自的特殊性，这也形成了资产评估的众多分支领域。在植物品种权价值评估中，植物品种权的价值构成及影响因素深刻影响着整个评估过程。

（二）评估对象

评估对象指的是被评估的具体对象，又称为评估客体。评估对象应当满足以下两点：第一，评估对象能够被其主体控制或拥有；第二，评估对象在经济上享有合法权益。该合法权益指的是若评估对象能够为其主体带来相应的经济利益，则可以认为其具有一定的价值，而价值是评估对象重要的组成部分。评估方法的运用及选择要依据不同评估对象的特点来确定。

（三）评估目的

资产评估的根本目的是对资产相关方的合法权益进行维护，并提供公正的价值尺度。一般而言，不同的评估业务具有不同的评估目的，它围绕评估需要展开。资产评估价值为资产在特定目的、特定时点下的价值，而评估目的则为评估行为的起点，是最基本的评估理论要素，其表明的是具体评估结果的适用范围。

从我国评估实践角度出发，评估目的多种多样，如资产转让、企业兼并、企业出售、企业联营、股份制经营、中外合资合作、企业清算、编制财务报告等。评估人员在选择具体的价值类型和评估方法时必须与评估目的结合起来考虑，评估目的对价值类型的选择、评估方法的应用都起决定作用。

评估目的是否明确将直接关系到评估基准日的选择、价值类型的确定以及评估方法的应用，同时对评估结论有直接的影响。

（四）价值类型

1. 价值类型本质

价值类型是资产评估专业人员依据相关标准，将评估表现形式及评估结果的价值属性进行归类化及抽象化。简而言之，价值不同，内涵也不同。对于不同市场条件、不同目的及不同资产所有人而言，价值类型的不同会导致资产评估价值的不同。此外，相同资产的评估结论也会因其评估条件及评估目的不同而不同。

因此，评估资产价值属于何种类型、评估结果使用范围等都是价值类型中需要界定的问题。价值类型不仅是重要的资产评估理论要素，而且能够有效指导评估实践。

2. 价值类型分类

价值类型的分类形式多种多样。依据《国际评估准则》，价值划分为两种——非市场价值及市场价值，分别对应着非市场价值活动和市场价值活动。此外，《国际评估准则》还明确指出了市场价值的重要性，对其概念及相应的评估技术指南、操作指南、评估准则等做出了明确规定。但是对于非市场价值，《国际评估准则》没有对其概念进行明确界定，只是笼统地给出“市场价值以外的价值类型均属于非市场价值”的说明。

借用《国际评估准则》的观点，本书认为非市场价值并非是对个体概念的界定，而是对集合概念的界定，即所有市场价值类型以外的价值类型的汇总，包括清算价值、纳税价值、持续使用价值、保险价值、投资价值、在用价值等（如图 2－1 所示）。

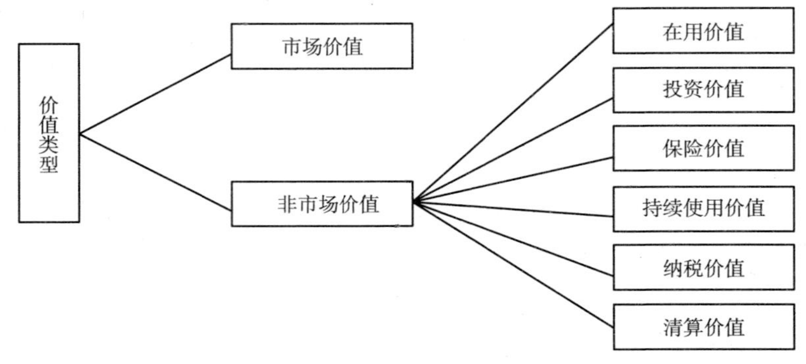

图 2－1　价值类型分类

3. 价值类型区分标准

区分市场价值和非市场价值类型的主要标准为市场条件（公开市场）和资产效用（最佳使用）。如图 2－2 所示，只有在公开市场条件下，评估对象达到最佳使用状态时才可以采用市场价值类型（第一象限），其他情况下只能选择非市场价值类型（第二、三、四象限）。

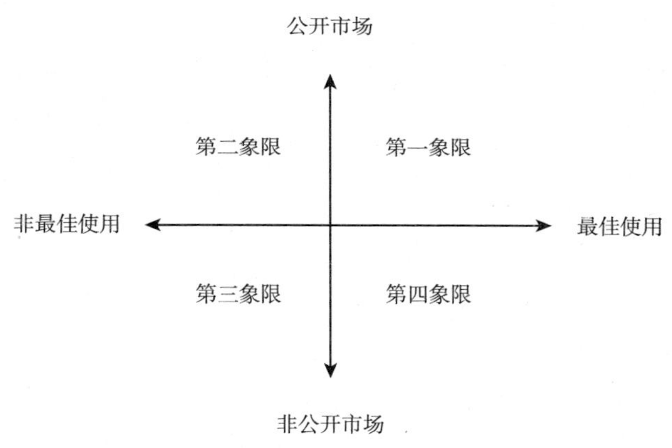

图 2－2　价值类型区分标准

4. 价值类型的选择

价值类型是对特定环境下评估对象价值属性的描述，因此，价值类型的选择受到包括评估对象、交易环境、评估目的和委托方等因素的影响。

（1）评估对象与价值类型选择。评估对象的使用范围对价值类型的选择具有一定影响。如果评估对象只能在特定环境下使用才能创造价值，则选择在用价值或投资价值等更为合适。

（2）交易环境与价值类型选择。市场价值类型所要求的市场交易环境是非常严格的，因此，植物品种权是否存在市场价值所要求的交易环境成为选择价值类型的重要因素。

（3）评估目的与价值类型。评估目的是选择价值类型的主要影响因素。在其他条件均满足的情况下，一般而言，在产权交易中，交易双方均以达到公平市场价格为目，因此更适合选择市场价值类型；投资入股目的的评估适合选择投资价值类型；清算目的的评估适合选择清算价值类型；质押评估目的的价值类型选择比较复杂，一般情况下涉及市场价值和质押价值两类价值类型。

（4）委托方与价值类型。不同的委托方会站在不同的角度看待问题，在选择价值类型时要与委托方的立场相一致。例如，在产权交易过程中，资产出售方一般选择市场价值类型（在其他市场条件均满足的情况下），而资产收购方的价值类型则可能选择投资价值。

（五）评估假设

任何学科及门类的发展及完善均有其相关假设。可以说，假设是任何学科及门类得以发展及完善的前提。作为管理学科的一种，资产评估也离不开其特定假设。

资产评估中的假设可以从不同的角度分类。按照假设设定的条件内容分类，可以划分为情景假设、市场条件假设、评估对象使用方式及状态假设和其他条件假设；按照假设评估基准日时的真实性情况划分，可以划分为真实性假设、非真实性假设以及特别假设。但是，无论按照哪种情况进行分类，任何假设都必须具有一定的基础和合理的判断，应当依据评估的特定目的、被评估资产本身的情况以及评估时的市场条件和其他条件综合分析来确定，不能随心所欲地选择评估假设。例如评估环境假设，涉及资产评估师对国民经济周期状况与景气状况的判断、对国际经济发展状况的判断、对国家产业政策和法律法规制度的深刻理解，以及对被评估植物品种权所属行业竞争情况的充分认识等。

二、资产评估基本方法

资产评估方法借鉴的是会计、财务管理、统计等相关学科的技术方法，它是运用一定技术手段对资产价值的专业估算，目前已经形成了相应的方法及体系。依据不同技术路线及分析路径，可将资产评估方法划分为三种：市场法、成本法、收益法。评估方法不同，其依据的原理也不同，即每种评估方法均是不同评估思路的表现。

（一）市场法

市场法指的是以交易市场上与待估资产相似或相同的资产为依据，对其近期交易价格进行差异调整，从而得到待估资产评估价值的一种价值估算方法。

市场法评估思路为：任何理性的投资者在购置一项新资产时都有其既定的前提，即购置新资产的价格应当小于或等于当前市场现有替代品的价格。在评估实践中，具体做法为：将待估资产与市场上可比近似资产进行比较，在其差异的基础上调整近似资产价值，最终得到评估对象价值。由于该种方法的基础为已通过公开交易市场检验的资产价格，具有较高的可信度，因此资产相关方容易接受。

市场法的应用具有相应的前提条件：第一，存在公开活跃的交易市场，且能够通过该公开市场上众多供需双方的交易，得到交易资产的市场行情；第二，在公开活跃市场上存在与待估资产类似或相同可比的资产交易，并且交易价格能够跟踪。同时，可比资产与待估资产在所处市场环境、资产功能等方面还要具有相似性、可比性，两者交易间隔越短，对比价值越精准。

市场法的基本计算公式如下所示。

待估资产价值 = 修正系数 1 × 修正系数 2 × … × 修正系数 n × 对比资产成交价

待估资产价值 = 差额调整 1 ± 差额调整 2 ± …差额调整 n ± 对比资产成交价

上述公式为市场法下最为直接的估算公式，称为市场法中的直接法。也可以通过间接估算来计算待估资产价值，称之为间接法。间接法的估算以相关市场、行业或国家标准为依据，通过对待估资产及可比资产进行比较打分，运用其比值求得待估资产评估价值。

（二）成本法

成本法指的是依据待估资产的重置成本，从中扣除相应的贬值因素，从而得到待估资产评估价值的一种价值估算方法。成本法估算资产价值的原理为资产的替代原理，即一般情况下，资产的需求方在购置一项新资产时所愿意支付的最高额应当小于或者等于重新建造或购置该项资产的成本。

成本法的应用也具有一定的前提条件：第一，应当假设待估资产处于或是实际处于持续使用的状态；第二，待估资产在未来继续使用年度中能够产生收益，且该收益能够使其重置成本得到回收。

成本法评估的基本计算公式如下：

待估资产价值 = 待估资产重置成本 − 经济性贬值
− 功能性贬值 − 实体性贬值

（三）收益法

收益法指的是依据对待估资产未来所产生期望收益现值的计算，对其评估价值进行确定的方法。收益法的基本思路为将利求本，通过对资产未来年度收益折现及资本化的方法和途径，来确定待估资产的评估价值。

在评估实践中，收益法认为任何理性的资产需求方在对一项资产投资或者重新购建时，其愿意支付的投资额或构建成本应当小于或者等于该项资产在未来期间给其带来的期望收益总额。

收益法的基本计算公式如下：

$$P = \sum_{i=1}^{n} \frac{R_i}{(1+r)^i} \tag{2-1}$$

式中：P——待估资产最终评估值；

R_i——待估资产未来第 i 年度产生的收益额；

r——折现率；

n——待估资产能够获得收益的年数。

收益法作为评估思路的一种，其基本公式的形式并不是固定不变的。但形式无论怎样变换，均离不开折现率、待估资产未来年度预期收益以及收益期等三个基本参数，能否对这三个参数进行合理的确定及应用是收益法能否成功运用的关键。

第二节　植物品种权价值评估理论基础

一、价值理论

本书研究所用到的价值理论主要包括三部分，分别为劳动价值论、效用价值论以及均衡价值论。

（一）劳动价值论

劳动价值论的中心思想是"劳动能够创造价值"，价值是一种凝结在商品中的无差别的人类劳动。劳动决定价值的理论最早是由英国资产阶级古典政治经济学创始人威廉·配第（William Petty，1623～1687）提出的，他将生产成本与商品价值联系起来进行分析，认为物的有用性使物具有使用价值，同时又是交换价值的物质承担者。威廉·配第还意识到，生产商品所耗费的劳动时间与商品价值成正比，生产商品的劳动生产率与商品价值成反比。商品价格变化是以商品价值为基础的，是由劳动时间决定的。威廉·配第在商品价值的深入研究中提出，所有物品都是由土地和劳动这两种自然单位来评定价值，所有物品都是由土地和投在土地上的人类劳动所创造的，即"土地是财富之母，劳动是财富之父"。

总之，尽管威廉·配第的价值理论存在着缺陷，但是他的价值论的思想为古典经济学建立做出了重要的贡献。更为重要的是，他的复合价值思想对于研究一些特殊资产价值（比如植物品种权价值）具有重要的借鉴意义。

英国资产阶级古典政治经济学家亚当·斯密（Adam Smith，1723～1790）和大卫·李嘉图（David Ricardo，1772～1823）对劳动价值论进行了系统研究。亚当·斯密从交换价值切入，展开了商品价值的研究，首次明确划分了使用价值和交换价值，提出生产部门的劳动是一切商品价值的源泉及衡量尺度。

大卫·李嘉图继承和发展了亚当·斯密的理论，认识到使用价值是交换价值的物质前提条件。在探讨商品的价值时，他批判了亚当·斯密的二元价值理论，认为决定价值的是社会必要劳动；在分析商品的价值时，他指出商品价值不只来源于直接劳动，还来源于间接劳动。

在大卫·李嘉图的基础上，卡尔·马克思将劳动价值论发展到成熟阶段。他的主要观点包括三方面。

第一，社会必要劳动时间决定商品的价值，劳动生产力是由多种情况决定的，包括工人的平均熟练程度、科学的发展水平、生产资料的规模以及自然条件等。在生产力较高的情况下，同样商品中凝结的劳动量就会较少，单个商品的生产时间也会较短，即商品的价值就会较小。反之亦然。

第二，商品具有使用价值和价值，使用价值表现物的有用性，是价值的物质承担者。在商品生产中，价值规律是商品价值变动的基础；商品的价格是交换价值的货币表现，以价值为基础，受到市场因素影响，围绕价值上下波动。

第三，商品的价值包括 C + V + M，其中，C 为转移过来的生产资料的价值，V 为生产过程中耗费的必要劳动创造的价值，M 为劳动创造的剩余价值。商品的价值组成体现在交易过程。生产资料转移价值和必要劳动转移价值，即 C + V，称为成本价格；剩余价值 M 为资本增加值，即利润。长期趋势下，利润有平均化趋势，价值转化为生产价格。

可见，劳动价值论是研究经济学问题的重要理论基础，同时也是分析植物品种权价值形成及成本构成的理论基础。在分析植物品种权价值及成本构成时，首先考虑的就是创造该项资产的必要劳动时间的长短，劳动量投入的多少，这是构成植物品种权价值及成本的物质基础。

（二）效用价值论

效用价值论的中心思想是“商品的价值来自于效用的满足程度”。即消费者对商品的主观性评价构成了商品价值，消费者对商品的认可度越高，则该商品的价值越大。

19 世纪 70 年代，西方经济学发生了边际革命，出现了边际效用价值论，形成了边际效用学派，其创始人是门格尔、杰文思和瓦尔拉斯。门格尔的主要思想体现在：商品的价值起源于主观效用，但有效用并不等于价值，形成价值的必要条件是人们有足够的可以支配的购买这种商品的财富，即效用必须和经济物品在数量上进行结合才能形成价值。杰文思则认为价值是由“最后效用程度”即边际效用来决定的。边际效用是指消费者消费最后一个数量的商品所带来的效用的增加量，人们在进行消费时，所考虑的是效用物品中那极小的最后一个单位的加量，价值量正是由这最后一个单位的加量效用所决定的。

边际效用理论要求资产评估对资产的边际效用进行挖掘和计量，即在公开市场、竞争公平的环境下，资产的边际效用应当等于其成交价格。

图 2－3 中向下倾斜的需求曲线反映了消费者对商品的边际效用递减，向上倾斜的供给曲线反映生产者对商品生产的边际成本递增，随着商品数量的增加，消费者边际效用递减与生产者边际成本交会于 P，即为一件商品的均衡数量和均衡价值，该价值和数量正是公平交易中的市场成交价格，市场价格反映了商品的

边际效用。

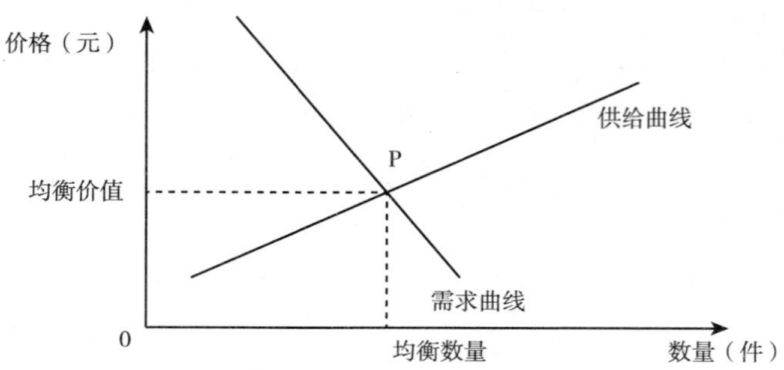

图 2-3 供给和需求决定的均衡价格

效用价值论的思想是资产评估中收益法应用的理论基础，也是本书构建植物品种权需求方价值区间模型的理论基础。资产未来期间给需求方带来的收益越高，带来的效用越大，资产的价值也越高。因为收益表现为不同时期的收益、货币具有时间价值，通常要对资产的未来收益进行合理预测，并对未来若干期的收益进行折现求得资产的现时价值，这正是收益法的基本计算方法。

（三）均衡价值论

以马歇尔为代表的新古典主义学派在19世纪后期、20世纪早期提出了均衡价值论（又称均衡价格论）。均衡价值论认为，商品价值由供给和需求共同所决定，当供给与需求价格相等时，其价格称为均衡价值。

马歇尔在对商品供给和需求进行分析的基础上，提出了均衡价值论，同时指出当某种商品需求和供给相等时，其价格和产量也会达到均衡。该学派将古典经济学派的供给—成本观点与边际学派的需求—价格观点结合起来，认为市场力量将趋向于形成供求平衡，供给与需求共同决定了价值。

均衡价值论是资产评估中市场法应用的理论基础，也是本书研究的价值区间评估模型中对植物品种权的均衡价值进行确定的理论基础。资产评估既要考虑生产成本和市场需求的因素，也要充分考虑市场波动的因素。在市场经济条件下，商品或资产的市场价格都会随市场的波动而变化，而影响市场波动的因素很多，有经济本身的因素，也有非经济的因素。资产价格一般是围绕均衡价值上下波动的。

通过均衡价值论理解植物品种权供给与需求的平衡，还要注意把握以下几点。

第一，供给力量和需求力量相互作用到一定程度才会形成均衡。所以，为了达到均衡应当重视对商品供给和需求的研究，不能片面研究某一方。

第二，在任一给定的价格水平下，都会生产和消费一定数量的植物品种权，这是供给和需求曲线有效的前提，这种情况只有在市场处于或总体上处于竞争状态的情况下才有意义。

第三，在进行理论分析时，人们常把植物品种权价格作为自变量，而把植物品种权供给或需求的数量作为其函数，然而在市场交易过程中，情况会复杂得多，供给和需求的数量不仅受市场竞争、宏观政策等多种因素的影响，也会反作用于植物品种权价格。

第四，由供给和需求决定的均衡包括微观层次均衡和宏观层次均衡。在宏观层次上，表示植物品种权总供给数量与总需求数量的均衡，在微观层次上表示某特定地区种业市场、特定类型植物品种权的供求均衡。植物品种权供给和需求均衡的实质是植物品种权价值实现的问题。

二、供给与需求理论

马歇尔的供给与需求理论，假定了两个前提条件：第一，假定某一商品的价格只取决于它本身的供求状况，而不受其他商品价格和供求状况的影响，也就是资产阶级经济学中的局部均衡论；第二，假定货币的购买力也是不变的，这样就把商品价值的可能变动从这一商品价格的决定因素中排除出去，从而为商品本身的供求关系决定商品价格的分析提供了方便条件。

（一）供给理论

在供给理论中，马歇尔指出商品实际成本由两方面构成：隐含成本和明显成本。两者是生产商品的劳务、运输等所耗费的期望及劳动的负效用的加总。其中，隐含成本又称为机会成本，即企业家将用于商品生产的投资用于投资其他项目所能够产生的收益。明显成本（Explicti costs）又称为资源成本，即为了商品生产，企业购买相应原材料所支付的价款。

相对于有形资产，植物品种权研发所耗费的育种研发工作者的数量要少得多，其在很大程度上属于创造性的含智力性劳动较高的活动。植物品种权的数量、价格和质量是由个别劳动者，即育种研发人员所决定的，并不能像其他商品一样由众多厂商决定其供给以及价格等。可以说，植物品种权价格在一定程度上是由其生产者所决定的，而生产者对其价格的决定不单单受市场价格影响。

供给方的价格确定模型可以用式 2 - 2 表示。

$$P_s = C + M + C_j \tag{2-2}$$

式中：P_s——供给方期望价格；

C——生产成本；

M——预期得到的利润；

C_j——机会成本补偿额。

（二）需求理论

在需求理论中，马歇尔对需求法则进行了明确表述，并且对需求弹性这一概念进行了界定，即当商品价格上涨时，其需求量相应会减少，当商品价格下降时，其需求量相应会增加。

对于植物品种权而言，供给和需求两者不断相互作用，共同决定其价格。植物品种权价格会对其需求产生一定影响，其需求也会反作用于其价格。对植物品种权需求方而言，其需求的根本动因就是实施应用该植物品种权后所能产生的未来收益预期值。

因此，马歇尔的需求法则应用到本书所构建的植物品种权价值区间模型中的需求方价值区间中，可以体现为植物品种权的预期收益值越高，需求方心理承受价格就越高。

需求方的价格模型可以用式（2－3）表示。

$$P_d = R \times \varphi - L \tag{2-3}$$

式中：P_d——需求方预期价格；

R——预期收益值；

φ——需求方的收益分成率；

L——需求方的预期风险损失额。

（三）本书对供给与需求理论的借鉴

植物品种权的价值形成贯穿于研发与应用的整个过程，其均衡价值是由供给方和需求方共同作用形成的。对供给方而言，为研发品种权付出成本，成本越大，植物品种权的价值越高；对需求方而言，期望使用植物品种权产生效益，效益越高，植物品种权的价值也就越高。在市场经济条件下，当供给方确定的品种权的价值等于需求方确定的价值时，双方达到了均衡，此时的价值就是植物品种权的均衡价值。

植物品种权价值区间评估模型最终得到的均衡价值是需求理论和供给理论的综合运用。首先，在植物品种权交易过程中，以市场为基础，从供给方和需求方的不同角度建立考虑供需双方各自利益的价值区间计量模型。由于植物品种权的基本特征是高预期收入与高风险并存，该模型的构建应当遵循利益分享原则及风险共担原则。其次，依据均衡价值理论对双方确定的价值区间进行分析，最终得到交易双方都能接受的均衡价值（具体见图2－4）。

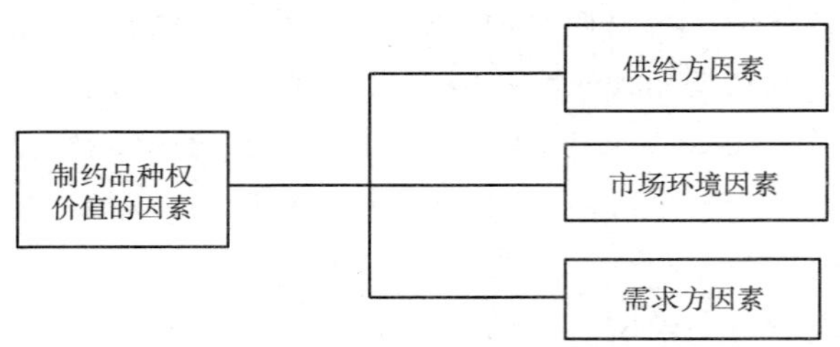

图 2-4　植物品种权均衡价格制约因素示意

三、有限理性理论

西蒙（H. A. Simon）于 1982 年最先提出了有限理性思想，即应当将计算能力以及知识两种局限性考虑到决策者认识局限性之中，只有这样才能够促成决策者的合理选择。而威廉姆森早在 1975 年就对有限理性存在的原因进行过分析，他指出，外界事物所具有的复杂性及不确定性，以及人类语言能力方面、神经生理方面的局限性引发了人类的有限理性。其中，语言能力方面受限表现为人类个体不能够对外界事物通过数字、图形和语言做出没有瑕疵的描述、解读和把握。神经生理方面的受限表现为人类在对外界信息进行处理、传递、存储以及接受的过程中并不能做到准确无误的把握，多多少少都会存在数量及水平上的瑕疵。

显然，对于植物品种权的供给方与需求方而言，均具有有限理性。

第一，供给方对于植物品种权成本信息难以做出准确的计算，因为在植物品种权的形成过程中产生的沉没成本、机会成本很难准确剥离与核算。

第二，供给方与需求方对于植物品种权未来产生的效用及应用的风险也很难准确预测。

第三，供给方与需求方对植物品种权交易过程中的各种不确定性很难做出准确的预测，并在合同中做出客观、准确、各方都没有疑义的描述。所以，供需双方很难达成一个完全合约。

四、博弈论

博弈论指的是在特定的规则、特定的环境中，某些组织或者个人，多次或者一次，先后或者同时，在其众多能够选择的策略或者行动中进行选择并且付诸行动，依据其所选择的行为、所付诸的行动得到对应结果的过程。博弈论也可以称为对策论。因为当某单个主体进行行为选择的过程中，会受到其他众多主体行为选择的影响，且该单个主体的最终行为选择也会反作用于其他主体的行为选择以及相应的均衡和决策问题。

博弈的类型划分主要有两个层面。

第一，依据行为参与人所付诸行动次序的先后，分为动态博弈及静态博弈。其中，动态博弈指的是行为参与人所付诸的行动并不是同时进行的，而是有先有后，并且行为发生顺序靠后者能够知道靠前者所付诸的行动。静态博弈包括两种情况，或者是行为参与人所付诸行动的时间一致，没有时间差，或者是两者虽然付诸行动时间不同，但是行动发生靠后者对靠前者发生的行动一无所知。

第二，依据行为参与人的支付函数、战略空间或者特征，分为不完全信息博弈和完全信息博弈。其中，不完全信息博弈指的是对于其他众多行为参与人的支付函数、战略空间或者特征，单独的行为参与人对其都没有准确的知识。反之，则为完全信息。

将上述两个层面的划分汇总考虑，便可以得到四种博弈类型，即不完全信息动态博弈、不完全信息静态博弈、完全信息动态博弈以及完全信息静态博弈。

对于植物品种权转让的供给方与需求方，在植物品种权生命周期的不同阶段，四种博弈类型都有可能存在。但植物品种权转让时，在市场环境下，供给方与需求方的谈判更多情况下比较符合不完全信息的博弈模式。通常情况下，植物品种权的供给方与需求方并不完全清楚对方的类型，即双方都不完全清楚对方的预期最低和最高价格。谈判时，双方以各自的价值评估区间为基础，制定相应的报价策略，通过谈判（这一过程可能会重复多次）达成最终的合约。

因此，本书将在不完全信息博弈理论的基础上，构建植物品种权交易时供给方与需求方的谈判模型，通过贝叶斯纳什均衡，找到能够被植物品种权供需双方接受的均衡价值，在该均衡价值下，供需双方均能实现其各自的最大价值。

本章小结

1. 资产评估的本质是评估对象的价值，而评估目的、价值类型和评估假设是对评估对象价值所处环境的描述和限制。

2. 本书的植物品种权价值评估研究是建立在资产评估基本理论和基本方法之上的实践性科学。在植物品种权交易价值评估实践中，要注意资产评估基本要素及其之间内在的逻辑关系。

3. 植物品种权作为特殊的农业知识产权，其评估方法及新的评估思路的应用均离不开经济学相关原理。在常用的三大评估方法中，成本法应用的经济学基础是劳动价值论，收益法应用的经济学基础是效用价值论，市场法应用的经济学基础是均衡价值论。本书植物品种权价值评估模型的构建及均衡价格的确定除了应用劳动价值论外，还应用了效用论、均衡价值论、博弈理论、有限理性理论以及供给与需求理论。

第三章　植物品种权概述及我国植物品种权现状

第一节　植物品种权概述

一、植物品种权构成要素及特征

（一）植物品种权构成要素

对植物品种权的价值进行合理评估首先要了解其构成要素。植物品种权的构成要素分为三部分：植物品种权主体、植物品种权客体以及植物品种权保护内容。

1. 植物品种权主体

植物新品种权主体也称植物品种权人，是指依法享有植物品种权者。根据 UPOV 公约 1991 年文本的内容，植物品种权的主体包括直接培育出植物新品种的人、育种工作者所在的单位或其雇主、委托育种或者合作育种中合同指定的人、通过合同转让后的受让人和权利人的继承人。

2. 植物品种权客体

植物品种权客体是指植物品种权所保护的对象。要深入研究植物品种权的客体，必须对植物新品种的范围加以界定。除了满足本书所界定的植物新品种概念之外，还要经过专业的技术测试，即 DUS 测试。只有通过 DUS 测试，对于植物品种权的生物特性进行观察研究后，才能编制测试该植物的测试指南，进而确定新品种审定标准。UPOV 公约 1991 年文本甚至规定了最低的保护范围和随着年限逐渐增进的最低份额。但是，因为对于植物新品种的认定及测试技术上存在困难，因此，一部分 WTO 成员虽然按照 TRIPS 协议的规定要通过专利法或者植物新品种保护法等专门法律对本国的植物新品种进行保护，但至今还没有实际给予这种保护。

本书所研究的植物品种权客体是指之前由农业部负责审批和管理的植物新品种，且该保护的范围是不断扩大的。

3. 植物品种权保护内容

植物品种权人享有以下独占性排他的权利：生产权、使用权、销售权、许诺销售权、进出口权以及各国规定的其他权利。UPOV 公约 1991 年文本对植物品种权者的独占排他权利的行使做了些许限制，主要体现在对品种的商业控制权，例如销售权、许诺销售权、进出口权等；而对植物品种权非商业的利用则无权禁止，例如私人的非商业性活动、试验性活动、培育其他品种的活动以及农民出于繁殖目的在自己的土地上种植的受保护植物品种所收获的产品。

（二）植物品种权特征

植物品种权有不同于其他商品的特征，会通过一定方式对其价值产生影响，总体而言，其特征主要包括以下几点。

1. 无形性

植物品种权最主要的特点即无形性。首先，该特点使该权利可以同时被很多主体占有和使用，如何保护品种权人的权利是一种比有形的产权保护更为复杂的问题。其次，该特点导致该权利的价值不是固定的。有形财产一般会随着使用时间的增加不断地磨损、贬值，而植物品种权的价值却会随着推广范围的扩大而逐步增加。植物品种权价值是随着其实施应用逐步得到体现的，推广面积越大，价值也就越大。

2. 创造性

植物品种权的研制成功绝大多数取决于育种研发人员的创造性

智力成果，而不单单是对前人研究成果的延续及继承。通常情况下，劳动按照其所需技能的大小分为复杂劳动、简单劳动，而创造性劳动是还要高于复杂劳动的智力成果，从价值量角度来讲，其创造的价值高于复杂劳动数十倍甚至百倍。显而易见，创造性劳动的价值并不能单纯地用育种研发人员的工资来反映，因此，也不能简单地用“成本 + 平均利润”方式来对植物品种权价格进行确定，还要适当考虑创造性劳动成果的作用。

3. 风险性

植物品种权交易的不同时期有不同的风险。具体来讲，包括开发前风险、技术风险、生产风险以及市场风险。

开发前风险即错误的研究和决策导致的风险。许多拥有植物品种权企业的创新活动有时缺少足够的市场需求与竞争模式的调查和分析，缺少对植物品种权利研究现状和趋势的了解，结果，所谓的“创新”实际上早已有之，或者是待“创新产品”，即其他公司企业已经开发出一个更高层次的替代产品，使其拥有更短暂的寿命。技术风险即从项目开始到试生产阶段的风险；生产风险即从较小面积的种植到大范围种植阶段的风险；市场风险即由市场引发的销售阶段的风险。植物品种权在其生命周期中所属生命周期阶段不同，面临的风险也不同。这四种风险在前后各阶段之间相互作用，相互渗透，进而影响植物品种权价值。一般情况下，技术风险及开发前风险主要由植物品种权供给方承担，市场风险及生产风险主要由需求方承担。同时，需求方承担的较高的风险对应着植物品种权的高价值，供给方承担的高风险对应着植物品种权的低价值。

4. 专有性

专有性也指排他性或者垄断性，相比于其他有形财产的专有性，植物品种权的专有性特点要更加复杂。

一方面，专有性表现为植物品种权主体对客体的垄断性，即植物品种权归属于某一特定主体。除了法律规定的几种特殊情形，任何第三方在未经过特定主体许可的情况下，不能够使用该权利，否则便构成侵权。另一方面，专有性还表现为客观方面具有的不兼容性，即通常情况下，植物品种权是唯一的，不会存在同一客体拥有两项完全一样的植物品种权的情况。比如，两人同时研发出了同样的植物新品种，且都申请了植物品种权，那么按照规定应当授予最早申请的主体；在两个主体同时申请的情况下，按照规定则授予最先完成人。因此，新品种研制成功后，相关培育主体应当及时提出保护申请，以免错过机会。

5. 地域性

地域性是指按照特定国家或地区法律培育并授予的植物品种权，仅仅在该国家或者地区范围内生效，而在其他国家或者地区却不会得到同样的保护。植物品种权地域性特点是其区别于有形财产权的主要特点。一般而言，对于有形财产，若是被某国家的某个人所拥有，该个人将其拥有的有形财产带到其他国家仍拥有该财产的所有权。而对于植物品种权，只有在取得植物品种权的国家拥有该权利，在其他未申请保护的国家则没有该项权利。

所以，在我国境内申请并取得保护的植物品种权，只有在我国才会受到保护。同样，植物品种权供给方培育出的优良品种，要想在国际市场上推广，应当同时在国内和国外相关国家申请植物新品种保护。

6. 时间性

时间性是指植物品种权权利人对其拥有的权利有一定的时间限制，超过该期限，公共领域的任何单位和个人都可以使用该项植物品种权，同时原植物品种权人的权利将丧失。该时间限制的设置由相关法律予以保障，是维护社会公众利益所需，能够促进植物品种权权利人及社会公众利益之间的平衡，能够在不使社会公众利益受损失的前提下，最大限度地保护植物品种权权利人的利益。

二、植物品种权的产权归属及权利构成

（一）植物品种权产权归属

植物品种权产权归属的实质是指对品种创新做出实质性贡献的群体范围，可以是个人、群体、单个或多个单位。当产权属于非个人时，应当对共有产权进行谈判及划分，具体可划分为：职务育种的植物品种权归属、合作创新育种的品种权归属、个人育种的植物品科权归属。

1. 职务育种植物品种权归属

植物新品种培育过程非常复杂，需具备一定的环境及技术条件，少则几年，多则几十年。完成一项新品种培育，首先要对其产权进行明确界定。

根据我国《植物新品种保护条例》，职务育种形成的植物新品种的申请权及所有权归属于本单位所有。一般情况下，由单位提供育种实验场地、仪器设备、资金、技术资料，育种者获得工资或其他性质的补偿。此外，由单位负责该植物品种权的成果转化，育种者获得相应比例的收益额，最终对植物新品种的培育做出贡献的实质性主体，均能够分享创新利益收益权。

2. 合作创新育种植物品种权归属

植物新品种的培育除了依靠本单位的人、财、物等资源，大多数情况下还要依靠外界资源，以提高品种培育效率及质量。教学单位、种业企业以及科研院所合作培育的植物品种权属存在两种情况。一是合作育种或委托育种，若双方事先已约定好合同，按照合同约定执行；二是没有相关合同约定，植物品种权应当归共同完成或受委托完成其培育的个人、单位所有。

3. 个人育种植物品种权归属

除了上述合作创新育种及职务育种两种情形，某些科研育种工作者利用自己的人、财、物等资源完成植物新品种的培育。该种情

况下植物品种权归属于个人，即个人育种形成的植物品种权，这种权属主要包括两大类：第一类，由单位育种工作者研制成功的植物品种权并非是其单位分配的任务，既不属于其本职工作，也不是在使用单位相关资源及资金的前提下完成的；第二类，植物品种权归属者并非为任何单位员工。

（二）植物品种权权利构成

与商标专用权、著作权以及专利权一样，植物品种权也是知识产权的一部分，对其归属问题做出明确界定的为植物品种权制度。

植物品种权权利主要包括所有权、收益权、让渡（处置）权以及使用权。其中，最根本、最核心的权利为所有权，该权利具有排他性以及决定性。此外，收益权是植物品种权实施的最终目的，其形成的前提是植物品种权所有权。依据我国《植物新品种保护条例》，植物品种权法律关系主体为植物品种权人，依法享有上述四种权利以及由其派生出的转让权、许可权等。

三、植物品种权供需双方的行为分析

植物品种权实施的最终目的就是获取收益，而实施的前提就是能够顺利转化交易。植物品种权交易行为的发生建立在各种因素相互作用的基础之上，对植物品种权供需双方交易行为进行优化，有助于合理配置植物品种权资源，促进新品种的推广。

（一）植物品种权供给方行为分析

作为植物品种权供给方，首先，其对某项植物品种权具有所有权；其次，其具有对某项植物品种权出让的意愿；再次，其主体形式可以多种多样，可以是有民事行为能力的法人、经济组织、也可以是自然人。

作为植物品种权供给方，其最终目的为获得期望的利润并且收回植物品种权研发所付出的相关成本，以便能够源源不断地进行植物品种创新研究。此外，大多数情况下，植物品种权的合法拥有者为长期从事育种科研的人员，相对缺少植物品种权开发、运营等经验，所以其更倾向于转让其合法拥有的植物品种权给具有营销及开发实力的种业企业，从而达到分散应用风险、迅速获得收益的目的。

（二）植物品种权需求方行为分析

作为植物品种权需求方，首先，其应当具有受让某项植物品种权的意愿；其次，其主体形式也多种多样，可以是有民事行为能力的法人、经济组织、也可以是自然人，但是绝大多数受让方为种业企业。

依据科学行为理论，一项行为发生的根本前提为产生需要，进而引发相应动机，由动机又进一步产生行为，而具体行为所向又是为了满足最终目标需要。整个植物品种权交易行为从需求角度进行过程分析，先是由植物品种权的科技需求产生对其购买的动机，再由对植物品种权的购买动机引发对目标植物品种权的购买行为。该过程可以用图 3－1 表示。

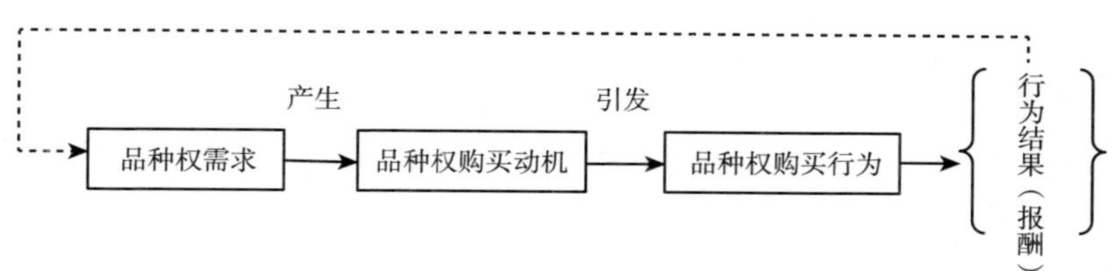

图 3－1　需求方购买植物品种权行为过程

一般而言，植物品种权需求方期望的行为效果由以下两方面因素构成：一是植物新品种经营推广行为成功的概率（可能性）；二是植物新品种经营推广行为所实际产生的报酬（效果）。

$$\text{需求方购买植物品种权行为期望效果} = \text{植物新品种经营推广行为成功的概率(可能性)} \times \text{成功对植物新品种进行推广后所产生的报酬(效果)}$$

植物品种权需求方是否产生购买行为，取决于需求方对意愿交易的植物品种权实施后所带来的期望收益与独立研发该项植物品种权所耗费的实际成本的比较。植物品种权需求方交易行为发生的临界点为运用新品种产生的边际收益等于其边际成本。进一步而言，植物品种权需求方采用新品种的成本跟其技术推广程度、自身素质、种业市场服务体系以及社会的整个信用度有关。该成本以研发成本、交易成本以及机会成本为主，且需求方所获得的期望利润与新品种实施产生的边际收益有直接关系。每交易实施一项新品种，需求方都要承担相应的风险，例如植物品种权实施推广所产生的技术、政策以及市场风险。植物新品种经营推广行为成功的概率（可能性）由需求方的环境条件、行为性质及素质决定，例如，在需求方素质较差以及所处的环境不利于植物品种权交易行为时，其成功推广植物品种权的概率也不高，反之亦然。总结而言，当需求方在预期交易实施某项植物品种权会给其带来可观的期望收益时，便会产生对该新品种需求的强烈欲望，并付诸行动进行交易。

四、植物品种权评估常用方法分析

目前，在我国植物品种权评估中，常用的方法为资产评估准则中规定的三大传统评估方法：成本法、市场法以及收益法。对其适用性及局限性进行分析，有助于发现现有评估方法中的不足，为本书的研究提供借鉴思路。

（一）成本法

成本法，又称以成本为依据的方法，成本法测算植物品种权价值的关键是要对其研发成本进行准确界定，包括重置成本、历史成本两种测算方法。

其中，重置成本是指重新创造或者购置同样的植物品种权所花费的成本，其确定以植物品种权现有的价格为基础，但是存在主观性较强等弊端。历史成本是指在研发植物品种权过程中所耗费的成本，其确定遵循的是谨慎性、一致性及客观性等原则，与该植物品种权未来实施收益无关。一般而言，育种科研人员往往多项品种一起开发，确定某项植物品种权所耗费的具体成本确实有困难，加之研发时间较长，往往以现价代替历史成本进行测算。

成本法测算植物品种权价值主要存在以下不足。

1. 植物品种权成本耗费与其价值的弱对应性

众所周知，植物品种权研发过程一般包括基础、应用研究以及生产开发等阶段，能否研制成功具有很强的偶然性以及随机性。依据植物品种权价值构成特点，其价值大小不在于其研制成本的多少，而与未来实施应用该植物品种权所产生的收益（即获利能力）直接相关。例如，某些植物品种权的研制成本极高，花费了大量人力、财力、物力，但是实际实施应用根本没有产生收益或者只产生了微小的收益，那么该植物品种权便没有实用价值或具有很小的价值。相反，某些植物品种权的研制成本不高，但其未来实施应用却产生了可观的收益，那么该植物品种权的实际价值是较高的，但是应用成本法对其价值进行评估时，评估结果却很低。

可见，以成本法来测算实施应用后的植物品种权价值，并不能反映其实际价值大小，只能在一定情况下适用，例如该植物品种权属于新技术或中间试验阶段技术，没有历史销售资料、没有市场成交案例。

2. 植物品种权成本计算的不完整及不确定性

作为一项智力资产，植物品种权成本投入由资金成本和智力成本两部分构成。其中，资金成本为有形的植物品种权成本耗费，其核算过程较为简单，主要指整个研发过程财力的投入部分；相对于资金成本而言，智力成本的投入占绝大部分。但是，智力成本的确定难度却很大，由于其投入不但与个人的思维方式、勤奋程度、知识面等有关，而且与育种研发人员对经验、知识的积累及运用有关。所以，仅依据研发人员的工资水平或其相应倍数对智力成本进行确定不够合理。

因此，成本法的应用只能在不能准确判断某项植物品种权未来实施收益或某项植物品种权研发时间较短且成本耗费能够准确计量的情况下适用。

（二）市场法

市场法是指依据市场上现有的相似或相同的植物品种权价格，将待估植物品种权与其进行比较，从而确定待估植物品种权价值。

市场法评估植物品种权价值有其应用前提。首先，要有充分完善及活跃的植物品种权交易市场；其次，交易市场上有与待估植物品种权相似或相同的资产，且这些资产最近的交易价格能够确定。从理论角度而言，市场法的应用简单易行，即若能找到待估植物品种权的可比较对象并对两者差异进行确定，通过一定方法对这些差异进行调整，便能够得到评估结果。但是，在实际评估中，市场法应用的可行性及科学性都有待进一步探究。

市场法测算植物品种权价值主要存在以下不足。

1. 不同植物品种权之间可比性较差

每一项新品种的研制成功均有不同程度的不确定性，且不同新品种之间由于其新颖性、独特性等特点而几乎不会重复。即使存在较为完善、活跃的植物品种权交易市场，想从中找出与待估植物品种权类似的、已经成交的新品种也是极为困难的。此外，植物品种权研发具有浓厚的个性特征，整个研发过程主要是对活劳动中智力劳动的损耗，只存在直接及个别劳动量，而没有形成社会必要劳动量。因此，开发时间、人员及环境的不同均会影响植物品种权研制成本的大小。

2. 市场法应用可行性较差

目前，我国植物品种权交易市场发展不够完善和成熟，充分活跃的市场在实际中很少存在。植物品种权作为农业知识产权的一种，其供给与需求情况较为复杂，受制于多种因素，且这些因素的衡量存在很多困难。虽然在我国评估实践中市场法的应用还存在诸多限制，但是在国外，市场法已成为评估知识产权等无形资产常用的方法之一。

随着我国交易机制的不断完善、植物品种权交易市场的不断成熟，作为公正、公开、公平且简便易操作的方法之一，市场法在未来仍有广泛的应用前景。

（三）收益法

收益法是指以植物品种权实施的未来收益为测算依据的方法，也可以成之为收益还原法、收益现值法。收益法主要思路为：在对折现率进行恰当选取的前提下，通过对待估植物品种权剩余寿命期及该期间每年所产生收益额的预测，将未来收益折现到评估基准日。资金的时间价值原理是其运用的前提，植物品种权实施应用带来的收益高低是决定其价值大小的原理。

具体计算公式如式（3－1）所示。

$$P = \sum_{t}^{n} F_t/(1+i)^t \tag{3-1}$$

式中：P——评估现值；

F_t——未来第 t 年的收益；

t——1，2，3，…，n；

i——折现率。

按照收益法测算思路，植物品种权实施未来各年度收益越高，其评估值也越大，即植物品种权评估价值由其未来年度的获利潜力及获利能力所决定。收益法的应用具有一定前提：首先，植物品种权未来实施应用的年限较长；其次，在其实施年度能够合理确定其期望收益。在评估实践中，由于植物品种权地域性、自然性等特点，收益法在实际评估应用中存在诸多弊端。

收益法测算植物品种权价值主要存在以下不足。

1. 植物品种权未来收益预测市场基础薄弱

首先，作为特殊的农业知识产权，植物品种权往往即将转让交易并实施或者尚未转让，极度缺乏历史盈利数据；其次，目前我国植物品种权交易市场不够完善、较为复杂，已经交易的案例可比性较差，依据类似的植物品种权交易对评估对象进行未来收益预测具有一定困难；最后，我国开展植物新品种保护时间尚短，仅有十几年，植物品种权价值估算问题还有待进一步探究、完善。

2. 经济寿命期存在不确定性

植物品种权能够获得收益的期间称为植物品种权经济寿命期。该寿命期的长短取决于两方面：一是植物品种权无形耗损的大小，二是植物品种权的先进与否。虽然植物品种权具有一致性、新颖性、特异性等特点，但随着育种科技的不断发展，原有植物品种权的优势特征会逐步退化甚至消失。因此，植物品种权经济寿命期的确定较为复杂，不确定性较大，育种科技的进步速度也会对其造成影响。

3. 折现率的确定有较大的难度

一直以来，运用收益法测算植物品种权价值时折现率的确定颇具争议。评估实践中，性状表现类似的两项植物品种权因折现率的细微差异导致评估结果差异巨大的例子比比皆是。从理论角度而言，植物品种权折现率应当由通货膨胀率、风险及无风险报酬率构成，但是影响这三项比率的因素却因植物品种权的不同而具有不确定性。

尽管收益法评估植物品种权价值存在诸多不足之处，但仍是目前应用最广的评估方法。

第二节　我国植物品种权现状

1999 年 4 月，我国正式成为国际植物新品种保护联盟的第 39 个成员国。同时，开始正式接受国内外育种者植物品种权的申请，植物新品种保护工作真正进入到实际操作层面。与本书研究范围相对应，下面内容将针对 1999 ~ 2014 年农业部公布的植物品种权保护的整体状况以及申请和授权的具体状况进行研究，通过相关数据资料的统计结果发现问题，并对其原因进行具体分析。

一、植物品种权保护整体状况

1997 年我国颁布并实施了《植物新品种保护条例》，二十多年来，我国植物新品种育种及保护工作取得长足进步，建立了植物新品种保护机构，植物新品种的管理以及申请授权服务不断完善，与植物品种权保护相关的农业知识产权法律法规如《种子法》、《植物新品种保护条例实施细则》逐步出台。上述措施极大地调动了科研院所、育种企业、农业高校及个人等育种者的积极性，植物品种权无论从申请量还是授权量上均呈现出逐年递增的良好态势。截至 2014 年底，我国植物新品种权申请量高达 1772 件，成为继欧盟、美国之后，国际排名第三的植物品种权申请大国。

（一）保护范围逐年扩大

一国的植物品种权保护范围受到该国实际育种以及农业资源状况的双重影响。我国农业植物新品种保护名录由各省、区农业科技管理部门及科研单位推荐，其最终实施要经过农业部审核及批准。植物新品种保护名录是在充分考虑我国不同省份育种优势以及资源区域优势的基础之上确定的。

截至 2014 年 12 月，农业部共发布九批《农业植物新品种保护名录》，涉及大田作物、蔬菜、观赏植物及草类、果树 93 个属或种，具体划分为 6 大类，分别为大田作物、蔬菜、果树、花卉、牧草以及其他，并且这九批植物新品种保护名录的范围在不断扩大。其原因主要有：第一，我国政府逐步认识到加强植物新品种保护工作的重要意义，植物新品种保护工作的力度逐步提高，从而使得植物新品种保护范围不断扩大；第二，我国农业育种技术逐步提高，需要更广范围的保护名录作为育种工作者公平竞争的平台，并对其提供更加广阔的空间保护。

（二）申请量、授权量持续增长

我国农业植物新品种保护工作起步较晚，1999 年 4 月才正式启动实施《植物新品种保护条例》并接受国内外申请。但在 1999～2014 年间，我国植物新品种保护事业发展迅速，制度体系日益完善，审查测试能力不断提高，受保护的植物种属范围稳步扩大，来自国内外的申请量快速增加。

截至 2014 年 12 月 31 日，农业部植物新品种保护办公室累计收到来自国内外植物品种权申请 13482 件，其中授权 4845 件，授权申请比例高达 35.94%，无论申请还是授权均呈现出稳步上升态势。这标志着我国农业科技及育种创新能力逐步增强，科研人员及研究机构知识产权保护意识不断强化。具体而言，申请量从 2002 年的 290 项增加到 2014 年的 1772 项，平均年增长率为 16.28%；植物品种权授权量从 2002 年的 118 项增加到 2014 的 791 项，平均年增长率为 17.18%。

（三）授权申请比例波动中趋于稳定

一般而言，植物品种权申请量的多少可以反映某一地区农业科技创新主体对于品种开发、保护的重视程度，而一个地区植物品种权授权量的多少则可以反映该地区农业科技创新的成果，并代表该地区农业科技创新水平的高低。可以说，授权申请比越大，该地区植物品种权申请的质量越高，反之亦然。

通过对 2002～2014 年累计授权申请比例进行分析，笔者发现，2002～2005 年均值保持在 40% 上下，2006 年以后，整体上呈现攀升态势，并于 2009 年达到顶峰，其后开始下降。究其原因，可能是由于授权时间的滞后性导致当年授权的植物品种权包含了前面几年累计的申请量，从而间接导致 2010～2012 年的授权申请比例下降。这说明申请人逐渐理性化，不再盲目追求申请数量，转而重视植物品种权的质量，申请成功率也大大提高。

二、植物品种权交易状况

植物品种权交易是指植物品种权所有人将其依法获得（通过发明创造、研究培育或依法受让）的植物品种权转让给需求方，需求方支付约定价款后成为新的植物品种权持有人，享有原植物品种权人所享有的相关权利。植物品种权交易能否有效进行关系到我国植物品种权科技成果能否顺利转化，对于促进植物品种权资源的合理配置、促进农业植物品种权的产业化具有重要意义。

（一）植物品种权交易市场状况

植物品种权交易市场有别于一般的种子市场和商品技术市场，其属于农业知识产权市场的一个分支。植物品种权交易隶属于产权交易的范畴，该交易过程不仅仅是受让方获得植物品种权相关权益，转让方得到金额报酬，其更加注重的是植物品种权的资本化，即能否通过与其他资本的有效结合，顺利将植物品种权进行商业化实施并实现其商业化价值。

植物品种权交易市场是知识产权交易实施的高级形式，是对种子市场的延伸及发展，从种子市场到植物品种权市场的过渡象征着从商品市场到资本市场质的飞跃。市场经济的最大特点是公开、公正、公平的竞争，植物品种权交易市场体系也不应单纯依靠政府的行政保护，而应该靠自己为市场提供的服务来吸引人。在市场发育的不同阶段，需要采取不同的形式。在植物品种权交易市场发育的初期，必须先依靠政府的力量，充分发挥“看得见的手”的能力和功能，有效培植品种权交易市场体系，完善其监管与运营机制；随着植物品种权交易市场化程度的提高，逐步摆脱对政府的依赖，发挥市场机制的作用，实现植物品种权资源的有效配置。因此，通过植物品种权交易流动，能够使技术资本与风险资本、创业资本相结合，达到植物品种权产业化的目的。

（二）植物品种权交易数量状况

一定时期内植物品种权交易数量的多少能够反映种业市场的活跃程度。

依据植物品种权交易的内容，植物品种权交易可以分为植物品种权的申请权交易和所有权交易两种方式。本节以 1999～2014 年期间我国教学科研单位和企业申请量及授权量分别排名前 20 位的品种权交易量为基础，进行数据分析，以反映植物品种权价值评估业务的未来发展趋势，并为我国植物品种权价值评估提供指导依据（见表 3－1）。

表 3－1　教学科研单位品种权申请、授权排名及交易量（1999～2014 年）

单位：件

排名	申请量排名				授权量排名			
	申请人	数量	交易量	交易量占申请量百分比（%）	品种权人	数量	交易量	交易量占授权量百分比（%）
1	江苏省农业科学院	416.40	8.00	1.92	江苏省农业科学院	192.00	5.50	2.86
2	黑龙江省农业科学院	350.50	0.00	0.00	黑龙江省农业科学院	142.00	6.00	4.23
3	中国农业科学院	309.74	0.00	0.00	中国农业科学院	116.33	0.00	0.00
4	山东省农业科学院	203.00	6.00	2.96	山东省农业科学院	100.50	4.00	3.98
5	云南省农业科学院	182.00	0.00	0.00	吉林省农业科学院	82.00	39.00	47.56
6	安徽省农业科学院	169.00	1.50	0.89	河南省农业科学院	71.00	7.50	10.56

续表

排名	申请量排名				授权量排名			
	申请人	数量	交易量	交易量占申请量百分比（%）	品种权人	数量	交易量	交易量占授权量百分比（%）
7	吉林省农业科学院	123.50	15.00	12.15	云南省农业科学院	65.00	6.00	9.23
8	河南省农业科学院	120.50	9.50	7.88	四川省农业科学院	63.50	0.00	0.00
9	四川省农业科学院	120.50	1.00	0.83	四川农业大学	61.50	0.00	0.00
10	贵州省农业科学院	117.00	0.00	0.00	绵阳市农业科学研究院	55.50	0.00	0.00
11	上海市农业科学院	116.50	0.00	0.00	丹东农业科学院	54.00	0.00	0.00
12	北京市农林科学院	116.00	0.00	0.00	河北省农林科学院	52.00	0.00	0.00
13	河北省农林科学院	108.00	1.00	0.93	安徽省农业科学院	51.50	0.00	0.00
14	绵阳农业科学研究院	102.00	0.00	0.00	湖南杂交水稻研究中心	50.50	1.00	1.98
15	南京农业大学	90.83	0.00	0.00	南京农业大学	45.50	0.00	0.00
16	四川农业大学	89.00	0.00	0.00	宜宾市农业科学院	39.00	0.00	0.00
17	中国科学院	86.83	0.00	0.00	上海市农业科学院	39.00	0.00	0.00
18	广东省农业科学院	80.33	1.00	1.24	通化市农业科学研究院	32.50	0.00	0.00

续表

排名	申请量排名				授权量排名			
	申请人	数量	交易量	交易量占申请量百分比（%）	品种权人	数量	交易量	交易量占授权量百分比（%）
19	丹东农业科学院	77.00	0.00	0.00	贵州省农业科学院	30.00	0.00	0.00
20	湖北省农业科学院	70.67	0.00	0.00	辽宁省农业科学院	29.50	3.00	10.17
总量		3049.30	43.00	1.41		1372.83	72.00	5.24

资料来源：根据中国农业科学院农业知识产权研究中心数据整理。

1. 教学科研单位植物品种权交易状况

经过分析发现，申请量排名前20位的教学科研单位申请总量为3049.1件，植物品种权交易总量为43件，交易总量占申请总量的1.41%。单看这一比例，交易量不是很高，这与我国教学科研单位发展水平有关。但是在这20家教学科研单位中，其中有8家进行了植物品种权交易，交易单位数量占到了总数量的40%，即有近一半数量的教学科研单位有植物品种权交易的需求。而且，在这43件植物品种权交易总量中，排名前十位的教学科研单位的交易量之和就高达41件，占到了交易总量的95.35%。可见，排名越靠前的教学科研单位，对植物品种权交易的需求越大，在种业市场上的表现也更为活跃。因此，通过对申请量排名前20位的教学科研单位植物品种权交易数据进行分析，可以预测我国教学科研单位对于植物品种权交易的需求是逐步增加的，植物品种权的流动会更加频繁。

授权量排名前20位的教学科研单位授权总量为1372.83件，植物品种权交易总量为72件，交易总量占授权总量的5.24%。单看这一比例虽然不高，但是与申请量排名前20位的交易量所占百分比相比，提高了3.83%。而通过前面分析我们得知授权量代表着申请质量，更能代表育种主体的育种研发水平，这意味着植物品种权申请质量越高，则对植物品种权交易的需求越大。进一步分析，在这 72 件植物品种权交易总量中，排名前十位的教学科研单位的交易量之和高达 68 件，占交易总量的 94.44%。同样，授权量排名越靠前的教学科研单位，对植物品种权交易的需求越大，在种业市场上的表现也更为活跃。

因此，无论是申请量还是授权量，排名越靠前教学科研单位实力越强、育种能力越强，其对植物品种权交易（包括申请权和所有权交易）的需求越强烈。这反映了我国种业未来在植物品种权交易方面的发展方向。同时，与我国“种业新政”提出的“应当以市场为导向，逐步建立以企业为主体的商业化育种新机制”是相一致的。对于种业来说，科技竞争的制高点和最终载体是品种，未来植物品种权的交易会更加频繁。

2. 企业植物品种权交易状况

经过分析发现，国内企业植物品种权申请和授权的分布均比较分散，没有出现一家或数家企业垄断市场的局面，反映出国内种业企业之间的实力差别并不是很大。

具体来看，申请量排名前 20 位的企业申请总量为 1661.16 件，植物品种权交易总量为 90.83 件，交易总量占申请总量的 5.47%，即说明企业每 100 件申请的植物品种权中有 5.47 件由植物品种权交易得到，比教学科研单位提高了 4.06%（见表 3-2）。究其原因，一方面是由于企业的交易总量高于教学科研单位，申请总量却少于教学科研单位；另一方面，《种子法》实施细则中规定，注册或从事育种研究的种子公司必须拥有自己的专利技术或者受保护的植物新品种。这一政策使许多处于初创时期的种子公司通过向公共研究部门购买品种来满足这一要求，多数种子企业拥有的申请保护的品种实际上是政府研究部门培育的品种，进而植物品种权交易量也会增多。

表 3-2 企业植物品种权申请、授权排名及交易量（1999～2014 年） 单位：件

排名	申请量排名				授权量排名			
	申请人	数量	交易量	交易量占申请量百分比（%）	品种权人	数量	交易量	交易量占授权量百分比（%）
1	北京金色华农种业科技有限公司	324.17	18.83	5.81	山东登海种业有限公司	125.00	10.00	8.00
2	袁隆平农业高科技股份有限公司	195.50	22.00	11.25	吉林吉农高新技术发展股份有限公司	100.00	37.00	37.00
3	山东登海种业股份有限公司	184.50	19.00	10.30	袁隆平农业高科技股份有限公司	77.50	1.00	1.29
4	吉林吉农高新技术发展股份有限公司	119.50	14.00	11.72	北京奥瑞金种业股份有限公司	47.00	4.83	10.28
5	孟山都科技有限责任公司	105.00	0.00	0.00	北京金色农华种业科技有限公司	34.00	1.50	4.41
6	先锋国际良种公司（美国）	73.00	0.00	0.00	海南神农大丰种业科技有限公司	29.00	0.00	0.00
7	荷兰安祖公司	72.00	0.00	0.00	辽宁东亚种业有限公司	25.50	0.00	0.00
8	北京奥瑞金种业股份有限公司	66.33	6.00	9.05	内江杂交水稻科技开发中心	23.00	0.00	0.00
9	先正达公司（瑞士）	65.50	0.00	0.00	四川中正科技种业有限公司	19.00	0.00	0.00

续表

排名	申请量排名				授权量排名			
	申请人	数量	交易量	交易量占申请量百分比（%）	品种权人	数量	交易量	交易量占授权量百分比（%）
10	昆明缤纷园艺有限公司	52.83	0.00	0.00	莱州市金海作物研究所有限公司	19.00	0.00	0.00
11	中国种子集团公司	47.33	1.00	2.11	石家庄蠡玉科技开发有限公司	19.00	0.00	0.00
12	合肥丰乐种业股份有限公司	47.00	4.00	8.51	山东汇德丰种业有限公司	18.50	8.00	43.24
13	北京德农种业有限公司	45.00	0.00	0.00	吉林平安种业有限公司	16.00	0.00	0.00
14	海南神农大丰种业科技股份有限公司	44.50	3.00	6.74	合肥丰乐种业股份有限公司	15.50	3.00	19.35
15	辽宁东亚种子集团公司	44.00	0.00	0.00	三北种业有限公司	15.50	0.00	0.00
16	昆明虹之华园艺有限公司	41.50	0.00	0.00	山西屯玉种业科技股份有限公司	15.00	0.00	0.00
17	荷兰瑞恩育种公司	39.00	0.00	0.00	安徽荃银高科种业股份有限公司	15.00	0.00	0.00
18	安徽荃银高科种业股份有限公司	34.50	0.00	0.00	中国种子集团公司	14.50	0.00	0.00

续表

排名	申请量排名				授权量排名			
	申请人	数量	交易量	交易量占申请量百分比（%）	品种权人	数量	交易量	交易量占授权量百分比（%）
19	内江杂交水稻科技开发中心	30.50	0.00	0.00	陕西秦龙绿色种业有限公司	13.50	0.00	0.00
20	山东圣丰种业科技有限公司	29.50	3.00	10.17	吉林省吉东种业有限责任公司	13.00	0.00	0.00
总量		1661.16	90.83	5.47		655	65.33	9.98

资料来源：根据中国农业科学院农业知识产权研究中心数据整理。

未来几年，万家种子企业共存的局面即将结束，小企业并购增多的同时植物品种权融资交易也必然会增多，取而代之是种子企业集中和变革的形势。

同教学科研单位一样，企业排名越靠前，对植物品种权交易的需求越大，其育种研发能力也较强，因此，可以得知未来我国企业对于植物品种权交易的需求也是逐步增加的。

授权量排名前20位的企业授权总量为655件，植物品种权交易总量为65.33件，交易总量占申请总量的9.98%。与申请量排名前20位的交易量百分比5.47%相比，提高了4.51%。由于植物品种权授权量能够代表申请质量，意味着植物品种权申请质量越高，则对植物品种权交易的需求越大。在这20家企业中，有8家进行了植物品种权交易，交易单位数量占了总数量的40%，也达到了将近一半，即有近一半数量的企业有植物品种权交易的需求。且这65.33件植物品种权交易总量中，排名前十位的教学科研单位的交易量之和高达54.33件，占交易总量的83.16%。这说明，授权量排名越靠前的企业，对植物品种权交易的需求越大，在种业市场上的表现也更为活跃。

因此，无论是申请量还是授权量，排名越靠前的企业，实力越强，育种能力也越强，其对植物品种权交易（包括申请权和所有权交易）的需求越强烈。

（三）种业企业的并购情况

种业企业的并购势必会涉及植物品种权交易行为的发生，因此，对我国种业企业的并购情况进行分析，有助于我们更好地了解企业之间植物品种权的交易状况及发展趋势。

近年来，种业企业并购背景主要基于两方面原因。一是植物新品种保护制度的实施促进了我国种子企业由分散、小规模逐渐向集中、规模较大的方向发展，并出现大规模的并购整合，有助于我国种子企业规模壮大，进而推动整个种子产业的结构调整，使中国种子企业的竞争力得到增强。二是 2011 年“种业新政”的实施推动了种子企业兼并重组，优化了资源配置，使我国种业企业向具有国际竞争力的“育繁推一体化”种业企业发展。

1. 植物新品种保护制度对并购的影响

在植物新品种保护制度实施以前，我国农业生产大概 10 年更换一次品种，出现过非常优秀的水稻、小麦、玉米品种。然而，这些优秀品种虽然对农业生产做出了巨大贡献，但是对种子企业几乎没有影响或影响很小。1972～1995 年，中国玉米生产经历了中单 2 号、丹玉 13、掖单 13 三次大规模的品种更新，但仍然没有任何一家育种业或种子生产经营单位依靠新品种而获得巨大效益。近年来，随着 1999 年植物新品种保护制度的实施、中国种业政策的不断完善，农作物新品种生命周期已经缩短到 3～5 年。植物品种权保护制度的实施促进了我国种子企业由分散、小规模逐渐向集中、规模较大的方向发展，并出现大规模的并购整合，有助于我国种子企业规模壮大，推动了整个种子产业的结构调整，使中国种子企业的竞争力得到增强。

奥瑞金公司自 1999 年开始与河北蠡县玉米研究所合作，受让玉米组合蠡玉 6 号（临奥 1 号）。2004 年为获得连续不断地创新能力，奥瑞金公司与蠡县玉米研究所主要育种者一起成立了研发型企业——河北蠡县玉米科技公司，奥瑞金公司占 30% 的股份。2006 年 2 月，奥瑞金公司完成了我国迄今最大的种子并购案，收购了德农正成种业 51% 的股份，由此进入水稻和油菜种子领域。此外，奥瑞金公司通过参股深圳创世纪公司以及在河南成立奥瑞金棉种有限公司，进入棉花领域；通过与吉林农科院的吉农高新合作成立长融种业，进入中国北方玉米区和北方水稻区的种业市场。中国最大的国有种子企业——中国种子集团公司为获得在油菜上的品种优势，与中国农科院油料所、华中农业大学等单位合资成立了中种华中油菜种业公司，由此顺利获得了中国农科院油料所的华油 2790、华油 1087、华油 2000 和华中农业大学的华杂 4 号的开发权。敦煌种业为获得新乡农科院的研发能力，投资 1650 万元，在新乡农科院的基础上成立了敦煌种业新科种子公司，从而获得新乡农科院培育的水稻、小麦、玉米新品种的开发权；为进入极早熟玉米市场，敦煌种业投资 1000 万元，收购了从事早熟和极早熟玉米品种开发的河北金山城种业。

因此，我国现行植物新品种保护制度及其配套法律法规的施行，推动和规范了中国种子产业的市场化，种子行业由传统的政府主导型向市场方向转变，种子企业开始走上市场化道路，促进了种子企业的并购整合；同时，植物品种权交易增加，企业竞争能力得到增强。

2. “种业新政”的实施对并购的影响

2011 年 4 月，国务院发布《加快推进现代农作物种业发展的意见》，被称为“种业新政”。该意见明确提出，推动种子企业兼并重组，支持大型企业通过并购、参股等方式进入农作物种业；鼓励种子企业间的兼并重组，尤其是鼓励大型优势种子企业整合农作物种业资源，优化资源配置，培育具有核心竞争力和较强国际竞争力的“育繁推一体化”种子企业。

据之前农业部的数据，随着市场准入提高和企业加快兼并重组，截至2014年底，我国持有有效经营许可证的企业数量由此前的8700多家减少到5064家，与2013年相比减少885家。其中，持部级颁证企业183家，同比增加1家；持省级颁证企业1906家，同比减少263家；持市县两级颁证企业2975家，同比减少623家。自2010年以来，种子企业数量共减少3636家，合计减幅高达41.8%，可见，“种业新政”的实施已经初见成效。

2014年，种子企业进一步加大兼并重组步伐。在国内，据不完全统计，四川省仲衍种业先后整合14家企业，组建了种业集团，川农高科、国豪、西科等企业采取联合、参股等方式重组，扩大企业规模。中国种子集团有限公司完成了对广东省金稻种业有限公司的投资重组；中信集团出资36亿入住隆平高科；安徽银荃高科种业股份有限公司投入1.72亿元，并购重组了10家种业公司；中农发种业集团股份有限公司累计投资12.6亿元，并购湖北省种子集团、山西潞玉种业、河南地神等8家种子公司；河北巡天农业科技有限公司兼并广西绿田种业有限公司。在国际并购方面，中粮集团与荷兰尼德拉（Nidera）公司签署股权收购协议，以12亿美元收购尼德拉51%的股权，开启了国内企业并购国外优势种业的先例。种业企业的合并必然涉及植物品种权交易行为的发生，“种业新政”公布之前，我国种业科研与生产脱节，很多科研单位不进行公益性研究，而热衷于“卖种子赚钱”。随着“种业新政”明确科研机构和种子企业的定位（分别作为公益性研究和商业化育种的主体），科企之间正在结成新的“联盟”关系。

无论从种业企业所处的背景还是从种业未来“育繁推一体化”“产学研”相结合的发展趋势来看，竞争力小的种业企业势必会被大的企业所兼并，种业企业之间的融资也会增多。此外，随着种业市场的开放，我国种业企业必将与国际接轨，植物品种权交易也会逐步增多。

本章小结

1. 植物品种权的主体为依法享有植物品种权的法律主体，植物品种权的客体为植物品种权所保护的对象，即植物新品种，植物品种权保护的内容为植物品种权人享有的生产、使用、销售等独占性排他权利。以上三方面构成了植物品种权的基本要素，并且和植物品种权的特点一并构成本书展开研究的基础。

2. 对植物品种权进行评估，首先要明确评估主体和评估对象，这是保证评估质量的第一步。评估主体明确是展开评估的基本前提，即首先要对植物品种权产权归属有一个清晰的界定。具体而言，可以划分为职务育种、合作创新育种、个人育种三大类。植物品种权的权利构成包括所有权、使用权、收益权和处置（让渡）权，是构成评估对象的重要部分，同时也是决定植物品种权评估价值大小的重要方面，即评估对象要明确。

3. 对植物品种权交易的供给方和需求方进行行为分析，有助于本书根据供需双方的特点构建植物品种权价值区间评估模型。对植物品种权价值评估常用方法的适用性进行分析，有助于发现现有评估方法存在的优缺点，并针对植物品种权的价值构成及特点寻求更好的评估思路。

4. 本书结合农业部植物新品种保护办公室所发布的 1999 ~ 2014 年的统计数据，对我国植物品种权的现状从植物品种权保护的整体状况、申请与授权的具体状况以及具体交易状况展开分析，发现近十多年来我国育种创新活动发展迅速，成绩斐然。整体而言，申请和授权量稳步提升，品种类型以大田作物为主的同时品种结构也在不断优化，呈现多元化发展趋势。随着“种业新政”的实施，企业的地位和创新力度也不断增强，这与我国种业未来强化企业育种创新地位的战略目标是一致的。我国种业良好的发展环境在一定程度上促进了本书研究的顺利进展。

第四章　植物品种权价值构成及影响因素分析

植物品种权价值影响因素是对植物品种权价值进行分析的重要依据。植物品种权评估过程即对评估对象价值进行了解、分析和估算，其中必然会对影响评估对象价值的因素进行分析和考虑，从而为评估参数的确定奠定基础。

第一节　植物品种权价值的构成

一、植物品种权的形成过程

从知识产权的角度出发，植物品种权形成的过程是新的育种技术不断创造、发展的过程，是将育种成果转化为企业效益的过程。时代不同、社会和经济环境不同，植物品种权的形成模式也不尽相同。

从20世纪60年代起到现在，植物品种权的形成模式主要有三种：农业育种技术推动的植物品种权的形成；种业市场需求拉动的植物品种权的形成；种业市场和农业育种技术相互交叉作用形成植物品种权。然而，无论在哪种形成模式下，植物品种权的形成过程一般均由以下几部分构成。（1）产生新的育种技术构思，该构思可能来源于种业市场调研人员对农业生产需求、生产环境及市场机会的把握，也可能是育种科研工作者从事育种研发过程的新的推测或发现。（2）对新的育种技术构思进行综合评价，并依据现有的育种科研成果、组织管理经验对该构思进行扩充，并提出实现该育种技术的育种研发思路。（3）进行育种实验，即在育种实验室中将该构思的育种研发思路转变为具体的实验流程，以验证该研发思路的可行性。（4）将该育种新技术在试验田进行实际种植，以验证其性状及对环境的适应性。（5）将该育种新技术应用于其物质载体种子中，即申请并授予品种保护，形成企业的植物品种权。

但是，在植物品种权形成过程中，以上五个阶段的划分未必会很明确，且每个阶段也未必会递次按照顺序进行，多数情况下是以上各个阶段的多重反馈循环以及交叉反复进行。因此，在植物品种权最终形成的过程中，多次的尝试与失败是常见的，有的育种研发过程甚至会由于遇到无法逾越的困难而搁浅甚至停止。一般而言，育种研发的失败率高达40%～60%。

二、植物品种权的价值构成

价值的形成都是在特定的过程中完成的，所有部门的生产过程都是价值形成的过程。在经济学史上，不同的经济学流派对价值的形成过程都提出过各自的理论。古典经济学之前的重商主义学派认为价值是在对外贸易过程中形成的，即价值的形成是在流通过程中完成的；重农主义学派则认为价值是在农业生产中形成的，最早断定价值的形成是在生产过程中完成的，但仅限于农业生产；古典经济学派认为价值形成是在生产过程中完成的，价值是劳动创造的，劳动是价值的唯一源泉，但不仅限于农业生产；当代西方庸俗经济学家从效用决定价值的效用价值论出发，认为效用创造价值，效用是价值的源泉，价值的形成是在消费过程中完成的。

植物品种权的形成过程是通过育种家复杂的脑力劳动将育种新技术、新成果转化成能够应用到农业生产中去并且为种业企业带来效益的资产的过程。所以，植物品种权的价值不仅仅表现为育种研发过程中劳动所创造的价值，还表现在以其物质载体种子的形式销售并种植应用到生产中所带来的效益。其价值的形成过程有别于一般商品价值的形成，并不仅局限于育种研发过程，而是贯穿于育种研发和种子的销售及种植应用过程，其中，单一的过程并不能形成完整的植物品种权价值。

根据马克思的劳动价值论，一般商品的价值形成在生产过程中就已经完成。所以，植物品种权的价值由成本 C、劳动价值 V 和创造的剩余价值 M 构成，即 C + V + M。由于品种研发劳动属于复杂的脑力劳动，因此，植物品种权价值不仅仅是简单的 C + V 的叠加，而是要充分体现在植物品种权的获利能力，即其为种业企业所带来的超额收益。因此，其价值的内涵是成本和收益的综合价值。

对于植物品种权而言，将植物新品种实施到种子生产的过程是一次性的，没有相同品种制种过程与其对比，无法通过众多其他制种企业的平均个别劳动时间决定其制种的社会必要劳动时间。因而，植物品种权实施过程的社会必要劳动时间只能是大部分种业企业可以接受的抑或是得到育种研发部门公认的劳动时间。该社会必要劳动时间无法在其制种过程中形成，只有通过该植物品种权的实施，才能得到社会的公认。而植物品种权价值便体现为能够成功实施，即制种并推广销售，且最终为其植物品种权所有人带来收益。

植物品种权主要通过两种方式应用实施：一种是由植物品种权的研发方所属的种业公司使用，自己申请保护，并制种推广；另一种是将植物品种权进行转让交易，受让方应用实施。无论哪种方式，都可认为植物品种权进入了交易市场，但第一种方式是受让方和出让方为同一体，是在信息完全对称情况下的植物品种权转让交易，第二种方式是受让方和出让方在信息非完全对称情况下的植物品种权转让交易。假设每一项植物品种权的交易市场都具有公开公平性，那么对于供给方而言，植物品种权的价值体现在收回研发成本并获取一定利润，更注重研发过程的价值；而对于需求方而言，植物品种权的价值体现在运用该植物品种权所带来的最大收益，其更加注重植物品种权实施应用中的价值。而植物品种权需求方和供给方均会出于不同目的，在植物品种权交易时寻求自己的最优价格，最后双方以均衡价格成交，该均衡价格就是植物品种权所体现的最佳价值，即均衡价值。

植物品种权在实施过程中，有一部分创造价值用于弥补自身的价值，用以维持供给方的简单再生产，另一部分为新增创造价值，即超出其自身价值的部分（可用公式（4-1）表示）。

$$M = m_1 + m_2 \tag{4-1}$$

式中：M——技术型资产的创造价值；

m_1——技术型资产补偿的自身价值；

m_2——技术型资产新增的创造价值。

其中，m_2的作用是实现双方的扩大再生产，应当在供给方和需求方之间进行公平分配，假设供给方的分配比率为k，则植物品种权的价值P可以用公式（4-2）表示。

$$P = m_1 + k \times m_2 \tag{4-2}$$

式中：P——植物品种权的价值；

m_1——植物品种权补偿的自身价值；

m_2——植物品种权新增的创造价值；

k——供给方对创造价值的分配比率。

本书认为植物品种权价值的形成贯穿于植物品种权的研发和实施应用两方面，其价值最终体现为在供给方和需求方共同作用下的公开公平交易市场中的平衡价格。这样考虑植物品种权的价值较为合理，因为不但考虑了植物品种权的研发成本和实施应用收益，而且也间接考虑了市场的变化对植物品种权价值，即均衡价格的影响。

第二节 植物品种权价值的实现

根据经济学价值理论，资产或商品的价值实现于耗用或消费阶段。植物品种权的耗用或消费形式多种多样，但是制种并销售推广出去是最终的耗用或消费形式。同时，植物品种权价值的实现也发生在制种的过程中。

植物品种权价值的实现途径多种多样，植物品种权所有人可以依据自身需求选择相应的价值实现途径，以实现最优价值。植物品种权所有人既可以自己实施该植物品种权制种并销售，也可以转让或授权他人使用。在实践中，植物品种权主要应用于自己实施（产业化）、授权、交易、质押融资、证券化、作价入股等。但无论是哪种价值实现途径，植物品种权最终均会实施并制种销售，即其价值实现的基本途径为产业化。

（一）植物品种权的产业化

植物品种权价值实现最为直接的方式即应用于生产领域制种并销售。若植物品种权人具备相应的制种条件及营销能力，将植物品种权产业化无疑为最好的价值实现方式，植物品种权的应用可能会降低原有制种成本，也可能会提高品种性状，但无论哪种形式，植物品种权在为其实施方创造超额利润的同时，也实现了其自身的价值。

（二）植物品种权的授权

植物品种权的授权指的是植物品种权所有人将其拥有的植物品种权的部分或全部授予他人使用，并按照双方的约定收取植物品种权使用费的行为。按照被授权人的权利范围，授权可以分为两种：一般授权和独家授权。一般授权指的是植物品种权人可以将植物品种权授予多人共同实施，而独家授权只能将植物品种权授予一人独家实施。由于受到自身对植物品种权的实施能力、制种成本、企业战略定位等多方面考虑，植物品种权人可以通过授予他人使用的方式来实现植物品种权的价值。

（三）植物品种权的质押融资

植物品种权质押融资即植物品种权所有人以其拥有的植物品种权作为标的物设定质权，以从银行或其他金融机构获取贷款资金的融资方式。随着我国一系列种业政策的改革推进，以及2011年“种业新政”的颁布，众多种业企业正在朝“育繁推”一体化的标准前进。这些种业企业育种基础雄厚、营销能力良好，但缺少必要的资本和育种条件成为制约其一体化发展的主要瓶颈。而植物品种权质押融资恰好能够解决该问题。目前，山东、河南、江苏等植物品种权申请量大省，植物品种权质押业务已经在相应的商业银行展开，并取得良好的社会效益和经济效益。植物品种权质押融资正逐渐成为其价值实现的重要途径之一。

（四）植物品种权的交易

植物品种权交易是目前植物品种权有效运用并实现其价值的主要手段。随着种业交易平台建设的不断完善，植物品种权交易量也越来越多。植物品种权所有人在植物品种权研发成功后，可能由于其自身的制种生产及销售能力不够，或者即使具备一定的制种生产能力，但是由于其他原因不能使植物品种权发挥其最大效用。此时，植物品种权所有人便可以通过交易出售的方式来实现其植物品种权的价值。

（五）植物品种权的证券化

植物品种权证券化是近年来出现的实现植物品种权价值的新途径。它的原理是利用“资产证券化”这一组织及框架，将本来不容易变现流动的植物品种权，转化为小额化、单位化且较容易流通的证券形式，并在金融市场上销售给投资者，以达到募集资金的目的。

（六）植物品种权作价投资

随着植物品种权在种业企业资本结构中比例的不断提高，以植物品种权作为投资资本组建企业正在逐步得到种业界的广泛认可。我国《公司法》规定，鼓励以知识产权作为投资组建企业，将总投资中知识产权的上限由25%提高到70%。

在实践中，植物品种权价值实现途径的选择要依据植物品种权的综合竞争水平、植物品种权人自身能力以及市场条件综合考虑确定。

表4－1是植物品种权价值实现方式的确定过程。一方面，当植物品种权人拥有较强的品种研发能力与制种、销售条件时，植物品种权人应当将该植物品种权项目制种生产，如果已经制种生产则可以适当考虑追加投资以扩大再生产；另一方面，若植物品种权人拥有较强的品种研发能力，但是不具备相应的制种及销售条件时候，植物品种权人应当考虑将该植物品种权用于出资入股、质押融资，或者授权他人实施应用。同理，当植物品种权人研发能力较弱且不具备相应的制种及销售条件时，则应当考虑成本最小化的做法，即放弃该植物品种权的研发或销售。

表4－1　　植物品种权价值实现方式与制种销售条件、品种研发能力的关系

		植物品种权人制种销售条件	
		弱	强
品种研发能力	强	出资入股、授权他人、质押融资	制种与销售
	弱	放弃植物品种权研发或销售	取得授权

第三节 植物品种权价值影响因素分析

一、法律因素

法律因素是植物品种权价值实现的首要保障，主要包括以下 4 个方面。

（一）是否授予植物新品种保护

植物品种权作为农业知识产权，要想得到国家的承认和法律保护，就要按照程序依法申请植物新品种保护，只有授予了植物新品种保护权利，才具有法律保护的效力。通常，将授予了植物新品种保护权利的品种称为植物品种权。植物新品种保护是为了鼓励培育和使用植物新品种，防止侵权行为的发生。通过审定的植物品种权，由于受到国家法律层面的保障，相对而言能够较好地保护育种者的劳动和智力成果，有效防止侵权行为的发生，调动育种者研发的积极性，促进科技成果转化的效率。从农业推广的角度来讲，该植物品种权在市场交易过程中的价值相对也较高。

（二）是否通过国家或省级审定

之前农业部相关部门会对新引进或育成的植物新品种是否适合在一定区域种植进行鉴定，即植物新品种审定，并依据其性状表现、稳定性等来决定该植物品种权能否推广及确定推广范围。该审定的目的是防止不适宜在本区域种植的品种任意推广。

农业部确定稻、小麦、玉米、棉花、大豆、油菜、马铃薯 7 种农作物品种必须通过国家级或省级审定，各省、市、区还可在此基础上确定 2 ~3 种农作物品种经过当地审定。无论哪种农作物，原则上应当是通过国家或省级审定之后才能进行植物品种权交易，但在实际种业市场上，很多植物品种权在审定过程中便进行转让。究其根源，植物品种权审定周期较长，区域、性状测试等至少需要

2~3年时间，一些有经验的商家在看好该植物品种权的前提下，为了抢占先机会提前跟供给方达成交易。然而，这样做也具有风险性，加之农业产品受自然环境等因素影响巨大，未审定或正在审定中的植物品种权很有可能会因为审定未通过而影响其推广，进而影响其权利的完整性，使其价值降低。

（三）审定级别及在审定中的表现

目前，我国植物新品种的审定分为国家级审定和省级审定。国家级审定的生产试验点为全国积温带，范围较广，审定成功后的推广面积也较大。而省级审定指的是生产试验点为具体的某个省份，审定成功后只能在相应省份推广，推广面积较小。相应地，植物品种权价值会随着审定级别的不同而不同。在品种审定表现方面，当某项刚刚通过审定的植物新品种尚未在市场上广泛流通时，其在审定过程中的性状表现是需求方获取该品种信息的直接来源，将直接影响其交易价值，审定性状越好，相应的交易价值也就越大，反之亦然。

（四）转让及许可实施方式

植物品种权可以进行转让，也可以进行许可实施，但是在实际交易中，两者所体现的植物品种权价值却有所不同。植物品种权“转让”指的是所有权转移，植物品种权所有人会发生变化。而植物品种权“许可”指的是在一定条件下授权他人使用该植物品种权并收取许可费用。无论许可多少次，植物品种权所有人不会变，可以多地、多时许可，因此在实践中的应用也更加广泛。

“许可”分为独占许可、独家许可、一般许可三种方式。许可方式不同，植物品种权供需双方所对应的权利和义务也不尽相同，主要体现为需求方所支付的许可费用的多少。一般而言，需求方获得许可的权限越大，未来获取的收益越高，对应的许可费也会越多。从许可实施的角度来讲，植物品种权独占许可价值最大，其次为独家许可及普通许可。同等条件下，植物品种权的转让因为所有权的转移而价值大于实施许可。

二、技术因素

植物品种权价值影响因素虽然涉及主观和客观多方面，但植物品种权的技术特性却是一切判断的基础。植物品种权最终价值的实现也是以品质为核心的，尽管种业企业的运作方式会影响其在市场上的竞争能力，但是建立在技术层面上的植物新品种的优良特性却是其持续获得市场认可的重要保证。技术因素对植物品种权价值的影响主要包括以下 4 个方面。

（一）新品种的性状及稳定性

植物品种权经过审定之后就可以在相应推广区域进行推广，能否在市场上顺利推广、赢得农户的信赖，最主要的因素就是该新品种的品种特性及遗传的稳定性。经过调查发现，对植物品种权价值影响最大的因素为种植密度（耐密性）、成熟期限、增产潜力以及遗传稳定性 4 个方面，具体表现如下。

（1）种植密度。种子最直接、最广泛的需求者就是农民，而高产性一直是农民所追求的目标，也是农民最直接的利益所在。如果某品种在种植密度增加的情况下能很好地保持产量的增长，亩产量提高的同时势必会带来整体产量的提高，从而增加农民收益，那么该植物新品种在其适宜种植区域的推广面积就会较大，对应的植物品种权价值也较高。

例如，玉米品种——郑单 958 于 2000 年 4～6 月先后通过河北省、山东省、河南省三省和国家品种审定，由于其具有广适性、多抗性而被农业部定为重点推广品种。在长期推广过程中，由于耐密型较好，并且性状稳定，成为相应审定区域的第一大种植品种。2010～2014 年，其在河北省的推广面积连续五年超过 67 万公顷，并呈逐年上升趋势，郑单 958 玉米品种权的价值也得到充分体现。

（2）成熟期限。我国地域辽阔，适宜农作物种植的区域广阔。

但是因气候、水土、光温等因素影响，不同地区同一类型农作物的生育期却并不相同，即使同一生态区域，实际种植的不同品种生育期也不相同。然而，在同等产量的前提下，成熟期限越短的品种价值也就越大。

例如，夏玉米主要是在耕作时提高田地上的复种指数，目前在我国的种植越来越广泛，从播种到收获大概 90 天。虽然单株产量相对春玉米低，但夏玉米新品种的发展方向为密植紧凑型，至少超过 267～333 株/公顷，总体产量不会下降。在黄淮海地区，小麦和玉米交替种植，如果某一夏玉米新品种成熟期限较其他品种短，即具有早熟性，而产量也不会降低，甚至会增长，农民收获完玉米可以立即播种小麦，不影响小麦的播种，该玉米新品种的价值相应地就会较高。

（3）增产潜力。植物品种权审定通过后在推广过程中，生产商每年都会派专业人员去适种区域进行产量估测。测产大部分依靠专家的经验值，有时候也会委托给经销商采取农户上报的形式。无论哪种形式，如果某新品种的产量连续几年都保持一定的上涨趋势，说明该品种增产潜力较大，育种公司在来年定价的过程中，除了考虑该品种对应种子的供需状况之外，增产潜力的好与否也是其调整价格的一个重要方面。增产潜力大的，会根据产量上涨幅度适当提高来年种子的定价。反之，则会在考虑其他定价因素的基础上调低该品种种子的价格。所以说，增产潜力是影响其价值的一个重要因素。

（4）品种性状遗传的稳定性。不同品种在性状表现同等优良且相似的情况下，其优良性状遗传的稳定性是决定其价值的重要方面。性状表现稳定的植物品种权，在其不同生命周期种植的过程中均会有稳定的产量、抗性等表现，在农业生产中风险较低，植物品种权价值相应也就越大。

（二）新品种的新颖性、特异性（替代性）

植物新品种的新颖性、特异性指的是其拥有其他品种所不具有的某些特性，这种情况降低了植物新品种的可替代性，同时使其在种业市场上的竞争也就愈有优势。例如，花卉市场上，就玫瑰品种而言，当花卉市场上红玫瑰占据大部分市场份额的时候，数量少的蓝玫瑰和黄玫瑰就拥有了强大的市场竞争潜力。从经济学供给与需求的角度来看，即某种商品在市场上若无替代品，那么其需求价格也就越高。可以说，特异性、新颖性直接影响着其可替代性，因此也可以理解为替代性是决定品种需求价格的重要因素。

（三）新品种的适应性

植物新品种的适应性包括两个方面：对环境的适应性和对市场的适应性。

（1）新品种对环境的适应性。农户选择新品种时，除了关注其品种特性，对新品种适应环境的能力也是要关注的另一重要方面。我国气候复杂多变，环境因素属不可控因素，即使同一种植区域，不同年份的降水、温差等也有所不同。如果某一植物新品种环境适应能力较强，无论每年气候如何变化，产量表现都相对稳定，相应的该植物品种权的价值就会较高，且在市场上的推广面积相对较大，流通时间也相对较长。可以说，环境适应性是农户选择植物新品种时考虑的一个非常重要的因素，也是影响植物品种权价值的重要因素之一。

（2）新品种对市场的适应性是指种子特征对市场的适应性。科技不断进步，种植技术也不断进步，对种子的种植要求不尽相同，总体而言正在由传统的人工耕作向现代化机械耕作转变。

以玉米为例，稀植、大棒的品种在人工种植玉米的时代很受追捧，而耐密植的品种则在现代机械收割时代广受欢迎。玉米种子大体经历三个典型阶段。第一个阶段：均价为 2 ~ 3 元/斤的掖单系列，此阶段的典型特点为玉米种植为全民耕种，出芽率较低，包装以麻袋为主，产量比较低，管理水平高及劳动力成本较高。第二个阶段：均价为 4 ~ 6 元/斤的郑单系列，此阶段的典型特点为种植方式为人工播种、半机械化收割，出芽率有所提高，出芽率达到90%，包装以精包装即小袋为主，产量提高很多，管理水平及生产成本控制正在逐步规范。第三个阶段：均价为10～20元/斤的先锋系列，此阶段玉米从耕种到收获均可以选择机械化方式，按粒播种（即点播），出芽率高达95%以上，包装由精包装精确到粒包装，产量和郑单系列持平甚至某些种植区域表现更好，农户的生产管理水平高及劳动生产成本进一步降低，符合现代化农业的生产方式。

2013年12月，国务院办公厅印发《关于深化种业体制改革提高创新能力的意见》，提出要深化种业体制改革，强化企业技术创新主体地位。在21世纪农业科技迅速发展的今天，植物新品种能否适应机械化生产、节省劳动力成本，是决定其价值的另一大重要因素，也是未来我国种业发展的新方向。

（四）新品种配套种植相关技术

植物品种权实施的专用性较强，要想使其顺利推广并发挥最大效用，对需求方的配套种植技术及设备有一定要求。首先，需求方应当有制种相关的设备及种植规模，或者有足够的资金用于改造现有育种设备、购置生产配套设备、购置新建厂区和用地，以及新员工的招聘和培训等。此外，制种成功进入市场之前，需求方要想达到预期的推广面积还应当具有成熟的宣传手段、包装技巧等。通常情况下，需求方的投资总额为配套技术投资与植物品种权价款总和。在新增利润一定的前提下，植物品种权对需求方相关配套技术要求越高，其投资总额相应也就越多，其承担风险也较多，此时，植物品种权的价值就越低，反之亦然。

三、市场竞争因素

市场竞争因素是决定植物品种权能否在市场上立足的关键因素，主要包括以下五个方面。

（一）品种进入市场的阶段

每一项植物品种都有各自的生命周期，品种进入市场的阶段是指在其交易时处于生命周期中的哪个阶段，不同的阶段对应不同的交易价值。通常情况下，植物品种权在市场上发展得越成熟，未来的发展也越稳定，需求方风险也会越小。例如，有些植物新品种刚刚进入市场时，性状表现可能会很优异，但是随后几年性状表现不稳定，可能会逐步退出市场；而有些植物新品种刚开始进入市场时性状表现可能会很一般，但随后几年性状表现越来越好以至于成为主导品种。

因此当一项植物品种权刚刚通过审定就进入市场推广的情况下，其交易价格一般会较低，因为交易双方都会考虑到需求方所承受的风险。而当某一品种在市场上已经推广了一段时间，并占有一定的市场份额，由于继续推广的风险较小，交易价格往往会较高。

植物品种权进入市场不同阶段所对应收益和风险的关系如图 4－1 所示。

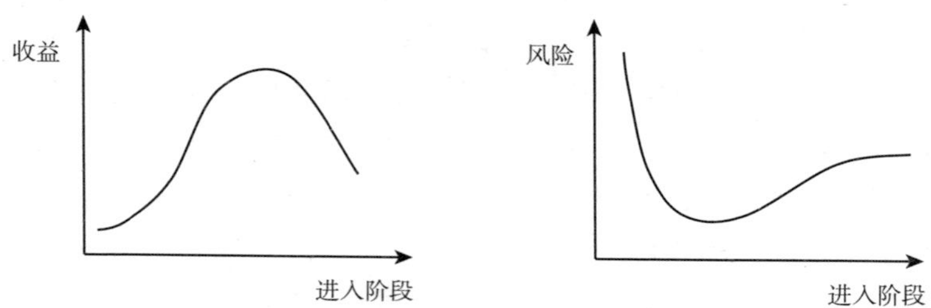

图 4－1　进入阶段与风险及收益的关系

（二）品种的生命周期

植物品种权的寿命可分为权利（法律或合同）寿命、经济寿命以及自然寿命。任何一个品种在市场上的流通都会经历引入阶段、成长阶段、成熟阶段以及衰退阶段。这里生命周期的含义是指植物品种权所对应植物新品种在市场上的种植流通年限，即植物新品种从开始采用到最终被淘汰的期间，也就是自然寿命。而评估中，收益期是计算收益的重要参数之一，其对收益期的要求是以能够获得超额收益为前提的，即经济寿命。一般而言，在植物品种权四个阶段的生命周期中，衰退期获取超额收益的能力已经丧失，经济寿命也就是前三个阶段所经历的时间。自然寿命和经济寿命通常要短于权利寿命。因此，如果在植物品种权转让合同中对需求方做出使用年限明确规定的情况下，要综合考虑以上各寿命取其最小值。同等条件下，收益期越长，获得的超额收益越多，植物品种权的价值也就越大。

（三）新品种适应种植范围（审定范围）

土壤状况、积温等随地域的不同而不同，植物新品种适应的种植范围是指能够满足其自身生长需要的土壤、积温等气候状况所延伸的范围。某项品种的适应种植范围越大，相应的市场潜力也较大，反之，其推广范围也会受到限制。以玉米为例，目前先玉 335 在市场上广为畅销，与农大 108 相比，其在黄淮地区的生长周期为 98 天，早熟 5 ~ 8 天，且对积温的要求更低，这些均导致了其推广面积及市场份额的增加。

（四）新品种在市场上的竞争力

在同等条件下，植物新品种在市场上的竞争能力越强，则要么会有较高的价格，要么会有很大的销量。例如，目前在市场上广为畅销的玉米品种先玉 335，每千克单价高达 40 元，而普通玉米种子每千克仅能卖到 15 元左右。再如郑单 958，自推广上市以来，种子销售价格一直处于中等甚至偏下水平，但是在市场上的流通时间甚至超过了其法律保护期限，创造了玉米品种销售的奇迹。无论哪种情况，竞争力最终都会使得植物品种权需求方受益，转化为植物品种权需求方的收益。

（五）植物品种权实施的市场环境

植物品种权实施的市场环境由多方面构成，包括社会环境、宏观经济环境、国家经济政策以及消费者偏好等。植物品种权实施过程产生的收益受到上述多方面的影响，进而影响其价值。比如，在我国东北三省，国家农业政策倡导不断增加粮食产量，因此单产量较高的水稻、玉米广受青睐，其品种权交易数量也逐步增多，而大豆因其亩产量较低而逐步退出市场。

四、供求因素

在经济学的供给与需求理论中，供求决定价格，因此供求因素是从经济学的角度确定的影响植物品种权价格的首要因素，主要包括以下 6 个方面。

（一）供给方的声誉

上市公司等信誉度高的大公司不但团队实力比较强、管理水平较高，而且生产率高，其生产、研发的植物品种权的价值也较高。声誉对于植物品种权价值的提升有积极的推动作用，是决定其价值的重要方面。与公司类似，科研机构也具有相应的声誉效应，在供需双方信息不对称情况下，需求方更倾向以较高的价格购买声誉较好的公司或科研机构的植物品种权，以降低实施风险。

（二）供给双方谈判能力

植物品种权最终成交价格的形成很大一部分受制于供需双方的谈判能力，是双方谈判结果的有效表现。谈判过程中双方策略的选择、谈判水平是决定植物品种权价格的重要因素。适当地考虑交易双方在谈判中的优势所在，才能达成令交易双方满意的交易价格。

（三）供给方选择机会

供给方的选择机会主要是指供给方因为转让该植物品种权而丧失其他最佳用途所对应的最大收益，即机会成本。假若植物品种权供给方选择自己推广实施，那么其实施推广销售所获得的收益便是其转让该植物品种权的机会成本。一般情况下，该机会成本应当由需求方进行补偿。

（四）需求方营销能力

植物品种权需求方营销能力将直接决定其推广面积和收益，进而影响植物品种权的价值。需求方如果有较好的销售团队和销售渠道，则能够保证其市场份额，带来较高的附加价值。因此，需求方的营销能力对植物品种权交易价值也具有一定影响。

（五）需求方研发能力

需求方的研发能力会对其自身的交易成本产生一定影响。若需求方研发能力较强，那么在与供给方进行交易的过程中便会占据谈判上的主动性，进而在一定程度上压低植物品种权交易价格。反之亦然。

（六）品种供求状况

每一项植物品种权都是唯一的，种业市场上可能存在着性状表现相似的同一品种，即具有可替代性，但是遗传基因及性状不可能完全相同。目前中国境内数千家种业公司都是潜在的植物品种权需求者，因此被评估植物品种权的需求方也不可能是唯一的。种业市场上供给方与需求方的数量对植物品种权最终价格的形成有一定影响，进而会影响植物品种权的价值。

五、其他因素

其他因素是指不包括在上述因素范围内，但是也会对植物品种权价值产生影响的一些因素，本书总结归纳了以下 3 点。

（一）供给方推介

一项植物品种权在刚研发成功、尚未在市场上推广之前，供给方的推介尤为重要。某项植物品种权性状再好，若无人知晓也不会在市场上广泛流通。相反，某项植物品种权性状一般，但供给方的推介作用显著，也可能在市场上广泛流通，且成交价格将呈现逐年上涨趋势。因此，供给方推介作用的大小将直接影响植物品种权的交易价值。

（二）制种成本

一般情况下，高成本会要求高回报。育种公司在对新品种进行定价时，首先考虑的就是其自身的繁种成本。一般而言，“繁育推”一体化的种子企业大部分拥有丰富的生产、推广及销售经验，制种规模较大，设备比较先进，且拥有自己的育种基地。因此，在繁育同品种的条件下，人工、运输、栽植、土地等使用成本相对中小种子企业要低得多。相对来说，已经形成了规模效应的大型种子企业对同一新品种的定价也会有成本弥补优势，从而在市场上具有强劲的竞争力，进而推动整个种子行业向现代化方向发展。

（三）转让成本

植物品种权在供需双方谈判并达成交易过程中会发生许多费用，即转让成本，主要包括供给方为植物品种权需求方提供的相关技术培育费、技术服务费，此外还包含咨询费、交通费、食宿费、差旅费等在谈判交易过程中发生的费用。一般而言，转让成本的高低与供需双方交易谈判时间正相关。例如，谈判时间越短，相应的转让成本就越低，尤其是植物品种权跨国交易，往往由于谈判时间较长，转让成本会很高。

第四节　植物品种权价值影响因素指标体系

上面总结了影响植物品种权价值来自 5 个方面的 22 个因素，为了便于确定下面植物品种权价值区间模型中针对各个参数的影响因素，并为下面具体的问卷设计做铺垫，本节将以上影响因素汇总整理，得到植物品种权价值影响因素体系（如表 4－2 所示）。

表 4-2 植物品种权价值影响因素指标体系

第一层次指标	第二层次指标	第三层次指标
植物品种权价值影响因素	法律因素	是否授予植物新品种保护
		是否通过国家或省级审定
		审定级别及在审定中的表现
		转让及许可实施方式
	技术因素	新品种的性状及稳定性
		新品种的新颖性、特异性（替代性）
		新品种的适应性
		新品种配套种植相关技术
	市场竞争因素	品种进入市场的阶段
		品种的生命周期
		新品种适应种植范围（审定范围）
		新品种在市场上的竞争力
		植物品种权实施的市场环境
	供求因素	供给方的声誉
		供给双方谈判能力
		供给方选择机会
		需求方营销能力
		需求方研发能力
		品种供求状况
	其他因素	供给方推介
		制种成本
		转让成本

本章小结

（1）植物品种权价值的构成、价值的实现以及价值影响因素是组成植物品种权价值规律的主要内容，是植物品种权价值评估方法选择和评估思路运用的理论基础。植物品种权价值形成的理论基础为马克思劳动价值论，即从“生产”的角度分析植物品种权的价值构成及形成机理；植物品种权价值实现的理论基础为生命周期理论以及效用价值论，即从“消费”角度对植物品种权价值的实现方式和过程进行分析。

（2）根据经济学价值理论，资产或商品的价值实现于耗用或消费阶段。植物品种权的耗用或消费形式多种多样，但是制种并销售推广出去是最终的耗用或消费形式。同时，植物品种权价值的实现也发生在制种的过程中。植物品种权价值的实现途径多种多样，主要包括植物品种权的产业化、授权、质押融资、交易、证券化、作价投资等。植物品种权所有人可以依据自身需求选择相应的价值实现途径，以实现最优价值。在实践中，植物品种权价值实现途径的选择要依据植物品种权的综合竞争水平、植物品种权人自身能力以及市场条件综合考虑确定。

（3）本节分别从法律因素、技术因素、市场竞争因素、供求因素以及其他因素五个方面研究了影响植物品种权价值的主要因素，并建立了植物品种权价值因素指标体系，为下面植物品种权价值评估模型中参数的确定奠定了基础。

第五章　植物品种权价值区间评估方法

——价值区间评估模型

第一节　价值区间评估的合理性分析

在数学中，区间是数集的一种表现形式，在植物品种权价值评估中，植物品种权价值区间是指植物品种权价值的分布范围。

在植物品种权转让交易的过程中，对于植物品种权的供给方来说，其可接受的植物品种权的交易价格一般不会低于研发该植物品种权所发生的相关成本，并且希望最大限度地获取利润，同时也要考虑成功转让的可能性。因此，植物品种权的供给方在对植物品种权进行转让的过程中，其可以接受的价格并非是一个固定的数值，而是一个区间，且该区间值的大小受制于其可能获得的利润的大小。对于供给方而言，确定其交易价格区间的关键就是确定其研制成本以及预期所获取的利润的大小。

对于植物品种权的需求方而言，其可能接受的价格也有一个心理预期。一般而言，需求方可以接受的最低价格为可比交易案例所带来收益现值的最小值，所获得超额收益的最大值为其可接受的最大值。因此，植物品种权需求方可接受的植物品种权的价格也是一个区间值，且对于需求方而言，假如植物品种权的需求方具有研发新品种的能力，则植物品种权的购买价格应当小于其自我研发总成本，且购买该植物品种权产生的预期收益应当不小于同行业平均利润率。在对需求方交易价格区间进行确定时，可以根据同类型的审定范围及性状表现相似的品种所获取利润的最小值以及最大值来考虑。

第二节 价值区间评估模型构建的基本思路

首先，从植物品种权的供给与需求两方面同时入手，分别构建植物品种权供需双方各自的价值评估区间。

其次，对植物品种权供需双方价值评估区间模型中的参数进行深入分析，并量化处理。在波动的植物品种权价格范围内进一步向其合理值靠近，以保证评估结果合理性，为供给方及需求方进行植物品种权转让交易奠定谈判基础。

再次，将构建的植物品种权供给方与需求方的价值评估区间一一进行复合，对可能出现的情况逐一进行分析，确定植物品种权交易评估价值可能的分布区域，该分布区域应是考虑了供需双方利益之后的价格谈判区间。

最后，结合植物品种权转让时市场交易的特点，构建供给方与需求方的谈判模型，并运用贝叶斯纳什均衡在上述确定的价格谈判区间内寻求双方都能接受的均衡价值，该价值即为供需双方成交植物品种权时最可能实现的价格，即供需双方均实现了各自利益的最大化。

第三节 价值区间评估模型构建的原则及应用前提

一、基本原则

植物品种权具有不同于一般资产的特性，构建其价值区间评估模型时，应遵循以下五个基本原则。

（一）成本回收原则

作为植物品种权供给方，其主要的目标是能够收回其植物品种权的成本耗费。一般而言，植物品种权的成本耗费主要包括三部分：研发成本、交易成本以及机会成本。其中，研发成本又称为沉没成本，指的是为研发植物品种权所耗费的原材料、人工、机器等实际成本；交易成本又称为转让成本，指的是植物品种权在转让交易过程中所耗费的流通费用；机会成本指的是植物品种权供给方由于对其植物品种权转让而丧失的未来收益，或者是其在研发过程中对资金的占用部分。

（二）利润分享原则

植物品种权交易的最终目的是能够为供需双方带来各自的利润，交易的实质是供需双方对新增利润额的分割问题。

利润分享是国际上在对技术商品进行价格确定时常用的基本原则。该原则有其自身的理论基础，即在植物品种权供给方将其实施某项植物品种权的权利转让给市场上的需求方时，会因该权利的转让而丧失在销售区域获取利润的机会。所以，植物品种权供给方可以向其对应的需求方针对该“机会成本”索要报酬，并且可以将该报酬等同于植物品种权的交易价格。而该交易价格的高低与植物品种权需求方的分享利润率及其新增利润有直接关系。联合国工业发展组织曾经对部分国家展开过大量的统计调研，认为利润分享在16% ~27%之间比较合适。

（三）价值区间原则

价值区间原则是双方进行谈判磋商的基础，其必要性在于植物品种权具有生产一次性的特点，无法直接参照其他商品的价格来确定自身的价格，而植物品种权的垄断性又使市场的竞争机制难以发现其真实价格。在这种情况下，就需要植物品种权转让双方制定各自的价格区间，植物品种权的供给方与需求方依据自己的价值评估区间，在交易时进行博弈，通过谈判，最终达成双方都能接受的均

衡价格。

（四）风险互担原则

植物品种权在研制开发期间面临的风险很大，许多植物品种权都是经历了一系列失败之后才研制成功的，而且很多研制成功的新品种往往是先期植物品种权研发不断累积的结果，因此在确定植物品种权转让价格时必须考虑到植物品种权的这一特性，使植物品种权转让双方合理分担风险，避免植物品种权研制者独自承担巨大风险。

（五）综合定价原则

综合定价原则是指在植物品种权价值评估模型中，应当尽可能将其价值影响因素全部考虑在内，从而减小评估误差。

首先，要对众多影响植物品种权价值的因素进行全面考虑，例如，植物品种权市场供求状况、植物品种权成熟度等。其次，在对植物品种权价值评估模型进行构建时，要将其价值影响因素通过相关参数、变量来进行表现，以增强价值评估模型的可操作性。最后，植物品种权价值与其评估模型中参数及变量之间的关系应当满足理论上依据充分、实践中可行的要求。

二、应用前提

本书植物品种权价值区间评估模型的建立是在现有评估方法及理论的基础上进行的，除了一般的评估假设之外，还应当同时满足以下四个条件：（1）植物品种权所处的交易市场为公开活跃市场，且存在适当的可比交易案例；（2）植物品种权所处的交易市场结构为处于垄断与完全竞争之间的垄断竞争市场结构；（3）植物品种权研发成本以及植物品种权供给方（转让方）的期望利润能够可靠计量；（4）植物品种权需求方（受让方）对自己实施该植物品种权获取超额收益的能力能够可靠计量。

第四节　植物品种权价值区间评估模型的构建

一、植物品种权供给方价值区间评估模型

构建植物品种权供给方价值评估区间时，从生产者的角度出发，根据植物品种权研发过程中的投入和预期植物品种权应用后的收益两方面的情况构建区间，主要考虑两方面的内容。

首先，植物品种权的供给方不仅要求维持“简单的再生产”，而且也要求为“扩大再生产”提供资金。因此，价格的构成既要补偿物化劳动和活劳动的消耗，也要根据植物品种权产品预期收益的大小进行收益分成，提取发展再生产的资金，分享植物品种权的实施而带来的收益。其次，综合考虑植物品种权本身的特点，研发风险、植物品种权的无形损耗、交易特点等都要在模型中体现。

（一）供给方价值评估区间下限

植物品种权研发过程是一种创造性智力劳动含量很高的活动。相对有形资产而言，从事无形资产研发的生产人员要少很多，而专门从事植物品种权研发的科研人员更是少之又少。所以，不能在诸多植物品种权研发人员或供给者共同决定价格前提下来研究个别生产者的供给，因为单独的植物品种权供给方就能够决定交易的植物品种权的价格、质量及数量。

从植物品种权的供给方看，其对价格的最低要求就是收回成本。首先，植物品种权转让价格应补偿其研发成本；其次，还应能补偿在进行植物品种权交易转让过程中所发生的服务费、资料费、差旅费等交易成本；最后，还要包括植物品种权研制过程中的资金占用成本以及放弃推广而减少的利润（即机会成本）。

值得注意的是，植物品种权机会成本包括两类：投资机会成本和转让机会成本。其中，投资机会成本指基于植物品种权的购买或者研发所支出的计量单位为货币的费用，并且这些费用由于放弃其他方面的投资机会将产生损失。一般而言，只要具备植物新品种研发能力及相关配套设施便会产生投资机会成本（如具有研发能力的教学科研单位以及集“育繁推”为一体的大型种业企业）。植物品种权转让机会成本指的是基于植物品种权的转让带来的使植物品种权供给方丧失对该品种实施推广的权利，以及由此失去的销售机会或市场份额所产生的损失。转让机会成本产生的主体主要是对植物品种权具有实施能力的科研单位及种业企业（如具有制种和推广销售能力的农业科研单位的下属种业公司，以及本身具有制种及营销能力的大中型种业公司等）。

综合以上因素，可以得到从植物品种权的供给方考虑确定的植物品种权转让价格的下限（如式（5－1）所示）。

$$P_{卖min} = D + F + O_a + O_b \tag{5－1}$$

$$O_a = (D + F) \times r \tag{5－2}$$

其中，D 是研发成本，F 是交易成本，r 为资金的平均收益率，是供给方对研发投入资金的期望报酬率，是无风险利率与风险利率的加和。在本书植物品种权价值评估模型中，植物品种权供给方对其研发过程中投入的资金有获取收益的要求。最低收益是得到资金的无风险收益，最高收益要求是同行业的平均资本收益率。不同的 r 分别对应投资机会成本的最小值 O_{amin} 和最大值 O_{amax}，以及植物品种权供给方价值评估区间的下限 $P_{卖min}$ 和上限 $P_{卖max}$。即：

$$P_{卖min} = D + F + O_{amin} + O_b \tag{5－3}$$

此外，如果还要考虑植物品种权研发过程中的风险、无形损耗以及交易时所处的生命周期等因素，则可以引进植物品种权价值调整系数来调整其价值（如公式（5-4）所示）。

$$P_{卖\min} = (1+\beta) \times (D + F + O_{a\min} + O_b) \tag{5-4}$$

式中，$P_{卖\min}$——植物品种权转让价格下限；

β——植物品种权价值调整系数；

D——植物品种权研发成本；

F——植物品种权交易成本；

$O_{a\min}$——植物品种权投资机会成本最小值；

O_b——植物品种权转让机会成本；

r——资金平均收益率。

（二）供给方价值评估区间上限

从供给方的角度出发，植物品种权交易价格的上限是供给方的一种期望价格，除了要能够对发生的研发成本等基础费用进行补偿外，还要将从供给方角度所期望获得的一定的利润囊括在内。因此，植物品种权供给方转让植物品种权时所确定的价格上限就是在总成本的基础上加上一定的利润（如公式（5-5）所示）。

$$P_{卖\max} = D + F + O_{a\max} + O_b + P_f \tag{5-5}$$

同样，假如考虑植物品种权研发过程中的风险、无形损耗及交易时所处生命周期，则可以引进植物品种权价值调整系数来调整其价值，最大值如公式（5-6）所示。

$$P_{卖\max} = (1+\beta) \times (D + F + O_{a\max} + O_b + P_f) \tag{5-6}$$

式中，$P_{卖\max}$——植物品种权转让价格上限；

β——植物品种权价值调整系数；

D——植物品种权研发成本；

F——植物品种权交易成本；

$O_{a\max}$——植物品种权投资机会成本最大值；

O_b——植物品种权转让机会成本；

P_f——供给方期望获得的利润。

而供给方期望获得的利润 P_f 如公式（5－7）所示。

$$P_f = (D + F + O_{a\max} + O_b) \times (1 + T) \tag{5-7}$$

其中，T 为种业企业的成本利润率。本书也将植物品种权供给方可能获得的正常利润和超额利润共计为 P_f。供给方转让该植物品种权价格的上限可以用如公式（5－8）表示。

$$P_{卖\max} = (1 + \beta) \times (D + F + O_{a\max} + O_b + P_f) \tag{5-8}$$

众所周知，植物品种权的实施推广是实现其自身价值的基本方式，而该过程离不开其所依托的物质载体——种子。我们可以将种子看成特殊商品，但该商品也遵循一般商品的生命周期理论，即一项产品在其整个生命周期中会经历引入期、发展期、成熟期以及衰退期四个阶段。植物品种权所依托的物质载体——种子也同样如此，只不过植物品种权价值主要体现在其所带来的超额利润。此外，由于植物品种权自身生命周期较短，年前通过市场考察结合需求培育的新品种，很可能年后制种销售时因种子市场的突发状况而滞销。因此，植物品种权价值的实现与种子价值的实现阶段并非同步，其各个阶段的特征与传统的有形商品有所差异。但是，并不是所有的植物品种权在市场上都会经历上述四个阶段。农产品表现受气候、地域影响显著，很可能在植物品种权审定实验阶段表现良好，而在第一年推广时候由于天灾等造成减产，甚至后续几年无人问津，这种情况下植物品种权的生命周期就直接进入了衰退阶段。

鉴于此，本书将重点讨论一般情况下植物品种权交易时所处的不同生命周期阶段内的价值特点。

如图 5－1 所示，根据植物品种权物质载体——种子在市场上不同的生命周期阶段，植物品种权供给方价值评估模型中价值调整系数 β 的取值范围也会有所差异，具体可以划分为以下几种情况。

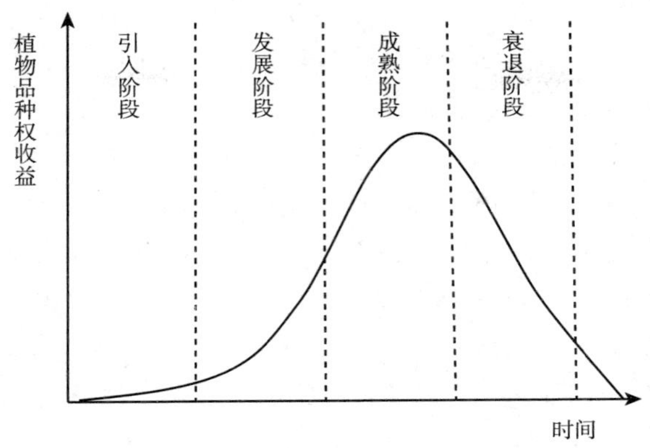

图 5－1　植物品种权生命周期不同阶段

1. 引入阶段

当一项植物品种权研发成功并且通过审定之后，其对应种子在第二年便可以进入市场接受市场的检验了，该阶段一般会根据新品种的性状表现和推广状况做出相应的技术措施、营销手段等各方面的调整，引入阶段的作用就是将新品种逐步推广到市场中，并在各方面进行反复修改及调整。由于该阶段新品种的性状尚未得到广大农户的认可，除了很少一部分农户考虑商家的优惠政策会选择新品种外，大部分农户为了规避风险仍然会选择市场上已经推广成熟、性状表现稳定的品种。种业企业为了提高销量，将会加大销售费用的投入来对新品种进行推广和宣传。即便如此，该阶段新品种无论是制种配套技术还是推广宣传等都未发展成熟，新品种的销量增长缓慢，新品种的后续推广面临来自技术以及市场方面的双重风险。因此，该阶段植物品种权所创造的价值较少，相对应的价格也会较低。在该阶段，可将植物品种权价值调整系数 β 的取值定为（0，1）之间的较小的调整系数，即：

$$P_{卖\max} = (1+\beta)\times(D+F+O_a+O_b+P_f)，且\ 0<\beta<1 \tag{5-9}$$

2. 发展阶段

一般而言，当植物新品种在市场上种植几年之后性状表现会逐步趋于稳定，加之种业企业前几年大力推广宣传工作，新品种的优势及特点便会得到广大农户的认可，与此同时，种子的销量也会逐步增长，制种配套技术及营销管理也会更加成熟，此时便由引入阶段进入成长阶段。在该阶段，市场上对该新品种的需求强烈，种子的销售额、销售量以及利润都增长迅速，制种成本相应地也会下降，植物品种权供给方所分得的利润也会增加。在这种情况下，同行竞争者看到该品种有利可图，便会纷纷效仿甚至会超越先前品种。因此，该阶段同类型性状相似品种的竞争逐步激烈，植物品种权所创造的价值较引入阶段会大大增加，发展潜力较大，相对应的植物品种权价格也会较高。因此，在新品种发展阶段，可将植物品种权价值调整系数 β 的取值定为（0，1）之间的大于引入阶段调整系数的一个值，即：

$$P_{卖\max} = (1+\beta)\times(D+F+O_a+O_b+P_f)，且\ 0<\beta<1 \quad (5-10)$$

3. 成熟阶段

由于市场机制的作用，在成熟阶段与该品种性状相似的同类品种供给量逐渐增多，该品种的价格逐步下降。与此同时，植物品种权创造超额利润的增长速度也会下降。该阶段种子的年销售量趋于稳定，在审定范围内需求逐渐趋于饱和，制种成本达到最低，每年的制种量达到顶峰甚至出现供过于求的状态。但是，由于实施该品种的企业具有一定的垄断性，在此阶段该植物品种权仍会给企业带来稳定的超额利润。随着竞争加剧，同行竞争对手不断通过研发或者购买的方式模仿并获得类似性状表现的品种。因此，植物品种权在该阶段超额利润的创造能力会达到整个生命周期的制高点，而后便逐渐减少，进入衰退阶段。

因此，该阶段价值调整系数主要是体现植物品种权价值损失。一般资产的价值损失分为有形损失、功能性损失和经济性损失三种。由于植物品种权没有实体形态，因此不存在有形损失，主要是功能性损失和经济性损失。这两方面的损失可以通过植物新品种在市场上流通过程中使用寿命的缩短来体现。对于大部分植物品种权而言，该阶段的价值调整系数可以用公式（5－11）表示。

$$\beta = \frac{-n_1}{n} \tag{5-11}$$

其中，n_1 为植物品种权在市场上已流通的年限，n 为植物品种权的经济寿命。可见，在成熟期，植物品种权调整系数是逐步减小的，这也符合该阶段植物品种权的价值变化规律，即：

$$P_{卖\max} = (1+\beta) \times (D + F + O_{a\max} + O_b + P_f)\text{，且 } \beta = \frac{-n_1}{n} \tag{5-12}$$

4. 衰退阶段

随着科研教学单位或企业对类似性状表现品种研发的不断深入，性状更加优良的替代品种逐步增多，广大农户随着更新品种的宣传及优惠政策开始接受新品种，以前的品种便进入衰退阶段。该阶段，原品种种子销量和利润均不断下降，市场需求逐步降低，新品种逐步替代原品种。同时，原有品种将失去超额利润的创造能力，并最终退出消费者市场。在该阶段，其价值调整系数 β 的取值为－1，对应的植物品种权的价值为0，即从理论上讲，植物品种权的需求方是不会购买不能够为其带来超额收益的植物品种权的，即：

$$P_{卖\max} = (1+\beta) \times (D + F + O_a + O_b + P_f)\text{，且 } \beta = -1 \tag{5-13}$$

此外，上述过程只是植物品种权价值实现所经历的一般过程，并非所有的植物品种权都会经历上述四个阶段，对于有些植物品种权而言，可能会只经历其中的某个或某些阶段。应当引起注意的是，供给方价值区间端点值 $P_{卖\min}$ 和 $P_{卖\max}$ 会随着植物品种权转让交易时所处的不同的生命周期阶段 β 系数值的不同而不同。此外，不

同发展阶段 β 系数的确定除了遵循以上规律外，还要考虑市场偏好、同类种子的竞争程度、审定范围、企业推广能力等具体因素具体分析确定。

二、植物品种权需求方价值区间评估模型

对于植物品种权交易过程中的需求方而言，可以将意向购买的植物品种权看作一种经营生产方面的投资，或者是一项生产资料投资。边际效用则为从需求角度考虑的交易价格的上限，具体表现为该植物品种权能够为需求方所带来的收益的现值。对该上限价格进行确定的原则为：植物品种权带来的预期收益减去尽可能的风险所带来的损失应当大于或者等于社会资本的平均收益。

换言之，假如植物品种权的需求方具有研发新品种的能力，则植物品种权的购买价格应当小于其自我研发总成本，且购买该植物品种权产生的预期收益应当不小于同行业平均利润率。基于此，构建植物品种权需求方的价值评估区间首要考虑的因素即植物品种权的载体——种子能够在未来几年内获得增量利润即超额利润，并且能够将植物品种权所带来的增量利润区别开来，即植物品种权的实施所带来的增量利润。

从需求方角度出发，植物品种权交易的评估值可以用公式（5－14）表示：

$$P = \sum_{t=1}^{n} \frac{\alpha \Delta Mt}{(1 + i_c)^t} \tag{5-14}$$

式中：P——植物品种权交易的评估值；

α——植物品种权分成率；

ΔMt——未来第 t 年的增量利润；

i_c——折现率；

n——植物品种权的收益年限。

可以看出，从需求方角度来计算确定植物品种权实施的收益现

值，涉及四个非常重要的参数——折现率、分成率、收益期以及增量利润，其中前三个参数的测算可以借鉴资产评估的基本思想。鉴于植物品种权的特殊性，对种子所带来的增量利润的测算需要以增量收益的计算为基础，且增量收益的测算很难估计和预测出一个准确值，需求方可以根据增量收益估计出一个价值区间，进而估算出收益下限 $P_{买min}$ 和收益上限 $P_{买max}$。可以看出，最为关键的一步即为确定其对应的种子所带来的增量收益。

从植物品种权需求方角度考虑的植物品种权转让价格的上限和下限可以分别用公式（5－15）和公式（5－16）表示。

$$P_{买max} = \sum_{t=1}^{n} \frac{\alpha \Delta M t_{max}}{(1+i_c)^t} \tag{5-15}$$

$$P_{买min} = \sum_{t=1}^{n} \frac{\alpha \Delta M t_{min}}{(1+i_c)^t} \tag{5-16}$$

三、植物品种权价值评估区间的确定

在经济学中，依据市场结构特征表现形式的不同，可以将市场划分为四种类型：寡头垄断市场、垄断竞争市场、垄断市场、完全竞争市场。

由于植物品种权具有有限垄断的特点，因此就其转让交易而言，植物品种权转让市场不会出现完全竞争的形态。同时，根据我国植物品种权交易市场现状，也不存在单方面需求方或者供给方垄断，即对于市场上交易的植物品种权而言，大部分市场结构为处于完全竞争与垄断之间的垄断竞争市场，即植物品种权的供给方能够提供大量性状表现差异但是同类别的植物新品种，同时也有很多的种业企业对植物品种权有所需求。在垄断竞争的市场环境下，植物品种权交易最终价格的确定取决于需求方和供给方的博弈，植物品种权的最终交易价格的确定由供给方与需求方共同作用决定。所以，在对植物品种权价值进行评估时应当首先从植物品种权的需求方和供给方两个角度着手，找出能够被交易双方所能接受的价格区间，并在此区间内对相关参数进一步作量化处理，从而得出最终评估值。

具体而言，从植物品种权需求方的角度来看，植物品种权最终交易价格越低越好，并且其最终能够接受的交易价格应当小于该新品种的预期收益扣除可能发生的所有风险损失之后的值。所以，从植物品种权需求者的角度来考虑定价主要是对评估区间的上限进行确定。相反，从植物品种权供给方的角度来看，植物品种权最终交易价格越高收益越大，并且其最终能够接受的交易价格至少应当超过其总成本。因此，从植物品种权供给方的角度来考虑定价主要是对评估区间的下限进行确定。

因此，在植物品种权交易市场上，植物品种权的价值评估区间可以表示为［$P_{卖\min}$，$P_{买\max}$］，且在当前垄断竞争市场结构中对植物品种权交易价值进行评估时，可以对其价值区间［$P_{卖\min}$，$P_{买\max}$］进行复合，确定买方和卖方均能够接受的价格区间，通过买卖双方的博弈和谈判，达成最后的合同价格，即均衡价值。该均衡价值的形成离不开市场机制的作用，是植物品种权最优成交价格的体现。

本章小结

（1）植物品种权价值区间是指植物品种权价值的分布范围。在植物品种权转让交易的过程中，对于植物品种权的供给方来说，其可接受的植物品种权的交易价格一般不会低于研发该植物品种权所发生的相关成本，并且希望最大程度获取利润。因此，植物品种权的供给方在对植物品种权进行转让的过程中，可接受的价格区间更加符合实际，且该区间的大小与植物品种权未来实施所带来的利润有关。类似地，植物品种权需求方可接受的价格也应当是基于自身所掌握信息的基础上的一个区间值。

（2）一个合理、实用的模型必须同时满足科学性和实用性双重要求。首先，本书从植物品种权的供需双方同时着手，分别构建从自身角度考虑的价值评估区间；其次，对植物品种权价值评估模型中的参数进行深入分析，并量化处理，进一步逼近植物品种权在价格波动范围内的合理值；再次，将植物品种权供需双方的价值评估区间进行复合，对可能出现的情况逐一进行分析；最后，结合植物品种权转让时市场交易的特点，构建供需双方的谈判模型，寻求双方都能接受的市场均衡价格，这个价格即为植物品种权转让时的价值体现。

（3）本章所构建的植物品种权价值区间模型的应用具有一定的前提，在构建的供给方价值评估区间的参数确定中，充分考虑了植物品种权生命周期对其不同时期价值的影响，引入价值调整系数 β，更加符合实际情况；在构建的需求方价值评估区间的参数确定中，根据需求方对未来的超额收益 ΔMt 范围的预测，进而估计出需求方价值评估区间的下限 $P_{买min}$ 和收益上限 $P_{买max}$。

第六章　植物品种权供给方价值区间评估模型参数确定
——成本类

第一节　研发成本的确定

植物品种权生命周期分为引入阶段、成长阶段、成熟阶段以及衰退阶段四个阶段，而研究开发活动是以上各阶段活动的基础。一项植物品种权从研发、审定通过到推广，经历的周期很长，少则3～5年，长则10年以上。植物品种权的创建一般要经历基础研究、运用研究和工艺生产开发等漫长过程，成果的出现带有较大的随机性、偶然性和关联性。有时会出现以下情形：在一系列的研究失败之后偶尔出现一些成果，由其承担所有的研究费用显然不够合理，或者在大量的先行研究的积累之上，往往可能产生一系列的研究成果，且继起的这些研究成果是否应该以及如何承担先行研究的费用很难明断，其中也会产生大量的沉没成本。这种成本的弱对应性无疑加大了技术资产劳动耗费的计量难度。很多科研机构并不是单独研究一个品种，而是多种植物类别、同类的不同品种共同研发，加之国家投入的研发费用有些科研机构没有合理分摊以及将费用分摊到与该植物品种权相关的类似品种（该类似产品未作为植物品种权出售，故其开发费的一部分或全部应分摊到将出售的植物品种权之中）等，导致具体到每一项植物品种权上的研发成本的确定较为复杂。

植物品种权研发具有高难度、高科技等特点，相应的研发周期也很长。研发成本对科研机构或企业的将来影响巨大，该植物品种权能否产生足够的经济效益与研发成本投入多少息息相关。整个研发过程是不断地对原有的品种进行改进或者直接开发新品种，研发成本的变动会引起一系列后续连锁反应，带来材料采购成本、交易成本甚至维权成本的变动。因此，合理确定植物品种权研发成本意义重大。

一、植物品种权研发成本的构成

植物品种权的研究开发成本属于植物品种权生产成本范畴，它是在研究开发植物品种权的整个过程中发生的一系列物化劳动和活劳动消耗的货币表现。它包括两个方面：直接成本和间接成本。与一般商品相比，植物品种权研究开发成本中的间接成本是一笔不小的数目，在整个研究开发成本中所占比例较大，这是计算植物品种权研究开发成本的一个特点，因此在分析和计算植物品种权研究开发成本时，间接成本是不能忽视的。

此外，植物品种权的研究开发成本还应分摊为保证研究工作正常进行而工作的各类管理人员和后勤人员的费用，有的单位（如一些企业和小型研究机构）已在直接成本中列支，有的单位（如大学和一些大型研究所的课题组）未在直接成本中列支，则应在间接成本中列支。一般而言，研究开发成本越高，植物品种权的价格也会越高。从植物品种权交易的角度来看，有些情况下植物品种权的买方也会在植物品种权中投入一定的研究开发成本，对买方来说，植物品种权的研究开发成本是指植物品种权被购买后中试、试生产及进入大批量种植的过程中所发生的费用。此费用越高，买方的接受价格就越低。

具体而言，直接成本和间接成本在财务处理上分别包括以下 4 类 14 项核算项目。

（一）生产成本

在植物品种权研发过程中，生产成本主要包括以下3项。

（1）材料费（C_1）：指为完成某植物品种权项目而消耗的各种材料、能源、动力、试剂以及辅助材料等支出。

（2）育种专用设备（C_2）：指用于某植物品种权研究而购买并一次性计入成本的研究设备，如仪表、仪器、计量装置以及专用辅助工具等项费用。

（3）工资及福利（C_3）：指在一定时期参加某植物品种权研究的所有科研人员和辅助人员的工资总费用以及必要的津贴等。在我国，这一成本项目还包括按比例提成的科研人员福利费。

（二）制造费用

在植物品种权研发过程中，制造费用主要包括以下3项。

（1）折旧费（C_4）：指为研究某植物品种权而占用并分摊于该植物品种权的机器、通用设备、专用设备、实验建筑物等固定资产的折旧费用。

（2）摊派费（C_5）：指某些用于多项植物品种权研究而必须按一定比例分摊到某一植物品种权上的科研工具等不构成固定资产的购买费用以及科研机构办公用水电费等项支出。

（3）维修费（C_6）：指对育种专用设备、辅助设备等的维护、保养、定时检测等相关支出。

（三）管理费用

在植物品种权研发过程中，管理费用主要包括以下6项。

（1）资料费（C_7）：指为某植物品种权研究而购买或发生的图书资料、技术资料、参考文献、复印资料等项费用支出。

（2）培训费（C_8）：指为完成某种植物品种权研究，需委派有关人员外出接受培训而发生的各种费用。

（3）外协费（C_9）：指在某种植物品种权研究中，因委托、聘请其他科研服务机构从事某些研究或提供服务而发生的各项费用，如外加工费、制图和数据处理费、分项技术转包费等。

（4）差旅费（C_{10}）：指与某植物品种权研发项目有关的人员因工作需要而发生的公务出差费用。

（5）咨询费（C_{11}）：指为解决有关开发难题而发生的技术咨询、技术鉴定等方面的费用开支。

（5）成果鉴定及审定费（C_{12}）：指植物品种权申请植物新品种保护以及国家级或者省级审定的费用。

（四）财务费用

在植物品种权研发过程中，财务费用主要包括以下两项。

（1）筹资手续费（C_{13}）：为研发某项植物品种权而筹集资金的手续费。

（2）筹资利息（C_{14}）：为研发某项植物品种权筹集资金所产生的手续费用。

在传统的成本核算方法下，植物品种权研发成本总和等于这14项直接成本和间接成本之和，可用公式（6－1）表示。

$$C = \sum_{i=1}^{14} C_i \tag{6-1}$$

二、植物品种权研发成本的特点

对于植物品种权供给方而言，研发成本是其价值评估模型中首要考虑的因素，包括研发该植物品种权和维持植物品种权持续性发生的研究，以及开发期间的活劳动、物化劳动消耗和费用性支出。植物品种权研发成本特点如下。

首先，植物品种权研发成本具有分散性。植物品种权研发周期长，涉及的内容多而广，包括前期的开发设计、实验材料的采购、中试种植的人工成本、后期的品种测试及审定等。大部分成本往往在不同的时间发生，且分散于不同人员及地点上，因而造成植物品种权研发成本的核算在空间、时间方面不够集中，成本测算也具有一定难度。

其次，植物品种权研发成本具有不确定性。植物品种权研发是探索未知事物的过程，能否研发成功具有较大的关联性、风险性，且很多植物品种权的研制成功是基于一系列的失败、努力及大量浪费性投入的结果，或者是基于先期大量的研究积累及成果之上，因此，这些成本具有继起性，而研制成功的植物品种权是否以及如何分担先期研究所投入的费用，很难进行准确界定。

再次，植物品种权研发成本具有不完整性。植物品种权研发所消耗的各项费用是否应当计入植物品种权，是以其是否符合支出费用的资本化条件为依据的。《企业会计准则——无形资产》规定，企业研究阶段的支出全部费用化，计入当期损益（管理费用）；开发阶段的支出符合条件的才能资本化，不符合资本化条件的计入当期损益（管理费用）。如果确实无法区分研究阶段的支出和开发阶段的支出，应将其所发生的研发支出全部费用化，计入当期损益。可见，我国财务制度的规定是将研究阶段费用及开发阶段不能够准确区分的费用直接从经营生产费用中扣支，因此，在财务账簿上反映的植物品种权的研发成本是不全面的。

最后，植物品种权研发成本的支付具有不可逆转性。研发成本的构成主要有育种专用仪器设备费、化学实验材料费、育种人员的工资薪金以及相关信息资料费。从会计的角度来看，这些材料设备不易变现，价值随着研发过程不断损耗，且这些支付是不可逆转的。除此之外，在实验育种的应用阶段，存在着很大的失败风险，应用失败的支出和耗费也具有不可逆转性。

除此之外，植物品种权研发成本中，间接成本的分配较为复杂，不易直接计算取得。为了保证其顺利推广和应用，大部分植物品种权研发不能一次性完成设计的要求，在其交易和应用之前都要经过不断改进、测试与实验，仅设计阶段工作的完成就要经过很长时间。且该过程中研发成本的投入是阶段性的，随着研究与开发的进行逐步转移到尚没有研发成功的植物品种权中，研发成本的投入一直持续到相关的植物品种权的研究开发全部结束，没有研发成功的作为沉没成本分摊到研发成功的植物品种权中，从而使间接成本的分摊核算尤为复杂。

三、植物品种权研发成本的确定——基于 ABC 法

（一）ABC 法确定植物品种权研发成本的优势

鉴于以上植物品种权研发成本特点，传统的按照人工及机器小时进行分配核算的传统方法难以对植物品种权成本准确计量。而作业成本法（activity based costing，又称为 ABC 法）作为新兴的成本核算方法，在测算植物品种权研发成本方面优势显著。ABC 法的基础是作业，其原理为将成本依据各自的成本动因精准地分配到其成本对象中。

ABC 法在以下三方面显著优于传统成本核算方法。

第一，成本库中计入间接成本的数量有所增多。ABC 法的原理为依据作业对费用进行归集，成本库数量的增多使得在成本归集与分配方面更具有优越性：一是拓宽了相对分散的植物品种权研发成本的归集渠道，使成本分配更具科学性和准确性；二是保证了每个成本库中具有相同性质的作业成本。

第二，改变了间接费用的分配标准。一切驱动作业成本的成本动因是 ABC 法的分配标准，因此，间接费用则可以依据成本动因来作为成本分配标准，即按照植物品种权研发成本实际耗费状况，对其间接费用进行分配。这可以使得间接成本的分配更具准确性和真实性。

第三，改变了间接费用的性质。在 ABC 法的应用中，导致成本产生的根本原因为作业，且其与成本分配标准之间具有一定的对应性，由此使得部分在传统成本核算方法中不能够直接在成本对象中进行分配的费用，能够与直接费用一样归属到各自相应

的研发项目中。所以从实际角度来讲，作业成本法利用一一对应的成本动因方式在研发项目上直接分配间接费用，使得间接费用的分配变得更加直接，从一定程度上避免了对成本进行再次分配。

（二）ABC 法确定植物品种权研发成本的思路

ABC 法的基本指导思想为：作业耗用资源，项目耗用作业。按照 ABC 法应用的基本思路，大体上可以将植物品种权研发成本核算按照两阶段划分。第一阶段即对作业进行识别，按照资源被作业所消耗的方式，将执行作业过程中消耗的资源在作业中进行分派，可以是间接分派也可以是追溯分派。与此同时，还要对作业成本进行计算。第二阶段即按照成本动因在产品中的耗费，将上一阶段计算得到的作业成本在不同的成本对象中进行分配，该分配可以是间接分配，也可以是追溯分配。

在传统的成本核算方法下，按照“资源—部门—植物品种权”的路径对植物品种权研发所耗费的间接成本进行分配。而 ABC 法下成本计算第一阶段除了将植物品种权研发所耗费的直接成本追溯到植物品种权以外，还要将各项间接费用分配到各有关作业，同时，将作业作为依据植物品种权研发的需要再次重组而成的“资源”；在第二阶段中，依据植物品种权研发过程与消耗作业方式的因果关系，把作业分派到产品当中去，也就是间接成本在 ABC 法下的分配路径为“资源—作业—植物品种权”。

（三）ABC 法确定植物品种权研发成本的过程

在 ABC 法下，对植物品种权研发成本进行确定的过程包括建立植物品种权研发成本库，归集并且一一剥离植物品种权研发成本，以增加植物品种权研发成本核算的合理性及准确性。图 6 – 1 为 ABC 法下对植物品种权研发成本进行归集及剥离的流程。

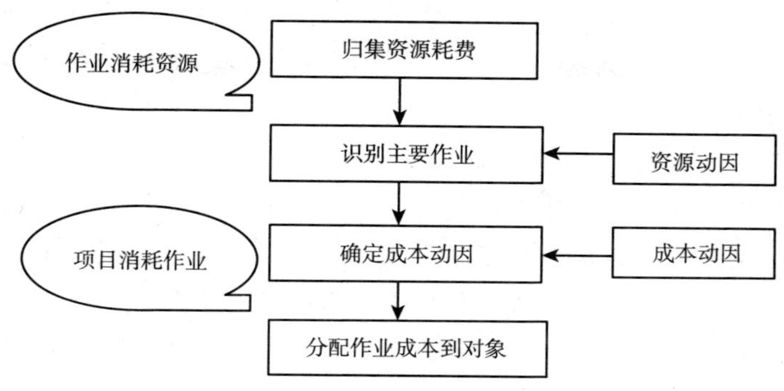

图 6－1　研发成本归集与剥离流程

1　设立资源库，归集资源耗费

人工成本及物化活劳动消耗是植物品种权研发成本的主要构成部分，在具体的会计成本核算中，成本费用核算科目主要包括生产成本、制造费用、财务费用以及管理费用等。

（1）生产成本。生产成本是指企业在完成其主要生产目的过程中所产生的生产商品的耗费。在植物品种权的形成过程中，其生产成本主要包括专用育种设备以及相关的材料费用等。具体而言，育种专用设备指的是因为某项植物品种权研发而购买的，且其购买费用一次性计入成本的研究设备的耗费。

（2）制造费用。制造费用是指在整个植物品种权研发过程中所发生的、按照原则应当计入其研发成本但是由于没有设置专门的成本项目而没有计入研发成本的各种生产费用。具体而言，主要包括研发育种部门所占用的房屋以及仪器设备等固定资产所产生的摊派费用、维修费用以及相应的折旧费用等。

（3）财务费用。财务费用是指育种研发科研机构或企业为了完成植物品种权的研发筹集资金而产生的费用。通常情况下包括手续费、利息费等在资金筹集过程中所产生的各种费用。

（4）管理费用。管理费用是指为了维持植物品种权的正常研发运转产生的种业科研机构或企业的各项行政管理的耗费。具体而言，主要包括差旅费、培训费、外协费、资料信息费以及成果鉴定等费用。

2. 识别主要作业，将资源归进成本库

作业是指在企业内部发生的，对植物品种权研发有影响或者与其研发过程相关联的各项活动。由于作业的数量和种类很多，如果分类太具体，必定会增加评估成本以及核算的工作量。所以，首先要明确评估目的，即在植物品种权转让交易的前提下对作业进行广泛定义，并且作业来源的确定要参照植物品种权研发过程。

其中，植物品种权调研作业主要包括品种需求方面的调研、组织育种管理方面的调研、生产育种设备方面的调研、材料育种采购方面的调研、技术育种走向方面的调研等。植物品种权开发与设计作业主要包括提出创新育种构思、形成新品种、设计育种过程、制定育种流程等方面内容。植物品种权采购作业是指与育种有关的原材料、试剂、仪器、低值易耗品以及育种设备等采购活动。植物品种权实验辅助作业是指在植物品种权研发付出劳务的过程中所发生的各种间接作业。植物品种权组织协调作业是指为维持植物品种权研发的正常运转所发生的对内部工作的组织管理和对外部事物的处理工作。植物品种权咨询鉴定作业是指植物品种权研发过程中的审查以及植物品种权研发成功后对相关成果的评价及鉴定等活动。植物品种权培训作业是指发生在植物品种权研发过程中的与科研育种人员素质、技术等培训有关的活动。依照上述作业中心，建立相应成本库，分别为植物品种权调研成本方面的作业库、开发和设计方面的成本作业库、采购方面的成本作业库、实验方面的辅助成本作业库、组织和协调有关方面的成本作业库、鉴定咨询方面的成本作业库以及与培训有关的成本作业库。相应地，植物品种权研发过程中耗费的资源将在上述成本作业库中进行一一分配。

3. 确定作业成本动因，将资源库价值分派到作业中心

对植物品种权研发成本库中的成本进行一一剥离最重要的步骤是对作业产生的动因进行确定。由于调研作业的构成烦琐，导致构成其成本库相关作业的耗费参差不齐。具体而言，接触式以及通信式调研作业库构成了植物品种权研发成本库的主要组成部分。接触式调研是指与作业产生的频率相关并且与对象直接接触，然而相比通信调研，该部分的费用差异巨大；通信式调研是指以对通信工具诸如网络、电话、通信等的应用为主要构成部分的调研，且可以将通信次数作为成本动因。植物品种权设计与开发作业成本库具体是指构成研发人员的福利及工资、相关育种材料等费用。其中，福利以及工资收入等的确定离不开工时、工人数量以及工作人员的素质。工时作为最为方便直接、最易量化统计的因素，与作业成本同方向变动。所以，植物品种权研发成本作业库成本动因选取工时很有必要。

与植物品种权研发有关的设备仪器、房屋建筑物等产生的修理、租赁、折旧、低值易耗品的摊销等方面费用构成了与实验有关的辅助成本作业库。同样地，可以选择工时作为与组织协调方面有关的成本动因。邀请植物品种权研发所在行业以及企业有关外部及内部专家的耗费构成了与鉴定咨询方面有关的成本作业库。与意向签订、电话联系、合同订购等相关的费用构成了采购方面的成本作业库。采购程序不因其作业种类的变化而改变，因此，可以选择其主要成本影响因素采购次数作为其成本动因。培训方面的成本作业库可以选择人数及培训时间作为其成本动因。培训作业成本库主要包括为完成研发项目而派人外出培训或内部培训所发生的费用，可以培训时间或人数为成本动因。

4. 确定成本动因率，追踪作业成本至成本对象

对成本对象进行作业成本的追踪，最重要的一点是对作业成本动因率的计算。将作业成本分配到成本对象中去的标准即为成本动因，该过程是对成本对象消耗作业逻辑关系方面的反映。其中，量

化地反映作业成本分配到成本对象中比例的指标即为成本动因率。

成本动因率的计算如式（6－2）所示。

$$X = \frac{C}{R} \tag{6-2}$$

式中：X——成本动因率；

R——总作业成本动因数；

C——作业成本库总成本。

那么，对于某项具体植物品种权研发成本在总作业成本库中所分配到的成本的核算如公式（6－3）所示。

$$C_1 = R_1 \times X \tag{6-3}$$

式中：C_1——某植物品种权研发项目在该作业成本库中分配的成本；

R_1——某植物品种权研发项目所消耗的该成本动因库中的成本动因数。

按照上述公式，便可以比较精准地对植物品种权研发过程中的各个成本对象进行成本库成本的归集，然后对其作业成本一一进行剥离，加总之和即为总研发成本。具体的植物品种权研发成本剥离与归集流程情况如表6－1所示。

表6－1　　植物品种权研发成本剥离及归集流程

<table>
<tr><th colspan="2">资源</th><th rowspan="2">资源成本动因</th><th rowspan="2">作业成本库</th><th rowspan="2">作业动因（率）</th><th rowspan="2">A资产作业动因数</th><th rowspan="2">A资产作业成本</th><th rowspan="2">……</th><th rowspan="2">G资产作业动因数</th><th rowspan="2">G资产作业成本</th></tr>
<tr><th>核算科目</th><th>费用类型</th></tr>
<tr><td rowspan="3">生产成本</td><td>材料费用</td><td rowspan="3">植物新品种开发与设计</td><td rowspan="3">植物新品种开发与设计</td><td>直接分配</td><td></td><td>A_1</td><td>……</td><td></td><td>G_1</td></tr>
<tr><td>育种专用设备</td><td>直接分配</td><td></td><td>A_2</td><td>……</td><td></td><td>G_2</td></tr>
<tr><td>工资及福利费</td><td>人工小时 T_1</td><td>Y_1</td><td>T_1Y_1</td><td>……</td><td>Z_1</td><td>T_1Z_1</td></tr>
</table>

续表

资源		资源成本动因	作业成本库	作业动因（率）	A 资产作业动因数	A 资产作业成本	……	G 资产作业动因数	G 资产作业成本
核算科目	费用类型								
制造费用	折旧费	实验辅助	实验辅助	机器工时 T_2	Y_2	T_2Y_2	……	Z_2	T_2Z_2
	摊派费			人数 T_3	Y_3	T_3Y_3	……	Z_3	T_3Z_3
	维修费			人工小时 T_4	Y_4	T_4Y_4	……	Z_4	T_4Z_4
管理费用	资料费	调研设计	调研设计	人工小时 T_5	Y_5	T_5Y_5	……	Z_5	T_5Z_5
	培训费	技术培训	培训	培训时间 T_6	Y_6	T_6Y_6	……	Z_6	T_6Z_6
	外协费	组织协调	组织协调	人工小时 T_7	Y_7	T_7Y_7	……	Z_7	T_7Z_7
	差旅费	调研采购	调研采购	调研 T_8 采购 T_9	Y_8Y_9	T_8Y_8 T_9Y_9	……	Z_8Z_9	T_8Z_8 T_9Z_9
	咨询费	鉴定咨询	鉴定咨询	咨询次数 T_{10}	Y_{10}	$T_{10}Y_{10}$	……	Z_{10}	$T_{10}Z_{10}$
	成果鉴定及审定费	鉴定咨询	鉴定咨询	鉴定及审定次数 T_{11}	Y_{11}	$T_{11}Y_{11}$	……	Z_{11}	$T_{11}Z_{11}$
财务费用	筹资手续费	筹集研发资金	概念设计与开发	直接计入		A_3	……		G_4
	筹资利息费	筹集研发资金		直接计入		A_4	……		G_5

第二节　交易成本的确定

一、植物品种权交易成本的概念

科斯作为诺贝尔经济学奖获得者曾经提出了交易成本理论。企业中专业分工的产生源于市场价格机能在经济体系中的运作，然而由于存在较高的市场价格机能使用成本，企业机制正在逐渐成为高经济效率的组织体。交易成本的本质是为了交易达成所发生的各种成本，交易对象和种类不同，所对应的交易成本也有所差异。一般情况下，包括狭义和广义两方面的交易成本。

（一）狭义的交易成本

科斯教授曾指出交易成本发生的目的就是为了促成市场交易，因此，应当主动去关注有哪些人更希望达成交易，告诉这些人与交易相关的方式及愿望，然后，经过交易双方的讨价还价签订合约，并且对所签订的合约条款的履行进行严格监督。所以说，在市场上因为植物品种权交易所发生的成本构成了狭义交易成本，具体而言包括与签约、履行合同、监督合同相关的费用。

（二）广义的交易成本

张五常教授从广义角度认为，交易成本称为制度成本更贴切，因为制度的产生源于交易成本。在建立、改变、维持、使用等过程中的各项涉及合同以及法律的制度费用构成了植物品种权交易成本的根源。

从广义角度而言，所有耗费的资源在谈判、信息获得、合同履行过程中的运用被称为广义的交易成本。出版于 1985 年的由威廉姆森主编的《资本主义经济制度》中做出了更为清晰具体的“交易成本”概念解释。威廉姆森将交易成本按照“事后”及“事先”两类进行划分。其中，“事后交易成本”的形式可以有多种，最根本的特点是其发生在交易之后。首先，包括交易双方耗费的为了脱离相关契约关系的费用；其次，包括交易双方为了改变原来约定的错误价格而花费的相关成本；再次，包括政府为了解决交易双方之间的分歧而发生的耗费；最后，包括为保证交易双方关系的连续、长期的合作性而应当耗费的必要支出。“事先交易成本”主要是指在谈判、起草以及为保证协议落实所发生的各项费用。在契约签订的整个过程中，交易双方必定会产生对未来发生事物不确定性的困惑，所以有必要首先对交易双方的责任、义务以及权力进行沟通和规定。然而，在上述过程中会损耗相应的成本，即付出一定的代价，该成本或者代价的大小与相应的产权清晰度密切相关。

二、植物品种权交易方式及特点

（一）植物品种权交易方式

植物品种权交易的本质即对待交易植物品种权的权利进行转移。随着植物品种权的商品化，植物品种权价值也随之实现。交换价值和使用价值属于财产的基本价值，植物品种权也不例外。植物品种权价值转移的主体不同，对应的实施方式以及交易种类也不相同。本书通过对植物品种权不同的交易类型进行整理，将其主要交易方式划分为以下 4 种：直接交易方式、会展交易方式、网上拍卖交易方式、交易所或交易中心交易方式。

1. 直接交易方式

植物品种权直接交易方式是指交易双方在对有关交易条件进行确定时，独自协商而不通过中介机构进行转让，目前，该种交易方式占据了我国植物品种权交易总量的绝大部分比重。例如，2003 年，由山东农业科学院选育的“鲁单 9021”优质早熟高产杂交新品种以 1000 万元将其经营权转让给隆平高科。该种交易方式虽然已经得到广泛应用，但是也有其局限性。例如，交易的成功率较低，交易附加成本较高（包括谈判成本、搜寻成本、监督以及缔结合同成本等），应用过程中存在较高程度的违约等。所以说，该模式比较适用于交易双方具有一定的信任度、了解度，且双方知名度、规模及信誉度能够得到一定保证的情况。

2. 会展交易方式

植物品种权会展交易方式又称为“科技种业大集”方式，主要是通过召开种业博览会或农作物品种展示会给交易双方提供更多当面接触的机会，进而促成最终交易的达成。该种交易方式兴起于最近几年，已经得到了种业企业、农技人员等的广泛认可，并且正在逐步成为种业行业定期交流、研讨、展示成果及企业形象宣传的平台。例如，2004 年 8 月 29 日，我国首届“农作物品种展示植物品种权交易会”在河南洛阳举办，该交易会由农业部相关部门以及洛阳市农科所共同举办。参会机构包括 320 多家企业及科研机构，涉及人员达 1000 多人，植物品种权交易额高达 5000 万元。此外，植物品种权会展还定期组织学术报告、现场观摩以及公布最新的植物品种权信息。

相对于直接交易方式而言，该种交易方式交易成功率较高、成本相对较低且当面接触交流更加充分。但是由于全国性的交易会组织费用较高、难度较大、举办的次数较少，为了更好地进行植物品种权信息交流与沟通，促进植物品种权的市场化、商业化，应当利用现有优越的经济及技术条件，逐步增加会展的举办频率。

3. 网上拍卖交易方式

植物品种权网上拍卖交易方式是指通过互联网谈判植物品种权的交易实施价格。该种交易方式的本质即以价格竞争作为核心，逐步构建植物品种权供需双方的互动及交流机制，对交易数量及价格进行确定，进而达到最终的市场均衡，即形成均衡价值。具体方式为将有关植物品种权信息在互联网网站上公开招标，利用竞争投标手段将其转让给出价最低或者最高的投标者。该种交易方式不要求公司具有实体经营店，交易全部依靠网络进行，所以，能够最大限度吸引对价格优惠力度要求较高而对服务质量要求较低的需求方。

该种交易方式具有很多优点，较之前两种交易，具有成本低、速度快、交流便捷、信息通畅等特点。目前最为常用的网上拍卖方式有逆向拍卖、封标拍卖、荷兰式拍卖、英式拍卖以及双向拍卖等。较之传统拍卖，网上拍卖交易方式有其独有的特点。例如拍卖规程可以由商家自己制定并执行，能够灵活掌握参与拍卖的人员数量及范围，还能够增加定价的精准程度。网上拍卖交易方式具有高效性，是未来植物品种权交易发展的方向。

4. 交易所或交易中心交易方式

交易所或者交易中心交易方式的实质为实施企业化经营及市场化运作。其中，企业化经营的目的为获得利润，且自负盈亏、自主经营；而市场化运作是指由市场竞价形成最终的交易价格，为了让更多的风险投资者、植物品种权所有者及相关创业基金进入交易平台，交易所为其提供相关优质服务及平台。与此同时，交易所还为交易商提供席位。交易商在场内拥有自己固定的席位，可以自营买卖也可以代理交易，而非交易商不允许进入交易，项目若要上市，必须经过交易商推荐和允许。除此之外，为更好地强化服务、完善市场的各项功能，交易所还引进高水准服务机构，提供评估、企划、保险、法律以及咨询管理等专项服务，以促进企业间产权交易及科技成果转化。

（二）植物品种权交易特点

植物品种权本身的生物学特性和农业生产的大田公示性，使植物品种权的转让具有不同于专利权等其他知识产权的特性，植物品种权交易的风险和难度相对较大。具体表现在植物品种权交易的双边垄断性、信息的不完全性、信息的非对称性、植物品种权的公共物品属性、交易合约的不完全性五个特征。

1. 双边垄断性

植物品种权主体对其所拥有的植物品种权具有排他垄断性。利

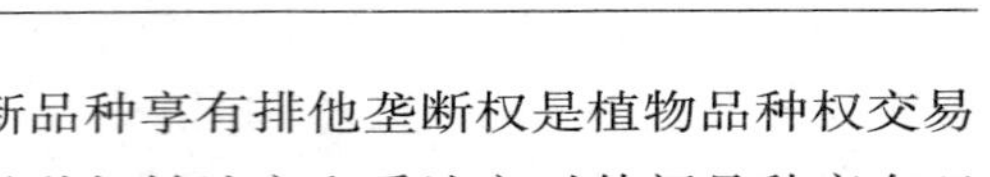

用植物品种权依法对其创新品种享有排他垄断权是植物品种权交易的基础和法律保障，植物品种权转让方和受让方对其新品种享有双边垄断权，也就延伸拥有其双边垄断定价权。

2. 信息的不完全性

信息的不完全性是指环境及未来事件的不确定性，因为人只具有有限理性，不可能掌握全部的信息。信息的不完全性包括植物品种权供给方信息的不完全性与植物品种权需求方信息的不完全性两个方面。

对于植物品种权的供给方，植物品种权的形成、转让过程中的固有风险使其面对难以预期的变化，比如研发失败风险、市场未来需求的风险、新品种更新替代的风险等。植物品种权的研究开发是一个探索未知的过程，具有时间不可预测的特点，几乎每个阶段和环节都充满了未知的不确定的问题。对于植物品种权的需求方，植物品种权的应用过程中的固有风险同样使其面对难以预期的变化，比如现有生产条件与制种环境不匹配的风险、未来收益不确定性风险、气候环境变化的风险、新品种的更新替代风险等。信息的不完全性使得植物品种权转让过程中，供给方和需求方难以完全描述或者精确计量植物品种权的价值，因此，双方只能依托现有掌握的信息，对植物品种权的价值进行初步的估计，通过在市场上的议价，确定植物品种权的最终市场价值。

3. 信息的非对称性

信息的非对称性指植物品种权的供给方与需求方所掌握的与植物品种权的转让行为相关的信息在量上的不等，即一方拥有另一方不知道或者无法验证的信息和知识。

信息非对称性包括外在性非对称信息和内在性非对称信息。外在性非对称信息是植物品种权转让产生的基础和前提，主要是指植物品种权本身的性状、特征、所包含的各种消耗的价值等，而不是由植物品种权的供给方或需求方的行为造成的。这种信息的非对称性一般出现在植物品种权转让行为发生前。外在性信息的非对称可能导致植物品种权转让过程中出现“逆向选择”现象，使供给方有隐瞒或伪装信息、夸大该新品种的性状表现以求得高收益的可能。

为在性非对称信息，是指植物品种权转让后，植物品种权的供给方（需求方）对另一方的行为无法观察、无法监督、无法验证而导致的信息非对称。内在性信息非对称可能会导致植物品种权转让中的道德风险，比如，转让某植物新品种，合同规定按销售额提取植物品种权转让费，然而植物品种权供给方对需求方所实现销售额的多少很难做出准确的观察和验证。无论是植物品种权的供给方还是需求方，当交易时合约所能获得的预期收益不足以产生应有的激励，而履约又存在固有的不确定性时，其有可能不履行合约。

4. 公共物品属性

植物品种权具有公共物品属性，是因为植物品种权的使用及推广具有一定程度的非排他性，即具有一定的外部经济效果与交易的可重复性两方面的特征。一个使用者使用该植物品种权，并不影响另一个使用者的使用。

作为一种公共物品，若植物品种权的供给者所获得的收益难以抵偿研发该资产的成本，必然导致供给不足，所以通过授予植物新品种保护的形式，使其避免成为公共物品；但即便如此，植物品种权的供给者依然不能阻止该品种研发技术的外溢，不能限制植物品种权的外部经济性。

首先，并不是所有的新品种都能通过植物新品种保护；其次，相关种业竞争企业可以通过合法的途径，变相使用植物品种权拥有者的研发技术，使植物品种权的消费具有一定程度的非排他性，产生“搭便车”现象；最后，同一植物品种权的使用权可以被多个主体同时拥有，不受时间、空间的限制。

5. 市场交易合约的不完全性

植物品种权转让时供给方与需求方最终达成的合约是不完全合

约。不完全合约是相对于完全合约而言的。所谓完全合约，是指合约条款详细确定了当与交易行为相联系的外生事件出现时，每一合约当事人在该情况下的权利和义务、风险均摊、合约强制履行的方式及合约所要达到的最终结果等内容。达成这样的合约，要求合约当事人具有充分的理性，能准确预见并描述合约形成过程中可能发生的任何事件，并就当发生这些事件时双方的权利、义务等问题达成一致，写入合约中，且合约一旦达成，双方都能遵守。

植物品种权转让时，供给方与需求方仅具有有限理性，而植物品种权的研发与应用均存在着巨大的不确定性，所以，供给方与需求方都不可能准确地预测未来，也不可能准确地计算植物品种权的研发成本与其未来产生的效益。而且由于植物品种权供给方与需求方的信息不对称，不仅合约当事人不能对对方的履约行为进行有效监督，合约仲裁者也很难对此做出正确判断。因此，植物品种权转让时供给方与需求方达成的合约是不完全合约。

三、植物品种权交易成本确定

近几年，我国植物品种权交易市场发展迅速，并且已经形成一定的规模。但是相对于发展成熟的国外植物品种权交易市场，交易成本较高这一现象在我国还普遍存在，不利于我国植物品种权交易市场的长远发展。交易方式不同，对应的交易成本构成也各异。无论是广义还是狭义的交易成本，均涉及交易双方合同履行过程的方方面面。

依据植物品种权市场化实施过程中交易不确定性以及专属性等特点，植物品种权交易成本可以划分为市场交易、运用、排他以及违约四个方面的成本。在此基础上可以进行更深入的划分，即议价成本、搜寻成本以及监督成本构成了市场交易成本，制止成本、检测成本以及维持成本构成了排他成本。植物品种权具体的交易成本构成情况如图 6－2 所示。

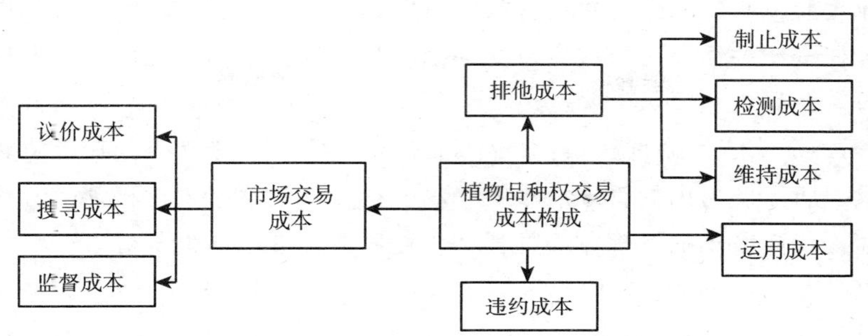

图 6-2　植物品种权交易成本构成

（一）市场交易成本（e_1）

植物品种权的运用有两种方式可以选择：一是可以在市场上交易转让，二是企业可以自己实施植物品种权。植物品种权市场交易方式可以是直接交易、会展交易、网上交易及交易中心交易等多种情况。在上述过程中，与植物品种权信息搜寻、交易议价以及后期实施监督相关的成本共同构成了其交易成本。此外，植物品种权交易双方的信息具有不对等性，这直接导致了交易达成之前供需双方在植物品种权权利范围、价格、发展潜力以及品种替代情况等信息方面的搜寻，以减少信息不对等性所形成的风险。在上述信息搜寻过程中所耗费的成本被称作搜寻成本。比如，交易的一方在进行植物品种权交易之前，为了了解该植物品种权在较短时间内是否会被其他新品种所替代，会对该植物品种权的未来发展趋势进行信息搜集。植物品种权交易双方在交易过程中为了达到各自利益最大化，也会对其价格、品质等方面进行讨价还价，从而形成议价成本。在交易双方签订植物品种权相关合同及契约后，还存在着某交易方违约的可能性，为保证相关合同及契约的执行、进行监督所耗费的成本称为监督成本。

（二）运用成本（e_2）

植物品种权交易成本构成中的运用成本包括两个方面。（1）种业企业以其研发的植物品种权进行以出资为目的的交易时，首先得委托资产评估事务所评估待交易植物品种权的价值，随后方可办理权利转移相关手续，该过程所产生的费用为运用成本的第一大部分；（2）植物品种权价值的维持需要耗费一定的成本，其价值越大，所需要付出的管理成本就越高，程序就越复杂，这种伴随其价值变化而波动的管理方面的耗费为运用成本的第二大部分。

（三）排他成本（e_3）

植物品种权的排他性决定了其资产专属性特点。在植物品种权交易完成之后，若要保持其专属性就必须支付相应的排他成本。排他成本由维持、检测、制止三方面成本构成。（1）植物品种权维持成本产生的根源为保持植物品种权权利的持续有效性，随着时间的推移，现有植物品种权的维持费用逐年增加。（2）为了防止竞争对手未经授允许权私自使用植物品种权而产生的监督费用称为检测成本。当未经授权者通过非法手段实施植物品种权时，无疑会对正当权利人的利益造成损害。植物品种权所有者会通过法律手段来制止侵权行为，并且损耗一定的成本。该部分检测成本由正当权利人承担，且数额较大，发生时间具有不确定性，最终可能会变为沉没成本而无法得到相应的补偿。（3）植物品种权研发成本较高，不法分子私自复制使用的侵权情况常有发生。植物品种权权利人为保护自己的正当利益，通常会采取诉之于法律的形式对该行为进行制止，或者寻求行政部门的保护及司法救济。无论以上哪种方式均会产生一定的费用（即制止成本）。

（四）违约成本（e_4）

在实际植物品种权交易过程中，往往会因为某种意外状况而导致双方签订的合同无法按照约定履行，违约行为的发生无疑会给交易者带来一定的损失，且其中的种种纠纷会在无形中增加植物品种权交易成本。一般情况下，违约成本主要体现为交易一方事先缴纳定金所产生的损失。按照合同约定，在交易初期需求方会按照总价款的一定比例向供给方缴纳定金，用以保证其如期履约，且该定金合同具有法律效力。若缴纳定金的需求方违约时，供给方便会没收定金，该部分定金构成了植物品种权需求方的违约成本。同样道理，假如植物品种权供给方违约导致合同无法按期履行，其将双倍返还定金于需求方，以作为对需求方造成损失的补偿，该部分成本同样构成供给方的违约成本。

公式（6－4）列示了植物品种权交易成本 E 的具体组成。

$$E = e_1 + e_2 + e_3 + e_4 \tag{6-4}$$

第三节　机会成本的确定

机会成本的本质是为了得到某些物质而必须放弃的其他物质价值的最大价值。（1）当决策者在面对多个方案的情况下对一个方案做出抉择时，放弃的决策中价值的最大者即为本次的机会成本；（2）厂商投入生产要素才可以进行生产并获得利润，当把这些生产要素用于其他行业生产时得到的最大利润即为厂商生产的机会成本。简而言之，机会成本指的是行为主体因为要执行某种决策而不得不摒弃的其他决策的最佳价值。

法国著名经济学家弗雷德里克·巴斯夏（Frédéric Bastiat）于 1848 年第一次提出了“机会成本”的相关思想。1914 年，经济学家弗里德里希·冯·维塞尔（Friedrich von Wieser）首次对“机会成本”进行了概念界定。里德里希·冯·维塞尔提出，必须选择无论在数量或者种类方面均可以证明是最高效、最经济的使用，也就是说必须寻求对一种资源要素的不同的使用方面的最优，并将其作为最优经济效率应用。所以，不但要考虑社会配置方面资源要素的最优化，还要注意使用资源要素收益的最优化，在这种情况下，所得到的必定是最佳的社会效益及经济效益。

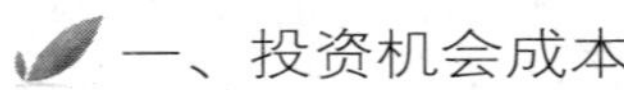

一、投资机会成本

投资机会成本和转让机会成本这两者构成了植物品种权机会成本。其中，植物品种权投资机会成本是指基于植物新品种的购买或者研发所支出的计量单位为货币的费用，并且这些费用由于放弃了其他方面的投资机会而产生损失。一般而言，只要具备植物新品种研发的能力及相关配套设施便会产生机会成本。

投资机会成本具体公式如式（6－5）所示。

$$O_a = (D + F) \times r \tag{6－5}$$

式中：O_a——植物品种权投资机会成本；

D——植物品种权研发成本；

F——植物品种权交易成本；

r——资金平均收益率。

植物品种权交易成本 F 以及研发成本 D 如何确定在第五章已经详细阐述。此处重点探讨投资机会成本 O_a 的确定，其关键是确定资金平均收益率 r。

在本书植物品种权价值评估模型中，植物品种权供给方对其研发过程中投入的资金有获取收益的要求。资金平均收益率 r 是供给方即投资方对其所付出的资金所期望得到的期望报酬率，包括无风险利率以及风险利率两部分。在植物品种权价值评估模型中，植物品种权的供给方对其植物品种权研发以及交易过程中所发生的资金均有获得相应收益的要求。鉴于谨慎性原则，对其收益要求的最低值为获得所投资金的无风险报酬率，一般以与植物品种权研发周期相近的国债利率为标准，对其收益要求的最高值为同行业的平均资本收益率，最低收益率和最高收益率低值分别对应植物品种权价值区间模型中供给方评估价值的下限和上限，如公式（6－6）和公式（6－7）所示。

$$O_{amin} = (D + F) \times r_{min} \tag{6－6}$$

其中，r_{min}为与植物品种权研发周期相近的国债利率，可通过万得资讯查阅得到。

$$O_{amax} = (D + F) \times r_{max} \tag{6-7}$$

其中：r_{max}为近几年我国种业上市公司的行业平均资本收益率。

二、转让机会成本

植物品种权转让机会成本 O_b是指基于植物品种权的转让带来的使植物品种权供给方丧失应用该品种的权利，以及由此失去的销售机会或者市场份额所产生的损失。转让机会成本产生的主体主要是对植物品种权具有实施能力（即商品化）的科研单位以及种业企业。在植物品种权进行交易转让的过程中，该部分机会成本需要由需求方对供给方进行补偿。具体的供给方转让机会成本可以通过植物品种权转让前后同一类型的新品种在市场上的销售价格及销量的变化预测来确定。但是，经过调研，在实际植物品种权交易过程中，一般情况下供需双方本着协商一致的原则确定转让机会成本 O_b，通常按照研发成本的0.1%～0.5%来提取。

值得注意的是，只要行为主体存在对植物品种权的购买或者研发行为便会产生因资金占用所对应的投资机会成本 O_a，是否具有转让机会成本 O_b要看行为主体是否具有制种能力、相关配套设施及营销手段，要针对不同的评估主体进行分析和选择。

本章小结

本章主要是对第五章构建的植物品种权价值区间评估模型中的成本类参数进行研究，通过对定性因素的模糊判断得到量化的数值，包括成本类参数研发成本、交易成本以及机会成本的确定。

1. 在对植物品种权研发成本的确定上，按照直接成本和间接成本在财务核算上的不同，具体划分为14个核算项目。针对植物品种权研发成本的特殊性，对各个成本构成要素进行分析，发现使用传统的以人工小时和机器小时进行成本分配的计算方法比较困难。本书对 ABC 法应用于植物品种权研发成本的优势进行分析，将其应用到植物品种权研发成本分配中，首先对研发成本进行了归集，然后以作业为基础，依据成本动因对待交易的植物品种权研发成本进行归集与剥离，并对整个过程进行了详细分析。

2. 在对植物品种权交易成本的确定上，从植物品种权交易成本的概念入手，分别对植物品种权交易方式及其构成情况进行了详细分析。本书按照交易成本构成情况将其划分为市场交易成本、运用成本、排他成本和违约成本四个方面。但是并非在每一项植物品种权交易过程中，这四个方面的交易成本都会同时发生，要根据待估植物品种权交易的具体状况进行分析选择、确定以及加总，不能一概而论。

3. 在对植物品种权机会成本的确定上，首先，对机会成本的实质进行了界定，即为得到某种东西而所要放弃另一些东西的最大价值；其次，按照该实质根据植物品种权交易的具体行为进行分析，将植物品种权交易中发生的机会成本划分为投资机会成本以及转让机会成本两大类；最后，对投资机会成本和转让机会成本的发生前提进行界定及分析，并且给出了具体的量化计算方法。

第七章 植物品种权需求方价值区间评估模型参数确定
——收益类

第一节 折现率的确定

采用价值区间模型法确定植物品种权价值的过程中会运用到许多参数，其中折现率是最为重要的参数之一。折现率选取的精准程度直接影响待估植物品种权的价值，且折现率的轻微浮动就会导致整个植物品种权评估价值的重大改变。因此，折现率的选取确定也是本书研究的重点及难点，如何科学、准确地对折现率进行测算，将成为本节研究的关键。

一、折现率的本质及构成

折现率的原理为根据货币的时间价值，对未来预期收益用一定的比率进行折现。折现率是在固定的投资风险下，需求方对其投资所期望得到的报酬率，其本质可以理解为资本投资回报率或报酬率。尽管每一位投资者均想以最小的风险来获取最大的收益，然而在市场较为完善的情况下，高收益的投资对应着高收益的风险，即资本投资报酬率与其风险同方向变动。折现率的确定首先考虑了上述关系，其数值应与具有相同风险的资本收益率相当。因此，折现率不但是量化了的评估对象风险，还是一种期望的投资回报率。

在某一植物品种权交易时，供需双方均会对该植物品种权未来实施所产生的收益进行测算，该未来收益按照一定的投资回报率折现便是其目前的转让价值。折现时所选取的折现率包括植物品种权无风险报酬率以及风险报酬率。即：

折现率 = 风险报酬率 + 无风险报酬率

通常情况下，对风险投资的补偿即为风险报酬率，也是指数量方面在无风险报酬率之上的部分。而无风险利率指的是投资者可以长时间获得稳定的投资报酬率，并且在该时期内风险微乎其微，所以该部分利率也称为安全利率。

二、折现率的确定原则

（一）风险补偿原则

每一项资产所带来的未来收益均具有不确定性，该不确定性即为相应的资产收益风险，而投资者期望的未来报酬率便是折现率的本质。通常而言，资产带来收益的风险越大，其对应的收益率也就越高，反之亦然。也就是说投资风险与其所对应的收益率同方向变动。在收益法评估的应用中，折现率这一参数是待估资产在某种风险水平下的期望投资回报率的反映。例如，在实际中，两项资产很有可能在未来产生同等的收益，但是在产生收益过程中两者承担的风险未必会一样。这与这两项资产各自的使用条件、使用主体状况、使用用途等有很大关联。为了与实际相符，在应用收益法评估这两项资产时就应当分别采取各自所对应的不同的折现率，进而保证评估质量。所以，折现率是资产未来所产生的收益风险的根本反映。

（二）匹配原则

评估对象折现率的确定首先要匹配于其对应的预期收益口径。在评估实践中，收益额会由于待估资产实际情况与其评估目的之间的差异性而产生不同的口径。为了从源头保证评估结果的可靠性，尤其应当注意折现率与对应的收益额之间在口径及结构上是否协调和匹配。

其中，收益额应当与选取的折现率相匹配主要表现为以下两点。(1) 收益额以及折现率在确定时是否均对通货膨胀这一因素进行了考虑。一般而言，假如通货膨胀这一因素在折现率选取时已经予以考虑，那么在确定预期收益时也要考虑这一因素。反之，则不予考虑。(2) 收益额以及折现率在确定时两者在内容上是否相匹配。例如，在采用收益法评估企业价值时，收益额若为股权现金流量，则对应的折现率应当反映股权资本成本；收益额若为自由现金流量，则对应的折现率应当反映平均加权平均资本成本。

(三) 动态变化原则

植物品种权的生命周期性决定了其在未来实施的过程中创造的收益呈现出动态阶段性的变化特征，因此为了与预期收益匹配，折现率也应当呈现出动态变化特征，且有必要对折现率的动态性变化进行分析。在生命周期的不同阶段，风险程度因影响折现率风险因素的组合形式不同而存在差异，在植物新品种的引入期，折现率主要受到技术因素影响。当该植物新品种逐步获得消费者的认同后，折现率所面临的风险便会逐步以自然风险、经济风险以及市场风险为主，并且取代之前的技术风险。因此，应正确分析植物品种权生命周期各阶段的风险影响因子，考虑植物品种权风险的特殊性，确定与预期收益相匹配的动态折现率。

三、现有常用的折现率计算方法

目前，在评估实践中常用的确定折现率的方法有资本资产定价模型（CAPM 模型）、加权平均资金成本模型（WACC 模型）、风险累加模型以及行业平均资产收益率法，本章主要对这四种确定折现率的模型进行详细分析，并对各模型的优缺点做进一步分析，作为本书构建模型改进的基础。

（一）资本资产定价模型（CAPM）

CAPM 模型是由威廉·夏普在 1964 年提出的，该模型主要用来预测资产的风险与预期报酬率之间的关系，其最初是用来分析可买卖的证券。其主导思想为：实践中的任何投资风险都由系统风险以及非系统风险两方面构成，两种风险最主要的区别为是否能够通过投资的多角度、多元化来降低甚至消除。具体而言，系统风险产生于整个市场，其风险不能随着投资的多角度及多元化消除。与之相反，非系统风险为单独某项资产或投资所独有的风险，且其风险能够随着投资的多角度及多元化消除。

具体的资本资产定价模型计算方法如公式（7－1）所示。

$$R = R_f + \beta(R_m - R_f) = R_f + \beta \mathrm{ERP} \tag{7-1}$$

式中：R——折现率，即资本投资回报率；

R_f——无风险收益率；

β——贝塔系数，即公司风险及收益对证券市场的反应程度；

R_m——资本市场平均收益；

ERP——市场风险溢价。

CAPM 模型把任意资产的折现率分为 β（风险的计算单位）、风险报酬率以及无风险报酬率三个要素，且这三种要素有机结合构成统一的整体。然而，由于我国证券市场成立时间尚短，加之市场制度不够完善等原因，导致我国证券市场信息披露存在一定滞后性，且同一行业中存在着许多非上市公司，非上市公司 β 并没有在证券市场上披露。因此 β 在选取的过程中可能会由于数据不全及信息不对称产生一定的误差。因此，CAPM 模型通常用于对上市公司折现率的计算。

（二）加权平均资金成本模型（WACC）

莫迪格莱尼（Modigliani）和米勒（Miller）最早提出了加权平均资金成本模型（WACC），该模型的主导思想为：企业中所有资本的投资回报率等于各项资本的投资回报率乘以其各自占总资本比例的权数的加总。其反映的是投资者对企业全部资产期望的投资回报率。该模型的计算方法如公式（7－2）所示。

$$R = E \div (D+E) \times K_e + D \div (D+E) \times (1-T) \times K_d \qquad (7-2)$$

式中：R——被评估企业的折现率；

$E \div (D+E)$——权益资本占全部资本的权重；

$D \div (D+E)$——债务资本占全部资本的权重；

K_e——期望的权益资本投资报酬率；

K_d——期望的债务资本投资报酬率；

T——被评估企业适用的所得税税率。

WACC 模型计算折现率的基础为企业的资产负债结构，依据其总资本中各项资本所占的比重，将企业的各项资本投资回报率加权平均进行计算得到。该模型的应用具有一定的前提条件：（1）必须知道或者能够计算得到企业的权益资本报酬率；（2）企业的资产负债结构较为合理，才能保证权数计算的准确性。总结而言，WACC 模型更适合计算企业折现率，而不适合计算单项资产的折现率，植物品种权也不例外。此外，该模型也不能够将风险报酬率进行合理量化。

（三）风险累加法

风险累加法又可以称为平均利润率法。该方法把折现率的构成分为三部分，分别为风险报酬率、无风险报酬率以及通货膨胀率。以植物品种权为例，其在未来实施过程中所展现的各方面风险构成了风险报酬率，除此之外，将其他各个方面所产生的风险回报率量化加总便得到所求的折现率。

具体计算方法如下所示。

折现率＝无风险报酬率＋风险报酬率＋通货膨胀率

风险报酬率＝行业风险报酬率＋财务风险报酬率＋经营风险报酬率

无风险报酬率是投资的最低回报率，是相对稳定的，可以根据中长期国债利率或银行一年期的储蓄利率量化得到。但是在计算风险报酬率时一般是由评估人员对被评估的研发情况、市场需求、供求趋势以及整个农业发展状况的形势进行分析后，根据个人评估经验而取得的。当存在一定的数据能够支持风险报酬率的量化计算时，最直接有效的确定风险报酬率的方法为对这些数据采用相关统计分析方法进行量化处理。然而在目前我国的评估实践中，对风险报酬率的确定还存在很多主观因素，大部分情况下还是依据评估师的经验判断。

（四）行业平均资产收益率法

在我国资产评估实践中，对无形资产折现率的确定最为常用的方法即为行业平均资产收益率法。用该种方法确定植物品种权折现率时，以待估种业企业所在的行业资产平均收益率作为植物品种权折现率测算的基础，并进行一定的调整。其中，行业平均资产收益率法能够反映待估植物品种权所在的企业所处行业的平均利润水平。

具体计算方法如公式（7－3）所示。

$$R = R_h + \frac{DCL_i - DCL_h}{DCL_h} \times R_h \tag{7-3}$$

式中：R——被评估企业折现率；

R_h——行业平均净资产收益率；

DCL_i——企业综合杠杆系数；

DCL_h——行业平均综合杠杆系数。

一方面，从万得数据库系统可以查到某行业平均资产收益率；另一方面，也可以依据种业行业上市公司所公开的财务报表数据计算整理得到。但是，该方法的应用也存在着一定的弊端。比如，行业内部各个企业之间的差别无法从行业平均资产收益率中得到体现，同一行业中不同种业企业内部制度和经营方式不同，各个种业企业的风险也不同；而且从万得数据库系统中直接获得的相关数据与被评估的收益能力也不会相同，运用种业行业平均资产收益率法计算折现率时需要进行修正。

四、折现率的确定——CAPM 模型生命周期动态折现率

植物品种权风险影响因素具有特殊性，其风险程度在生命周期的各个阶段并不相同。依据其价值实现规律，若使用固定的折现率，并不能反映出其在生命周期各个阶段中实际的风险差异水平。所以，在植物品种权生命周期的各个阶段，应当着重考虑到自然灾害、地域差异和季节更替性变化对其风险所造成的影响，对该风险水平进行动态的分析，在此基础上进行折现率的估算。

从理论角度而言，能够最为真实地反映植物品种权风险水平的是风险累加法，其应用思路是将植物品种权所面临的各种风险要素逐步估算出来并加总。但是在现实中，一方面由于影响植物品种权风险的因素复杂多变，衡量各种风险因素的标准不同会直接对植物品种权评估质量造成一定的影响；另一方面，绝大多数情况下上述风险因素的量化标准取决于相关专家多年累积的专家判断，这也会在一定程度上对评估结果的信服力造成影响。而 CAPM 模型与风险累加法相比，计算简便，且理论发展较为成熟；但是，该模型主要适合对上市公司进行折现率估算，单独将其应用于植物品种权中折现率的测算，代表的是上市种业行业平均的风险水平，不能够真实反映单项植物品种权特有的风险水平。

虽然上述两种方法均有一定的局限性，但是从方法的易操作性以及广适性的角度来考虑，本书植物品种权需求方价值区间评估模型中折现率的确定是在 CAPM 模型应用的基础上进行改进。具体思路如下：（1）应用传统的 CAPM 模型得到种业上市公司平均风险报酬率；（2）在该基础之上充分考虑植物品种权所依托种业公司的特有风险 R_s 和植物品种权本身的特有风险 R_d，其中种业上市公司平均风险与植物品种权所依托种业公司的特有风险 R_s 构成了该种业企业的整体风险；（3）由于植物品种权实施所依托的物质

载体——种子的风险因其在种业市场所处生命周期的不同而不同，所以植物品种权本身的特有风险 R_d 随生命周期呈现动态变化特点。将上述三项加总便得到植物品种权生命周期各个阶段相对稳定的动态折现率。

计算方法如公式（7－4）所示。

$$\begin{aligned} R &= R_f + \beta(R_m - R_f) + R_s + R_d \\ &= R_f + \beta ERP + R_s + R_d \\ &= R_v + R_d \end{aligned} \tag{7-4}$$

式中：R——待估植物品种权折现率；

R_f——无风险收益率；

β——贝塔系数，即公司风险及收益对证券市场的反应程度；

R_m——资本市场平均收益；

ERP——市场风险溢价；

R_v——企业整体风险；

R_s——企业特有风险；

R_d——植物品种权特有风险。

（一）无风险报酬率 R_f 的确定

政府调节、资金的供求以及社会平均利润率都会从不同程度上影响无风险收益率。通常而言，由于国债到期不能按期兑付的风险极小，甚至可以忽略，所以可以说国债所产生的收益几乎是无风险的，在评估实践中，往往选择国债收益率作为无风险收益率。加之植物品种权应用实施的期限较长，是一项长期投资行为，且其生命周期一般会少于10年。因此，在计算其折现率中的无风险收益率时，可以选取我国债券市场上长期国债中剩余期限（评估基准日或接近评估基准日到“国债到期日”）短于10年的国债作为估算样本。所谓“长期”是一个相对概念，而非绝对概念，该期限应当与待交易估价的植物品种权预计收益期限相匹配，即具体剩余年限依据待交易的植物品种权具体的预计收益期限来确定，相对而言，期限越接近评估结果，准确性会越高。

此外，在对 R_f 进行估算确定时，不能直接选取国债的票面利率，而要选取国债的到期收益率，其原因主要有：（1）国债的票面利率可能不等于投资回报率，只有当国债交易的价格是票面价格时，票面利率才有可能等于投资回报率；（2）并非所有的国债都有票面利率，为了更加合理地对国债投资收益率进行估算，到期收益率才是最为合适和稳妥的选择。

鉴于上述原因，应当采用国债的复利到期收益率估算 R_f，可以通过万得资讯数据库系统查询具体的国债信息。到期收益率的计算如公式（7－5）所示。

$$Y = \sqrt[n]{\frac{M}{P_b}} - 1 \tag{7-5}$$

式中：Y——到期收益率；

n——基准日距到期日剩余年限；

M——到期一次还本付息额；

P_b——基准日市场交易价。

（二）资本市场平均收益 R_m 的确定

为了估算整个市场的风险补偿，首先需要确定 R_m，即资本市场的平均收益。最为典型的能够代表资本市场收益率的指标为股市投资收益率。通常情况下，股票市场上的投资者所期望的在无风险收益率之上的风险被称作股市风险收益率，也可以认为是市场风险溢价的典型代表。一直以来，对股市风险收益率的估算及可靠性研究成为很多股票专家所热衷的课题。

例如，美国艾伯斯顿协会在其研究成果中指出，在 1926～1997 年之间，投资到大型企业之中去的股权每年平均得到的报酬率为 11.0%，比长期国债的收益率高 5.8 个百分点。业界内的专业股票分析师认为，该差异的几何平均值便是 ERP，即上述所说的股权投资风险收益率。本书借鉴美国相关机构对 ERP 测算的思路，具体过程如下。

1. 选取衡量股市 ERP 的指数

为了估算股票市场上的投资回报率，有必要事先对能够估量股票市场变化及波动的指数进行确定。目前，我国深、沪两市股票指数繁多，最好选择能够很好地将股票市场上主流股票的变化情况反映出来的指数。相关美国机构选择标准普尔 500 指数来确定其 ERP，本书在借鉴美国经验及思路的基础上，在对衡量我国股票市场 ERP 指数的选取上，选择了沪深 300 指数。

2. 指数年期的选择

20 世纪 90 年代初，我国股市悄然兴起，之后我国股市发展迅猛，但也存在股票市场管理不够规范等弊端，1996 年以后才逐步发展完善并走上正轨。本书在测算我国股市 ERP 时选取了 2000 年作为计算始点，指数的时间选择区间为 1999 年 12 月 31 日到 2014 年 12 月 31 日。

3. 指数成份股及其数据采集

鉴于每年的沪深 300 指数成份股均在不断变化，本书选取了沪深 300 指数成份股每年年末的数据对 R_m 进行估算。由于 1999 ~ 2003 年沪深 300 指数尚未推出，因此本书对这段期间内的数据采用外推方法依次得到。也就是以成份股中 2004 年底的沪深 300 指数为基础，依次外推出 1999 ~ 2003 年的数据，亦假定 1999 ~ 2003 年的成份股与 2004 年年末一样。同时为了测算 ERP，在采集数据的过程中，本书选择万得数据库系统中成份股各年末交易收盘价格为基础进行数据测算。由于每年送股、派息、分红等每年产生的收益均包括在成份股的收益之中，所以，成份股各年年末的收盘价之中将各年的送股、派息以及分红等收益包括在内，即为复权年末收盘价格，该价格能够从各个角度反映出各个年度成份股的收益情况。

4. 年收益率的计算

目前主要有两种常用方法用于测算年收益率，分别为几何平均法以及算术平均法。相比算术平均收益率而言，几何平均收益率能更贴切地对长期股市收益率做出反映，因此本书对ERP进行估算时选用几何平均收益率为测算基础。具体测算过程如公式（7－6）所示。

假设几何平均收益率从第一年到第i年为C_i，那么

$$C_i = \sqrt[i]{\frac{P_i}{P_0}} - 1(i = 1,2,3,\cdots) \tag{7-6}$$

式中：P_i——第i年年末收盘价（复权）；

P_0——基期（1999年）年末收盘价（复权）。

5. 对R_{fi}每年年末无风险收益率的估算

对计算期内R_{fi}（即每年年末无风险收益率）进行估算的目的是为了最终估算各个年度的ERP。本书在对无风险收益率进行确定的时候选取了国债到期收益率，且将所选取的各个年末剩余年限距离国债到期日短于10年的国债作为标准进行样本选择，最后在确定R_{fi}时选用了以上所有国债的到期收益率平均值。

经过上面各个步骤的分析及计算，可以算出沪深300成份股几何平均收益率。然后，在对各个年度股市收益率的确定上选择所有成份股算术平均化的几何平均收益率，再将其与每年度的无风险收益率做比较，得到最终的股票市场各年的ERP。

估算方法如公式（7－7）所示。

$$\text{ERP}_i = C_i - R_{fi}(i = 1,2,3,\cdots) \tag{7-7}$$

估算结果如表7－1所示。

表7－1　市场风险溢价估算过程　单位：%

序号	年份	几何平均收益率	无风险收益率 R_f	ERP（几何平均收益率—R_f）
1	2000	45.85	3.46	42.39
2	2001	9.83	3.83	6.00
3	2002	-0.93	3.00	-3.93
4	2003	1.84	3.77	-1.93

续表

序号	年份	几何平均收益率	无风险收益率 R_f	ERP（几何平均收益率—R_f）
5	2004	-0.85	4.98	5.83
6	2005	-3.15	3.56	-6.71
7	2006	10.91	3.55	7.36
8	2007	27.10	4.30	22.80
9	2008	9.28	3.80	5.48
10	2009	15.62	4.09	11.53
11	2010	12.79	4.25	8.54
12	2011	4.51	3.98	0.53
13	2012	5.65	4.16	1.48
14	2013	2.33	4.13	-1.8
15	2014	3.08	3.74	-0.66
16	2015	3.51	3.35	0.16
平均值		9.21	3.87	5.34

资料来源：万得资讯。

通过表7-1的计算，可以得到用几何平均收益率 C_i 估算的ERP为9.21%（即目前我国股票市场的风险收益率），市场风险溢价为5.34%。

（三）风险系数β的确定

股票市场风险系数又称为β系数，用来衡量一个上市公司相对于整个证券市场的波动情况。从整个股票市场来看，可以把整个股票市场的综合风险假设为1，即β=1，其中有一个公司的β等于1.1，这就说明该公司的股票风险相对于整个股票市场风险来说要高，高出10%；另一个公司的β等于0.9，这就说明该公司的股票风险相对于整个股票市场风险来说要低，低出10%。

在运用CAPM模型计算植物品种权折现率时，假如该植物品种权所依附的公司没有上市，可以类比上市公司来计算β值。（1）收集多家与待评估公司行业相关或类似的上市公司的资料；（2）进行时间序列分析和T检验，选择相关性高度显著的5～6家上市公司作为可比公司；（3）在对β系数的选取上，选择对比公司用周指标进行归集和计算的距评估基准日60个月期间内的沪深两市的沪深300指数，并剔除财务杠杆后，再计算可比公司系数的平均值作为被评估公司的无财务杠杆系数；（4）根据无财务杠杆β系数求出被评估企业的企业风险系数β。

具体计算方法如公式（7－8）所示。

$$\beta_L = \beta_U \times [1 + (1 - T)] \times \frac{D}{E} \tag{7-8}$$

式中：β_L——包含财务杠杆的β系数；

β_U——剔除财务杠杆的β系数；

D——带息债务；

E——公平股权市场价值；

T——企业所得税。

（四）公司特有风险R_s的确定

通过上述过程，可以计算出参考种业上市公司的风险溢价水平。尽管在选择参考企业时尽可能地选择与植物品种权所实施企业相似或相近的上市公司，但是，上市公司与非上市公司所面临的风险具有很大的差别。需要根据被评估种业公司的特点对上述数据进行相应的调整，即在参考上市种业公司风险的基础上增加种业公司特有风险。

1. 企业特有风险的界定

企业特有风险报酬率反映的是其区别于上市行业公司的特有风险，体现的是个体风险的差异。由于没有特定的公式和定量的方法，所以在评估实务中一般都是根据评估师经验进行评断，这样就会使评估结果带有一定的主观性。

为了从一定程度上克服该问题，并且有足够的数据作为支撑，本书将植物品种权所实施公司的个别风险分为规模风险、经营风险、管理风险和财务风险四个方面，并把这四个方面作为一级指标，然后分别对这四个一级指标进行分析。一般来说，企业规模风险可以从企业的总资产、人力资源、营业收入三个方面去衡量；企业经营风险可以从企业的历史经营状况、企业授权推广区域、植物品种权所处的生命周期阶段、植物品种权对应新品种性状表现及稳定性四个方面去衡量；企业管理风险可以从种子销售服务机制、新品种技术开发能力、种子质量控制风险这三个方面去衡量；财务风险可以从财务杠杆系数、流动性、保障比率、资本资源获得四个方面去衡量。根据上述分析建立二级指标，运用模糊层次综合评价法量化各个指标，构建统一的个别风险指标体系（如表 7-2 所示）。

表 7-2　企业特有风险指标（M）评价体系

	一级指标（m_i）	二级指标（m_{ij}）
企业特有风险（M）	企业规模风险（m_1）	总资产（m_{11}）
		人力资源（m_{12}）
		营业收入（m_{13}）
	企业经营风险（m_2）	企业历史经营状况（m_{21}）
		企业授权推广区域（m_{22}）
		植物品种权所处生命周期阶段（m_{23}）
		植物品种权对应新品种性状表现及稳定性（m_{24}）
	企业管理风险（m_3）	种子销售服务机制（m_{31}）
		新品种技术开发能力（m_{32}）
		种子质量控制风险（m_{33}）
	企业财务风险（m_4）	杠杆系数（m_{41}）
		流动性（m_{42}）
		保障比率（m_{43}）
		资本资源获得（m_{44}）

2. 模糊层次评价法在确定企业特有风险中的应用

通过上述分析，可以看出在确定植物品种权折现率的过程中存在许多主观因素，但资产评估又是一门严谨的学科，为了减少这些主观因素的存在，本书将运用模糊层次综合评价法来确定个别风险报酬率，使难以量化的数据基于模糊数学的理论得以量化，定量和定性分析相结合，得出科学合理的数据，使评估结果更加客观。

模糊层次评价法是模糊数学与层次分析法的结合，是运用模糊数学原理结合层次分析法对各项因素进行分析量化，最后对各种因素的影响程度做出综合评价的一种方法。首先，将影响植物品种权实施企业特有风险的多种因素按照层层递进的方式排列，并根据各个影响因素的隶属度求出各个级别的因素对总体的影响权重；其次，邀请专家判断各种影响因素所处的状态，对各种因素的状态进行权重综合分析；最后，结合各因素所处状态对应的绝对数值得到企业特有风险的总体评分。这样，把相对定性的因素定量化，从而减少了信息的模糊性带来的不确定性。

具体的模糊层次综合评价法的步骤如下。

第一步，分析影响企业个别风险因素之间的关系，建立企业个别风险的影响因素集，如表 7－2 所示，其中：

一级指标层：$m_i=(m_1, m_2, m_3, m_4)$ 分别代表的是企业规模风险、经营风险、财务风险、管理风险四个因素；

二级指标层：m_{ij} 表示的是影响一级指标的因素。其中：$m_1=(m_{11}, m_{12}, m_{13})$、$m_2=(m_{21}, m_{22}, m_{23}, m_{24})$、$m_3=(m_{31}, m_{32}, m_{33})$、$m_4=(m_{41}, m_{42}, m_{43}, m_{44})$。

第二步，构造两两比较的判断矩阵（即确定隶属矩阵）。

通过德尔菲法确定因素的评价矩阵 $C=(c_{ij})_{m \cdot n}$，这样就确定了目标层 M 与一级指标层 m 存在的模糊关系，即确定了上下层之间因素的隶属关系。在这里，假设上面一层的因素是准则层，且能够对下面层次的因素进行支配。这样的目的是要在准则下按其相对重要性赋予下一层因素相应的权重。也就是说，让专家在调查问卷中对所涉及的因素按从强到弱的排序进行打分，再对取得的数据统计计算出平均分，把该平均分作为该因素的得分，在进行因素的两两比较时就是对两个因素的得分进行作差比较。通过观察，发现作差得出的数值大小大致在 0～1 的范围内，所以在两个因素比较的重要程度上给出相应标度时，需要定义一个赋值区间，即在"Saaty 标度法"中的 1、3、5、7、9 对应于作差数值大小在［0，0.1］、［0.25 ，0.45］、［0.65，0.85］、［0.85 ，1］、>1；2、4、6、8 则对应于前面两个数值的中间值（如表 7－3 所示）。

表 7－3　　　　赋值区间对应标度

标度 m_{ij}	含　义	赋值区间
1	两个因素比较，重要性相同	［0，0.1］
3	两个因素比较，有一个因素稍微重要	［0.25，0.45］
5	两个因素比较，有一个因素明显重要	［0.65，0.85］
7	两个因素比较，有一个因素强烈重要	［0.85，1］
9	两个因素比较，有一个因素极端重要	>1
2，4，6，8	上述两相邻判断的中间值	
1，1/2，…，1/9	因素交换次序比较的重要性	

通过两两比较的 n 个因素构成了一个判断矩阵 $N=(m_{ij})_{n\times n}$，其中 m_{ij} 就是因素相对于准则的重要性的比例标度，且满足 $m_{ij}>0$，$m_{ij}=\frac{1}{m_{ij}}$，$m_{ij}=1$。

3. 对权向量进行计算并一致性检验

首先，运用 Matlab 软件中的 eig 函数命令（见附录 A），计算出判断矩阵 $N=(m_{ij})_{n\times n}$ 的最大特征根 λ_{max} 和特征向量 F，将 F 作归一化处理后得到各因素的权重。

其次，对判断矩阵进行 $N=(m_{ij})_{n\times n}$ 一致性检验，计算一致性

指标 $CI=\frac{\lambda_{max}}{n-1}$。当 $CI=0$ 时，判断矩阵为一致阵；CI 越大，表示判断矩阵的不一致程度越严重（其中 n 为 N 的维数）。

对于一个具体的矩阵 $N=(m_{ij})_{n\times n}$ 来说，很难确定其一致性指标 CI 到底是很大还是很小。但是可以运用 Satty 教授提出的用平均随机一致性指标 NI（如表 7－4 所示）来检验判断矩阵 $N=(m_{ij})_{n\times n}$ 的一致性。

表 7－4　　平均随机一致性指标

n	1	2	3	4	5	6	7	8	9
NI	0	0	0.58	0.90	1.12	1.24	1.32	1.41	1.45

最后计算一致性比率 $CN=\frac{CI}{NI}$，由表 7－4 可知当 $n=1$、2 时，$NI=0$，所以判断矩阵是一致的。当 $n\geqslant 3$ 时，$CN=\frac{CI}{NI}<0.1$，就表示比较判断矩阵的一致性是可以接受的，则 λ_{max} 对应的特征向量可以作为权向量。

4. 建立评判集做出综合评价得出结果

评判集 $X=\{x_1,\ x_2,\ x_3,\ x_4,\ x_5\}$，是对每个指标的评语，其中 x_1 代表高风险；x_2 代表较高风险；x_3 代表中等风险；x_4 代表较低风险；x_5 代表低风险。专业人士分别为二级指标层 m_{ij} 上的各个因素指标确定的风险建立二级指标集合 m_{ij} 到评判集合 $X=\{x_1,\ x_2,\ x_3,\ x_4,\ x_5\}$ 上的模糊关系，确定二级指标集合 m_{ij} 里的每个因素的风险判断矩阵 $N=(m_{ij})_{n\times n}$，根据二级指标集合 m_{ij} 的各个因素的权重集 $Y=\{y_1,\ y_2,\ y_3,\ y_4\}$ 和单因素判断矩阵 N 做模糊数学的矩阵 $\otimes$ 运算，综合评价得出一级指标 m_i 的风险判断矩阵 D，再根据一级指标 m_i 集合的各个因素的权重集 Y 和风险判断矩阵 D 做模糊数学的矩阵 $\otimes$ 运算，综合评价和做归一化处理一级指标 m_i 集合中各个因素中占不同风险的权重，最后运用评判语权重集 $W=\{w_1,$

w_2，w_3，w_4，w_5｝（其中，w_i为相应评判集中 x_i的风险报酬率），计算出企业个别风险报酬率。

（五）植物品种权特有风险 R_d 的确定

在得到上市种业行业的平均风险报酬率和植物品种权实施企业特有的风险报酬率后，对植物品种权特有风险报酬率进行确定，并将三者相加便构成了植物品种权风险报酬率。

在植物品种权特有风险回报率的计算中，需要解决 4 个问题。首先，影响植物品种权价值实现的主要风险因素有哪些？其次，植物品种权不同发展阶段，这些风险因素产生何种变化？再次，不同的风险因素在上述各个阶段中对植物品种权价值影响程度如何？最后，如何合理区分种业企业风险与植物品种权风险。对于上述四个问题主要可以归结为风险的识别和风险的评价。

1. 植物品种权特有风险 R_d的识别

所谓植物品种权特有风险是相对于企业整体而言，是指植物品种权所独有的风险。在识别植物品种权特有风险过程中最重要的问题是体现特有性，避免与企业整体所面临的风险因素相重复。识别植物品种权特有风险的目的是分析被评估植物品种权存在哪些风险，以及引起这些风险的主要因素是什么。对于植物品种权来说，其所包含的风险的种类繁多，而且具有明显的阶段性。植物品种权特有风险辨识就是要在众多的风险因素中找出重大的风险和主要的影响因素，并构建一个系统的风险指标体系，使风险的量化更为科学。

基于收益与风险匹配的原则，植物品种权的风险应与其收益相匹配。因此，可以从植物品种权价值实现过程来分析植物品种权特有风险的内容。根据植物品种权的价值实现规律，植物品种权在其价值实现的整个过程中一般要经历引入期、成长期、成熟期和衰退期。在这几个阶段中，植物品种权要面临生产风险、法律风险、经营风险、财务风险、管理风险、人力资源风险、市场竞争风险等。

但是，这些风险不全是植物品种权所特有的，例如财务风险、管理风险、人力资源风险等，应该从植物品种权特有风险中剔除。不过，仅采用技术风险、生产风险、市场竞争风险、法律风险、自然风险这 5 个要素来直接判断植物品种权的风险大小存在很大的困难。因为，这只是对植物品种权风险的概括和整体性的描述。因此，需要对这 5 种风险要素进行分解，建立二级甚至三级分解指标，并达到量化要求。在此过程中，由于不同植物品种权在不同环境下所面临的风险要素具有一定的差别。因此，在风险要素的进一步分解中不可能建立统一的模式、得出统一的结果，需要评估师在资产占有方的帮助下“一事一议”。

一般来说，技术风险应考虑植物品种权转化风险、新品种性状及稳定性风险、新品种更新及替代风险；生产风险主要包括研发风险、制种风险、品种配套栽培技术风险；市场竞争风险主要包括市场容量风险、现有及潜在的市场竞争风险、进入市场的阶段、市场对新品种的认知度、企业在所处市场的营销能力；法律风险包括植物品种权许可及使用方式、植物品种权授权状况、植物品种权审定状况；自然风险主要包括自然灾害、地域及气候风险两方面。

根据上述分析，本书针对植物品种权特有风险构建起一套比较系统及完整的特有风险指标体系，如表 7 – 5 所示。

表 7 – 5　　植物品种权特有风险指标体系

第一层次指标	第二层次指标	第三层次指标
植物品种权特有风险	技术风险	植物品种权转化风险
		新品种性状及稳定性风险
		新品种更新及替代风险
	生产风险	研发风险
		制种风险
		品种配套栽培技术风险

续表

第一层次指标	第二层次指标	第三层次指标
植物品种权特有风险	市场竞争风险	市场容量风险
		现有及潜在的市场竞争风险
		进入市场的阶段
		市场对新品种的认知度
		企业在所处市场的营销能力
	法律风险	植物品种权许可及使用方式
		植物品种权授权状况
		植物品种权审定状况
	自然风险	自然灾害
		地域及气候风险

2. 植物品种权特有风险的评价

所谓植物品种权特有风险的评价，就是在风险辨识的基础上采用一定的方法度量植物品种权特有风险的大小。在目前的评估实践中，一般认为“没有具体的模型或公式来量化植物品种权准确的风险溢价”，最终的估算“取决于评估师的研究、经验和判断”。

独立分析植物品种权的风险与评价是一件很困难的事情，在评估实务中也主要根据评估师的主观判断，具有很大的随意性，缺乏合理的理论基础。在上面分析中，植物品种权风险与其所实施种业企业的风险具有密切的关系。因此，植物品种权特有风险的评价应在企业整体风险回报率的基础上加以调整。

植物品种权在实现收益过程中所面临的风险主要包括种业企业整体风险和植物品种权特有风险。在获得种业企业整体风险回报率的情况下，如果能够科学地判断种业企业整体风险和植物品种权特有风险之间的比例关系，就可以根据种业企业整体风险回报率与相应的比例关系得到植物品种权的风险回报率。计算公式如下。

$$植物品种权风险报酬率=\frac{种业企业整体风险报酬率}{种业企业整体风险在植物品种权风险中的比重}$$

种业企业整体风险和植物品种权特有风险的比率可以采用层次分析法，由资产占有方或者其他方面的专家共同判断各种风险要素在植物品种权不同发展阶段的比例。层次分析法运用的关键问题是要建立层次结构的分析模型。在植物品种权风险评价中，采用层次分析法的目的是要判断各种风险的比重，因此可以将风险比重作为预定分析目标即目标层。准则层主要包括对风险比重具有重要影响的因素，包括植物品种权所在发展阶段、植物品种权实施难度、植物品种权的先进程度等。方案层主要是植物品种权的风险因素，包括经营风险、管理风险、财务风险等一般产品所共有的风险以及技术风险、生产风险、市场竞争风险等植物品种权所特有的风险。其中，可以通过准则层的“发展阶段”来动态分析各个阶段企业整体风险与特有风险之间的比例关系。

第二节　分成率的确定

植物品种权作为一种无形资产，其价值的实现要依赖于其物质载体——种子。因此，植物品种权的价值可以通过对种子的生产推广给企业带来的收益进行分成来测算。分成率又叫提成率，是衡量产品种子收益贡献程度的参数，也是计算预期收益的主要方法。准确地确定分成率是合理确定预期收益的关键性参数。

一、分成率确定的理论依据

收益分成法的理论基础是植物品种权对种子销售总收益的贡献率，即植物品种权的价值取决于它对总收益的贡献。植物品种权与企业的其他资产共同作用创造出超额收益。经济学家用数学模型成功地测算出科学技术对社会生产力发展的贡献率，这对植物品种权价值评估具有重要理论和实践意义。

美国经济学家道格拉斯与数学家柯布在研究了美国制造业自1899～1922年的有关资料后，认为在一定的技术水平下，资金和劳动力投入是国民产出的主要贡献者，并提出著名的柯布—道格拉斯生产函数［见公式（7－9）］。

$$Y = A \times K^{\alpha} \times L^{1-\alpha} \tag{7-9}$$

式中：Y——总产出；

K——总资金投入；

L——总劳动力投入。

A、α 为常数，并且满足 $0 < \alpha < 1$。当技术水平变化时，投入产出的关系将发生变化，即公式中的常数变动。柯布—道格拉斯生产函数用来测算技术因素对产出的影响时，增加了技术进步变量：

$$Y = A \times e^{\delta t} \times K^{\alpha} \times L^{1-\alpha} \tag{7-10}$$

式中：δ——技术进步的速度；

t——年份。

美国经济学家索洛在柯布—道格拉斯生产函数基础上，提出用余值法测算技术进步的贡献。他把柯布—道格拉斯生产函数改写为：

$$Y = A_t f(K, L) \tag{7-11}$$

其中，A 为 t 时间的技术水平。对式（7－11）进行微分处理，可写成余值形式：

$$\frac{\Delta A}{A} = \frac{\Delta Y}{Y} - \alpha \frac{\Delta K}{K} - \beta \frac{\Delta L}{L} (\beta = 1 - \alpha) \tag{7-12}$$

式（7－12）表明，技术进步等于产业增长与劳动力和资金增长的余值。根据式（7－12）可推得：

$$Y = a + \alpha \times K + \beta \times L \tag{7-13}$$

则技术进步贡献率的计算方法可以表示为公式（7－14）：

$$E_a = \frac{a}{Y} \tag{7-14}$$

由于具有附着性、共益性和较大风险性等特征，一般来说，分成率会低于其贡献率，否则技术资产交易很难顺利进行。上面的理论和公式阐述的是宏观经济中技术对产出的贡献的量化方法，具体到植物品种权价值评估的应用，还需采用适当的测算方法。

植物品种权分成率分成的对象可以是销售利润，也可以是销售收入。以净利润为基数的分成率来评估的价值，即植物品种权价值评估的利润分成率法，按照利润分享原则来确定；以销售额为基数的分成率来评估的价值，即价值评估的提成率法。植物品种权价值评估的提成法和利润分成法的原理是相同的，可以根据利润分成率推导出销售收入提成率，反之亦然（见下式）。

待估植物品种权价值＝销售收入×销售收入提成率

＝销售利润×利润分成率

从上式可推导出：

销售收入提成率＝利润分成率×利润率

利润分成率＝销售收入提成率/销售利润率

二、植物品种权收益与种子收益的关系

植物品种权未来收益的实现规律及过程与种子未来收益的实现规律及过程既存在着密切的联系，又有一定区别，分析两者之间的关系是合理分割所产生未来收益的基础。植物品种权的价值蕴含于其物质载体——种子销售所带来的收益中，植物品种权创造价值的能力直接影响种子未来收益的实现情况。然而，植物品种权只是影响种子未来收益的因素之一，种子销售收入或其所带来的利润是由多方面因素共同创造的。例如，企业自身的管理及营销能力、商誉、商标等。因此，

就需要在取得种子收益的基础之上单独将植物品种权所带来的收益分离出来，这就涉及本节所研究的植物品种权分成率的测算，也就是说，一定要明确评估对象才能保证评估结果的合理性，进而得到合理的植物品种权评估价值。

三、传统分成率的计算方法

植物品种权分成率是衡量植物品种权对种子所带来的总收益的贡献程度的参数，也是价值区间评估模型法测算植物品种权价值的重要参数。能否准确地确定植物品种权分成率是合理确定预期收益的关键。评估实务中计算分成率的常用方法包括要素贡献法、约当投资分成法、边际分析法。

（一）要素贡献法

要素贡献法又称为经验分析法，它的基本思想是：植物品种权的价值应当在买卖双方之间进行公平分配，即交易经济学中能够给交易各方带来足够利益的公平交易。至今为止，最具影响力的要素贡献法为“三分法”和“四分法”。其中，“三分法”认为种业企业新品种的生产、销售主要是由资金、营销能力和技术三类要素贡献构成。一般认为对资金密集型的种业企业，三者的贡献依次是 50%、30%、20%，种业研发技术密集型企业依次为 40%、40%、20%。“四分法”则是在“三分法”基础之上加入“管理”类因素贡献，每个要素的贡献为 25%，因此收益分成率通常在 20% ~30% 之间。

要素贡献法的优势在于应用形式较为简单，结果便于理解。但是该方法基于要素均等贡献的假设前提，与实践情况有些不符。因此，该方法通常作为植物品种权收益分成率判断的辅助依据，或其他方法中分析判断的基础和依据。

（二）约当投资分成法

约当投资分成法一般通过测算植物品种权总投资占资产组总投资的比重来确定植物品种权收益分成率。植物品种权和资产组中其他资产的共同作用通常能够创造超过自身成本的价值，而植物品种权对利润的贡献一般高于其他资产。约当投资分成法根据不同资产的成本利润率，将植物品种权资产折算成约当投资额，再根据约当投资额的比率确定植物品种权收益分成率。约当投资分成法适用于以投资和转让为目的的利润分成率的测算，它是边际分析法的一种替代形式，当无法精确预测评估对象产生的追加利润时，可以在核算评估对象重置成本的基础之上以植物品种权的约当投资量对利润进行分成。具体公式如下：

$$\alpha = \frac{\text{植物品种权约当投资量}}{\text{购买方约当投资量} + \text{植物品种权约当投资量}}$$

$$\text{植物品种权约当投资量} = \text{植物品种权重置成本} \times (1 + \text{成本利润率})$$

$$\text{购买方约当投资量} = \text{总资产重置成本} \times (1 + \text{成本利润率})$$

约当投资法适用于在种业市场上已经流通一段时间且种子的生产销售达到一定规模的植物品种权分成率的测算。该方法的优势在于：以重置成本角度替代难以预测的未来收益，且方法从资产整体收益角度考虑受让方收益状况，符合价值实现方式和实现路径。但该方法中隐含了成本利润率与使用者整体资产利润率相同的假设前提，所以此方法的评估结果实际并没有考虑被评估对象自身的超额收益获取能力。

（三）边际分析法

边际分析法是通过对边际贡献的分析来确定分成率的一种方法。其基本思路是：在考虑农业生产特殊因素的基础上，对影响植物品种权分成率的因素进行分析，估算经济寿命年限内各年度产生的追加利润之和，计算出植物品种权所依托的载体——种子带来的追加利润；该追加利润可以通过对实施后利润的差额分析确定，从而计算出新品种生命周期内各年追加利润现值之和与利润总额的现值之和，两者的比值即为植物品种权分成率。最后，以其与利润总额的乘积作为被评估对象的利润分成。

边际分析法应用的前提是能够确定应用评估对象所带来的净追加利润，计算方法如下：

$$\text{植物品种权利润分成率}\ \alpha = \frac{\sum \text{各年度追加利润现值}}{\sum \text{各年度利润现值}} \times 100\%$$

边际分析法适用于已经实施了一段时间或资产组合已经达到产生收益水平的植物品种权分成率的测算。该方法的优势为：以边际贡献现值比重作为植物品种权对收益贡献的权重，体现了时间价值概念。但是该方法的运用过程较为复杂，除了对未来收益要进行精确预测之外，还需要对实施植物品种权所依托的其他资产进行整体收益的预测。

四、分成率的确定——可比公司调整法

（一）可比公司法

所谓可比公司法就是选择与被评估植物品种权拟实施企业位于同行业的上市公司作为“可比公司”，该方法假设同等价值的资产创造同等价值的收益。由于可比公司与被评估植物品种权拟实施企业处于同一行业，因此可比上市公司中应该也存在无形资产，其发挥作用的方式及功能与拟实施企业相同或相似，从理论上讲具有可比性。可以通过可比上市公司中相关无形资产所创造收益占全部收入的比例来估算可比公司相关无形资产的比例，再以可比公司中相关无形资产比例为基准，估算被评估企业无形资产的比例，进而测算出植物品种权所创造收入。

为了尽可能保证评估结果的合理性，可比公司的选择应当满足以下条件：（1）国内 A 股上市公司，且仅发行 A 股股票一种；（2）股票交易活跃并且有至少 24 个月的公开交易历史；（3）经营范围与被评估植物品种权拟实施的企业相同或相似；（4）公司规

模、盈利状况、经营地域范围相同或相似。

在我国种业行业，上市公司的数量只有十几家，大部分为非上市公司，因此找到适合测算非上市公司分成率的方法尤为重要。作为非上市公司，其市场价值是未知的，没有办法直接测算出其资产结构比例。但可以认为，种业非上市公司的资本结构与其同行业种业上市公司资本结构相似。为了计算方便与合理，可以在种业上市公司中选取 3～5 家与被评估企业结构最为类似的作为对比实例。此外，日期要注意选取距离评估基准日最近 3～5 年的可比公司的资本结构，以此为基础来估算待估植物品种权的分成率，最后取其平均值，即：

$$\text{无形资产对收益流的贡献}=\frac{\text{全部收益率}\times\text{无形资产市场价值}}{\text{全部资产市场价值}}$$

$$\text{植物品种权收益流贡献}=\frac{\text{无形资产收益率的贡献}\times\text{植物品种权价值}}{\text{无形资产市场价值}}$$

具体思路表述如下。首先，深入研究选取的可比公司的主营业务收入、利润和现金流水平，并且认为公司的所有资本创造了现金流，故而得出无形资产创造的现金流等于无形资产在资本结构中所占比率乘以主营业务现金流。其次，种业上市公司的无形资产不单单是一种，往往是多项无形资产的组合，诸如商标权、相关技术以及商誉等，因此，在测算过程中尤其注意不要将无形资产创造的现金流误认为是待估植物品种权创造的现金流。但是，对于种业企业无论是否上市，植物品种权对企业收益的影响要占绝大部分，即贡献最大，该新品种在市场上性状的稳定性、适种范围等直接决定了所实施种业企业的市场竞争能力。根据行业内资深专家判断，植物品种权在种业企业所有无形资产中所带来的收益至少占有 70% 的比例。因此，可以近似估算出每个可比公司中植物品种权所创造的现金流，以其创造的现金流占主营业务收入的比例得到待估植物品种权对主营业务收入的贡献率，最后取各个可比公司分成率的平均值作为待估植物品种权在种子收益中的分成率。

（二）可比公司法的调整——基于层次分析法

前面是评估业内传统的可比公司法测算待估植物品种权分成率的思路，然而以上方法并没有考虑被评估种业企业与可比公司之间的差异性。本书在第四章已经找到了影响价值的主要因素，并且归纳了植物品种权价值影响指标体系。因此，可以通过对资深的评估师及种业内专家进行问卷访谈，最终确定出影响分成率的主要因素。然后，通过层次分析法将这些影响因素进行量化，在此基础上对选取的可比公司的分成率的平均值进行调整，这样便会提高植物品种权分成率测算结果的科学性及客观性。

经过对资深评估师以及种业行业专家进行问卷调研及访谈（见附录 B），发现影响植物品种权分成率的主要因素包括以下六个方面：新品种的性状及稳定性；新品种进入市场阶段；新品种的竞争能力；新品种适宜种植范围；新品种的许可及审定状态；新品种需求方营销能力。

1. 层次分析法的基本思路

层次分析法（AHP）是对一些较为复杂、难以量化的实际问题做出决策的简便、灵活而又实用的多准则决策方法，它的主要作用在于对不易甚至难以量化的问题实施定量分析。在现实情况下，很多领域研究中都会遇到很难进行量化处理而又错综复杂的问题。层次分析法为这类问题的决策和排序提供了一种新的、简洁而实用的建模方法。

大体上可以根据以下四个步骤来进行层次分析法建模：建立递阶层次结构模型；构造出各层次中的所有判断矩阵；层次单排序及一致性检验；层次总排序及一致性检验。

2. 递阶层次结构的建立

运用层次分析法分析决策问题时，要在对待分析问题的条理和层次进行梳理的基础上构造出一个层次分明的结构模型。将复杂的问题拆解为多个元素，这些元素根据自身特征及属性以及它们之间的相互关系形成若干层，上一层次的元素作为准则对下一层次有关元素起支配作用。这些层次可以分为三类：最高层（又被称为目标层），这一层次中通常只有一个元素，这个元素是分析问题所达到的预期目标；中间层（又被称为准则层），这一层可以由若干层次构成，包含了为实现目标所涉及的中间环节；最底层（又被称为方案层或者措施层），这一层次包括了为达到预期目标所选择的各种措施和决策方案。

递阶层次结构中的层次数一般不受限制，它与问题的复杂程度及分析的详略有关。通常为了避免支配元素过多给两两比较带来困难，每层元素不超过 9 个。结合本书研究所选取的六个影响因素，建立递阶层次结构如图 7－1 所示。

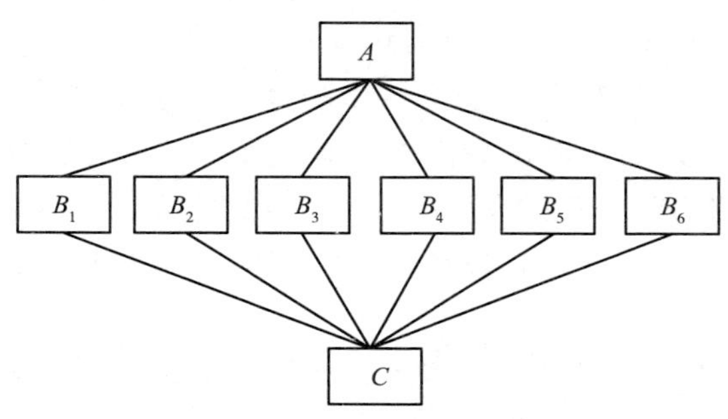

图 7－1　层次结构原理

其中，A 为确定贡献率各影响因素的权重；B_1，B_2，…，B_6 为影响贡献率的主要因素；C 为权重分配方案。

3. 构造判断矩阵

在不同的决策者心中，各准则所占的比重会不同，但各自都会占有一定的比重。在本书中，要比较六个因素对贡献率的影响程度，即量化各个影响因素的影响程度，可以采取对各因素进行两两比较建立成对比较矩阵的办法。每次取两个影响因素 B_i 和 B_j，以

b_{ij}表示 B_i和 B_j对贡献率的影响大小之比，全部比较结果用矩阵 $B=(b_{ij})_{n\times n}$表示，称 B 为成对比较判断矩阵。

4. 一致性检验

判断矩阵 B 对应于最大特征值 λ_{max}的特征向量 W，经归一化处理后即为同一层次相应因素对于上一层次某因素相对重要性的排序权值，这一过程称为层次单排序。判断矩阵虽然可以比较准确地反映不同因素对某问题影响程度的差别，避免或减少外部因素的干扰，但是如果综合考虑全部结果，难免会存在一定程度的非一致性。要使得比较结果前后完全一致，矩阵 B 的元素还应当满足：

$$b_{ij}b_{jk}=b_{ik},\forall i,j,k=1,2,\cdots,n,$$

满足这一关系式的正互反矩阵称为一致矩阵。

n 阶正互反矩阵 B 为一致矩阵，当且仅当其最大特征根 $\lambda_{max}=n$，且正互反矩阵 B 非一致时，必有 $C_{max}>n$，可以根据 λ_{max}是否等于 n 来检验判断矩阵 B 是否为一致矩阵。由于特征根连续地依赖于 b_{ij}，故 λ_{max}比 n 大得越多，B 的非一致性程度也就越严重，λ_{max}对应的标准化特征向量也就越不能真实地反映出各影响因素对贡献率的影响权重。因此，有必要对该判断矩阵进行一致性检验，从而决定是否能接受它。

在做一致性检验之前，首先应该确定分成率各影响因素的标度，层次分析法将此标度分为 1～9 级，各级标度含义见表 7－6。

表 7－6　　各级标度含义

标　度	含　义
1	表示两个因素相比，具有相同重要性
3	表示两个因素相比，前者比后者稍重要
5	表示两个因素相比，前者比后者明显重要
7	表示两个因素相比，前者比后者强烈重要
9	表示两个因素相比，前者比后者极端重要
2、4、6、8	表示上述相邻判断的中间值

对分成率的六个影响因素而言，每两个因素之间既不可能具有相同的重要性，又达不到两者相比某项极端重要。因此，在确定标度时剔除 1 级和 9 级两个标度，从 2～8 级中来选择。并且，标度的确定可以采取调查问卷（见附录 C）的形式，综合考虑业内评估师的打分结果。最后，用 Matlab 计算层次单排序的权向量，并进行一致性检验。

（三）植物品种权分成率的确定

在确定委估植物品种权的分成率之前，首先，将可比公司分成率的平均值作为估算委估分成率的基础；其次，利用评估和种业行业专家工作，得到分成率各个影响因素的评分标准表；再次，根据评分标准表，结合委估情况与可比公司的实际情况，由业内专家对各因素对委估与可比实例的影响程度进行打分；最后，在用可比公司法得到的贡献率各个平均值的基础上，用层次分析法得到的待估与可比公司之间的差异进行修正，取修正后的平均值作为最终的分成率。很显然，本思路中委估分成率的取值是在可比公司法得到的均值的基础上通过量化各影响因素影响程度调整得来的，相对于可比公司方法而言，这种改进更为客观，在可比公司确定的分成率均值基础上对可比公司和待估的实施企业的差异进行了调整，更加符合实际情况。

第三节 收益期的确定

一、植物品种权收益期的内涵

植物品种权的收益期或有效期限是指植物品种权发挥作用并具有超额获利能力的时间。植物品种权同其他无形资产一样没有物质实体，它的价值不会由于它的使用期延长而发生实体上的变化，即它不像有形资产那样存在由于使用或自然力作用形成的有形损耗，它的价值降低是由于无形损耗形成的。植物品种权价值量的损耗是确定其有效期限的前提，随着价值的损耗而最终没有市场价值的时候，便意味着植物品种权收益期限的终结。

无形损耗在植物品种权中的损耗表现为两种：（1）由于出现了效益更高、适用性更强的植物新品种，从而淘汰了原品种；（2）随着某一植物新品种实施应用面积的不断增加，其初入市场时在成本、价格等方面的优势逐步减小甚至完全丧失。第一种情况下，其实质为旧的品种被新品种所替代，使原品种的价值最终丧失，从而结束了其经济及自然寿命。第二种情况下，该植物品种权的使用价值依然存在，其无形损耗的发生并不具备现实性，依然存在广大的社会效益，即社会价值。然而，该种情况下植物品种权不能继续为其使用者带来超额收益，从评估角度来讲也宣告着其经济寿命的终结。

总而言之，植物品种权能够获得超额收益能力的时间才是其真正的有效期。在评估实践中，合理预计并确定植物品种权的有效期限，是保证植物品种权评估结果合理性的有效前提。

二、植物品种权收益期确定的原则

自然寿命、经济寿命以及权利（合同或法律）寿命构成了植物品种权寿命的三种形式。其中，自然寿命是指植物新品种从开始流通进入市场到最终被市场淘汰经历的年限，该年限与其是否能够为相应实施方带来超额收益无关。经济寿命是指在植物品种权自然寿命当中能够为其实施方带来超额收益的年限，一般情况下小于其自然寿命。权利（合同或法律）寿命由两部分构成，即合同寿命、法律寿命。合同寿命是指已经在相应植物品种权交易协议、合同中明确说明的植物品种权使用寿命。法律寿命是指通过条例、法律、行政规章等形式确定的植物品种权寿命。在法律寿命内，该植物品种权将受到法律的保护及认可，且法律保护期限依据其培育时间而定。

我国1997年颁布的《植物新品种保护条例》中规定，植物品种权的保护期限，自授权之日起，藤本植物、林木、果树和观赏树木为20年，其他植物为15年。当保护期满时，该植物品种权便可以由任何人在公共领域内免费和自由地使用。一般而言，植物品种权的收益期限的确定原则为取以上三者中的最短者。无论采用何种方法，均要考虑三种寿命中哪个最短。植物品种权收益期确定原则如图7－2所示，植物品种权收益期限的确定如公式（7－15）所示。

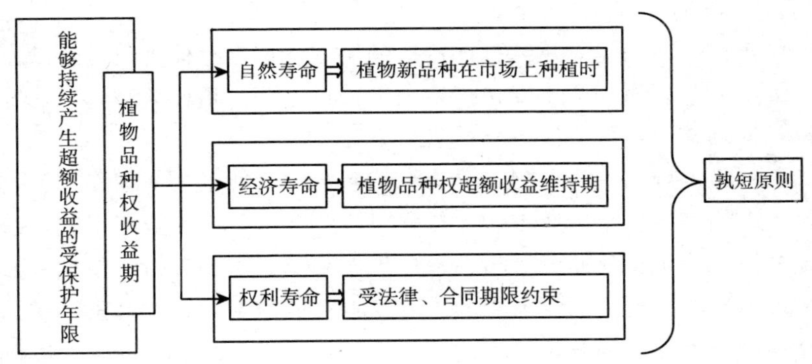

图7－2　植物品种权收益期确定原则示意

$$n = \min(n_1, n_2, n_3) \tag{7-15}$$

式中：n——植物品种权收益期；

n_1——植物新品种的自然寿命；

n_2——植物品种权的经济寿命；

n_3——植物品种权的权利寿命。

三、收益期的确定——多属性综合评价法

多属性综合评价法运用的是多属性效用理论（MAUT）。利用

综合评价法确定植物品种权的收益期，主要是通过对植物品种权收益期取值有影响的各个因素进行评测，确定各个因素对经济寿命的影响程度，再根据多位专家确定的各个因素的权重，得到植物品种权收益期的确定值，最后将其与前面提到的自然寿命、经济寿命和权利寿命中的最短者对比，取最小值。

（一）建立评价指标体系

评价指标体系的建立包括5个步骤，分别为：确立评价指标、确定指标权重、计算权重系数、确定评分标准以及构建评价模型。

1. 确立评价指标

指标体系的建立是综合评价法的关键，也是其体现科学性的一个重要环节。该环节主要包括系统性分析、评测指标分解、征求专家意见确定评价指标体系及标值三方面。

（1）系统性分析。由于植物品种权收益期的影响因素众多，因此在确定评价指标体系时，首先对收益期的各个影响因素进行系统分析。一是在前面对植物品种权价值影响因素的分析的基础上通过德尔菲法得出影响收益期的主要因素；二是基于各种因素对植物品种权价值影响的分析结论，从各个影响因素间的关系入手，以影响植物品种权收益期的程度为核心进行系统分析。

（2）评测指标分解。在系统分析的基础上，对影响植物品种权收益期的各个因素按照其内在的因果、隶属等逻辑关系进行分解，形成评测指标的层次结构。

（3）征求专家意见确定评价指标体系及标值。通过系统分析，初步拟出评价指标体系之后，通过调查问卷（见附录D），征求资深评估师及种业专家意见，对植物品种权价值影响因素指标体系进行筛选、修改和完善，最终确定影响植物品种权收益期的评价指标体系，如图7-3所示。

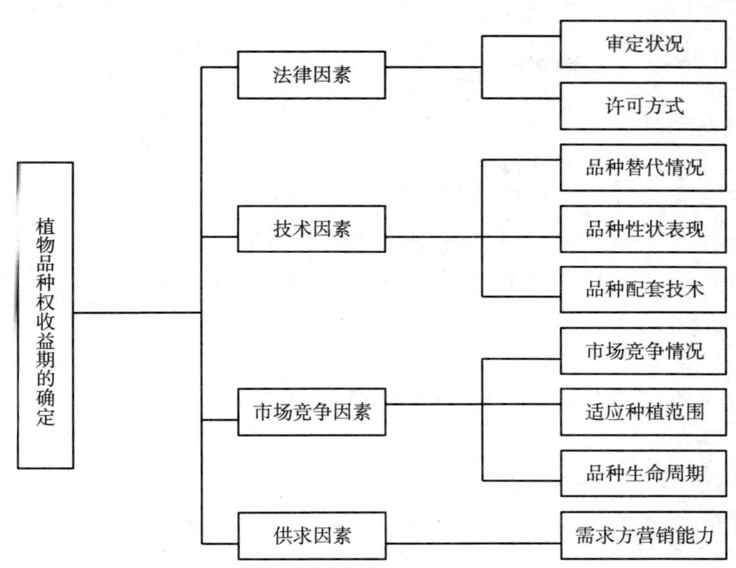

图 7－3 植物品种权评测指标体系

采用线性评分函数法对指标数据进行标准化，可得：

$$x_{ij} = \frac{y_{ij} - y_{dij}}{y_{mij} - y_{dij}} \times 100\% \qquad (7-16)$$

式中：x_{ij}——第 i 个因素中第 j 个指标的标准化评分；

y_{ij}——第 i 个因素中第 j 个指标的评分；

y_{mij}——第 i 个因素中第 j 个指标的最高分；

y_{dij}——第 i 个因素中第 j 个指标的最低分。

其中，所有指标的最高分都取 100，最低分取 0，那么上面的公式可以简化为 $x_{ij} = y_{ij}$，取值范围为 0 ~ 100。

2. 指标权重的确定

首先，要确定法律因素、技术因素、市场因素、供求因素的权重系数，分别记为 w_1、w_2、w_3、w_4，并且 $\sum_{i=1}^{4} w_i = 1$；其次，确定同一影响因素下每个指标的权重系数 w_{ij}，也就是第 i 个因素中的第 j 个指标的权重系数，且 $\sum_{j=1}^{n} w_{ij}=1$，n 为第 i 个因素中包含的指标的个数。指标权重系数的确定采用 G_1 法，具体分为以下三个步骤。

（1）序关系的确定。对于每一个 $\{x_1, x_2, x_3, \cdots, x_n\}$ 评价指标集来说，可以按照如下过程进行序关系的建立：

第一步，专家（或决策者）在指标集 $\{x_1, x_2, x_3, \cdots, x_n\}$ 中，选出认为是最重要（关于某评价准则）的一个（只选一个）指标记为 x_1^*；

第二步，专家（或决策者）在余下的 $n-1$ 个指标中，选出认为是最重要（关于某评价准则）的一个（只选一个）指标记为 x_2^*；

……

第 f 步，专家（或决策者）在余下的 $n-(f-1)$ 个指标中，选出认为最重要的一个（只选一个）指标记为 x_f^*；

……

第 n 步，经过 $n-1$ 次挑选剩下的评价指标记为 x_n^*；

这样，就确定了唯一的一个序关系：$x_1^* \varphi x_2^* \varphi, \cdots, \varphi x_n^*$。

（2）对 x_{f-1}^* 和 x_f^* 间的相对重要性程度做出判断。设专家关于评价指标 x_{f-1}^* 和 x_f^* 的重要性程度之比 w_{f-1}/w_f 的理性判断为：$w_{f-1}/w_f=r_f$，$f=n, n-1, n-2, \cdots, 3, 2$，当 n 较大时，可取 $r_n=1$，r_f 的赋值如表 7-7 所示。

表 7-7　r_f 的赋值参考

r_f	说　明
1.0	指标 x_{f-1}^* 和指标 x_f^* 具有同等重要性
1.2	指标 x_{f-1}^* 比指标 x_f^* 稍微重要
1.4	指标 x_{f-1}^* 比指标 x_f^* 明显重要
1.6	指标 x_{f-1}^* 比指标 x_f^* 强烈重要
1.8	指标 x_{f-1}^* 比指标 x_f^* 极端重要

3. 计算权重系数 w_f

若专家（或决策者）给出 r_f 的理性赋值满足 $r_{f-1} > 1/r_f$，$f = n$，$n-1$，$n-2$，⋯，3，2，那么：

$$w_n = 1 + \sum_{f=2}^{n} \prod_{i=f}^{n} r_i \tag{7-17}$$

且 $w_{f-1} = r_f w_f$，$f = n$，$n-1$，$n-2$，⋯，3，2。

4. 确定评分标准

对植物品种权进行评估时，评估师可以依据待估植物品种权的具体情况，对照评分标准表（见表7-8）确定所列各影响因素的取值。对于处在所列取值情况中间状态的，可取中间值，如9、7、5、3、1。

表7-8　植物品种权收益期影响因素评分标准

一级指标	二级指标	评分标准	得分
法律因素	授权状况	已授权	100
		申请中	40
		未申请	0
	品种许可方式	独占许可	100
		排他许可	80
		普通许可	0
技术因素	品种替代状况	无替代品种	100
		存在若干替代品种	50
		替代品种较多	0
	品种性状表现	性状表现好，稳定性强	100
		性状表现较好，稳定性较强	50
		性状表现一般，稳定性一般	0
	品种配套技术	相关技术完善	100
		相关技术某些方面需调整	40
		相关技术开发存在一定困难	0

续表

一级指标	二级指标	评分标准	得分
市场竞争因素	市场竞争情况	市场中竞争对手少，竞争优势明显	100
		市场中竞争对手较多，竞争优势一般	80
		市场中竞争对手多，无明显竞争优势	0
	适应种植范围	适应种植区域大，发展前景好	100
		适应种植区域中等，发展前景较好	50
		适应种植范围小，发展前景一般	0
	品种生命周期	引入期进入市场	100
		发展期进入市场	80
		成熟期进入市场	60
		衰退期进入市场	0
供求因素	需求方营销能力	品种销售依赖固有渠道及网络	100
		品种销售一定程度上依赖固有渠道及网络	60
		品种销售不依赖固有渠道及网络	0

5. 构建综合评价模型

本书采用加权算术平均法构建综合评价模型，见公式（7－18）：

$$r = \sum_{i=1}^{4} w_i \sum_{j=1}^{n} w_{ij} \times x_{ij}/100 \qquad (7-18)$$

式中：r——植物品种权收益期调整系数；

x_{ij}——第 j 个影响因素中的第 i 个指标的取值；

w_{ij}——第 j 个影响因素中的第 i 个指标的权重；

w_i——第 j 个影响因素的权重。

上式确定的结果为百分数，它表示待估植物品种权收益期在取值的范围内所处的位置。

（二）利用评价体系确定植物品种权经济寿命

首先，由种业行业的专业人员根据行业惯例结合种子市场的竞争状况、可替代性、技术进步和更新趋势做出综合性预测，同时与有关技术专家、行业主管专家和经验丰富的市场营销专家进行讨论以修正个别专家判断所具有的倾向性和片面性，确定待估植物品种权可能的收益期的范围。其次，综合各位专家意见根据该植物品种权所处的生命周期发展阶段，得到待估植物品种权剩余收益期的可能取值范围。再次，根据评价表进行评分，得到植物品种权的剩余经济寿命期。最后根据公式（7－19）确定植物品种权的收益期限。

$$R = m + (n - m) \times r \tag{7-19}$$

式中：R——待估植物品种权的收益期限；

m——收益期的下限取值；

n——收益期的上限取值；

r——收益期调整系数。

第四节　增量利润的确定

植物品种权价值评估区间模型中的增量利润是指在植物品种权实施推广期间，每年销售该植物品种权所带来的超额净利润增量，在此基础之上，乘以分成率即为植物品种权所带来的增量利润。而增量利润的计算是以增量收益的计算为前提的，因此，首先要明确收益额的本质、计算口径以及收益额与种子生命周期的关系等相关概念及解释，进而确定增量利润。

一、收益额的本质及口径

（一）收益额的本质

植物品种权收益额的本质为其所有者由于对其植物品种权的排他使用权而得到的垄断利润，它是一个综合性指标，能够综合反映植物品种权在未来实施年度所获利润的能力。

假设植物品种权交易市场为公开交易市场，植物品种权实施所对应的产品种子的价格会因市场供求价格的变化而波动。如图 7－4 所示，边际收益曲线可以表示为 MR，边际成本曲线可以表示为 MC，平均成本曲线可以表示为 AC，并且需求曲线可以表示为 $p(y)=a-by$。用 $c(y)$ 表示成本函数，$r(y)=p(y)\cdot y$ 表示种业企业的收益函数，那么植物品种权在种子收益额中所占份额可以用函数表示为：

$$\max_{y} r(y)-c(y)$$

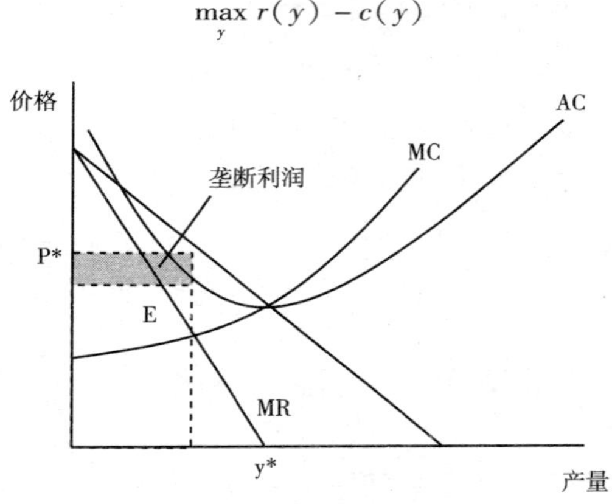

图 7－4　无形资产收益分析

拥有植物品种权的种业企业，在边际收益与边际成本的博弈中找到利润最大化的均衡点，植物品种权需求方在满足约束条件 MR＝MC 的情况下，能够获得其收益额的最大值。其中，均衡点为 E，植物品种权实施所带来的收益额可以用阴影部分面积来表示。

（二）收益额的口径

选择合适的收益口径是收益法评估的基础，收益口径的选择不仅要符合评估的目的和目标，还能客观反映评估对象真实盈利能力。另外，收益口径的选择要与折现率口径一致，这是确保评估结论合理性的至关重要的环节。

收益口径一般包括两大类：第一类为现金流口径，第二类为利润口径。其中，现金流口径中的现金流又分为两种：一种为从毛现金流中扣除营运资金增加以及资本性支出后的净现金流，另一种为毛现金流。利润口径包括两种，分别为股权投资利润以及全投资利润，还可以划分为税后利润和税前利润，在税前利润口径下应当包括税息前收益。

二、收益额与种子生命周期的关系

植物品种权依托其所生产的种子作为价值实现的承载体。根据产品生命周期理论，一项新品种从进入市场到被市场淘汰会经历四个阶段，即引入期、发展期、成熟期和衰退期。植物品种权的收益额因其所依托的物质载体——种子在生命周期的不同阶段而呈现不同的特点。

（一）引入期

在这个阶段，该新品种的先进功能和新颖性特点尚未得到消费者认可。除了少数创新使用者会购买植物品种权生产出来的产品外，很少有消费者购买，企业为了扩大销路，会增加广告投入，对产品进行宣传推广。该阶段因为技术不够完善，产品销售量较少，收益额不会有较高增长，因此创造的收益额较少甚至为负数。

（二）成长期

通过试销，消费者对植物新品种的新功能和新特点的满意度增加，该新品种在市场上有了客户群并且销路良好，农业产品的生产技术已经成熟，此时植物品种权进入成长期。其对应的种子的销售量和销售收入快速增长。与此同时，在高额利润的诱惑下，竞争者模仿植物品种权生产的新品种相继出现，致使交易市场上类似性状表现的种子的供给量增加，从而造成种子的价格降低，植物品种权创造超额利润的增长速度减慢。

（三）成熟期

由于类似品种的大量供给，市场向稳定趋势发展并达到饱和，该品种得到大众认可，成本低，产量大，竞争激烈程度达到极点，企业不断研发促使品种升级换代。由于植物品种权的排他性，其获得超额利润的能力在成熟期逐渐达到最高点，并开始下降。

（四）衰退期

随着科学技术的发展和消费者习惯的改变，产品被市场淘汰，植物品种权进入衰退期。在该阶段，市场上出现性能更好的新品种满足消费者需求，现有品种老化被市场逐渐淘汰，销售量和收益额持续下降，植物品种权失去创造收益的能力，最终退出市场。

产品生命周期所处的阶段不同，其特征也不同，具体表现如表 7 –9 所示。

表 7 –9　　植物品种权不同生命周期阶段特点

阶段	引入期	成长期	成熟期	衰退期
销售额	低	快速增长	缓慢增长	下降
利润	微小或负	大	逐渐下降	低或负
现金流量	负数	适度	高	低
消费者	创新使用者	大多数	大多数	后随者
市场竞争	很少	稍多	最多	减少
种子特征	试销	小批量生产	大批量生产	落后
风险特征	技术风险	市场风险	竞争风险	竞争风险

三、收益额测算的一般方法

根据植物品种权对其物质载体——种子收益贡献方式的不同，植物品种权预期收益的计算方式有所区别，主要包括以下几种方法：直接估算法、许可费节省法、分成率法和要素贡献法。

（一）直接估算法

直接估算法是通过分析植物品种权使用前后收益状况的变化，得出植物品种权所带来的收益额的多少。通常情况下可以分为收入增长型、费用节约型及混合型三类。

1. 收入增长型

收入增长型是指采用植物品种权之后，所生产的农产品品质和功效提高，该品种种子的价格与同类别的种子相比大幅度提高，从而带来额外收益。收益额 R_{ci} 的计算方法如公式（7－20）所示。

$$R_{ci} = \Delta P \times Q_i \times (1 - T) \tag{7-20}$$

式中：ΔP——使用植物品种权带来的单位产品收益增加量；

Q_i——第 i 年其物质载体种子的销售量；

T——相关税费。

2. 费用节约型

费用节约型是指使用植物品种权后，其对应的物质载体——种子及其农产品的单位生产成本均有所降低，所需投入资金、人力成本等降低，从而节约了农业生产费用并获得超额收益。收益额 R_{ci} 计算方法如公式（7－21）所示。

$$R_{ci} = \Delta C \times Q_i \times (1 - T) \tag{7-21}$$

式中：ΔC——使用植物品种权带来的单位产品成本减少量；

Q_i——第 i 年其物质载体种子的销售量；

T——相关税费。

3. 混合型

混合型是指植物品种权应用于市场已有品种，提高了农产品的功能和质量，使原有种子不仅在成本上降低，而且价格也得到提高，从而使资产使用者获得超额收益。收益额 R_{mi} 计算方法如公式（7－22）所示。

$$R_{mi} = (\Delta P + \Delta C) \times Q_i \times (1 - T) \tag{7-22}$$

（二）许可费节省法

许可费节省法是假设植物品种权的受让人，购买该植物品种权后，通过估算一个假设的受让人，如果拥有该植物品种权，就可以节省一笔许可使用费，通过确定植物品种权使用费率这一关键指标，将该植物品种权经济寿命期内每年节省的许可使用费支出进行折现，从而得到该植物品种权评估基准日价值的一种评估方法。

（三）分成率法

分成率法假设植物品种权遵循收益共享原则，交易双方共同分享其所依托的物质载体——种子所创造的收益额，即植物品种权转让方获得的收益应为其受让方销售种子所获得收益的一定比率。然而，植物品种权在使用过程中由于受到地域性差异、自然灾害等多种因素影响，未来收益额的预测存在不确定性。

在常见的计算植物品种权收益额的计算方式中，直接估算法和许可使用费节省法的原理与计算过程比较简单，但是需要更为严格的前提条件和数据基础，适用范围有限。因此，分成率法在植物品种权预期收益的计算中运用最为广泛，需要重点研究，也是本书计算增量收益的基础。

四、增量收益额及增量利润的确定思路

植物品种权的物质载体——种子的增量收益额是计算植物品种权增量利润的基础。本书中增量利润的预测包括两部分：增量收益额的预测以及主营业务利润率的预测。增量收益额即增量销售额。相比较而言，主营业务利润率的预测较为简单，可以选取所有在A股上市的种业公司近五年该指标的平均值，以保证该指标的合理性。

对于新研发的植物品种权，其实施并应用于农业生产的风险较

大，能否产生超额收益有待市场检验。而植物品种权增量收益额的预测是以种子的增量收益额预测为前提的。种子销售收入取决于种子价格和销售量。由于植物品种权的应用实施受到特殊因素的影响，种子的销售收入每年都存在不确定性风险。销售量等于每年推广面积 S（公顷）与单位面积用种量的乘积。种子每年销售额的计算方法可以表示如下。

$$\text{每年种子销售额} = \text{单位种子价格} \times \text{用种量/公顷} \times \text{年推广面积 S(公顷)} \quad (7-23)$$

首先，种子的价格每年由于收到市场供给、同类竞争以及所处生命周期的影响会有所波动，但是受国家对农产品价格宏观调控的影响，同一品种每年的价格波动率不是很大，可以根据具体的市场情况具体分析。

其次，随着现代化农业的发展，同一品种每公顷用种量的波动可以忽略不计。因此，主要是对年推广面积的预测。在进行年推广面积预测时要遵循谨慎性原则，找到其每年可能推广的面积的范围区间。该区间值可以根据企业或者种业市场上近几年推出的 2～3 个同类品种每年的推广面积，借助预测模型进行预测，并根据拟合优度 R^2，确定其近几年推广面积的发展趋势线。

再次，将所选的可比品种的发展趋势线汇总，根据实际情况进行相应调整，确定待估植物品种权每年推广面积的区间范围，根据公式 7－23 即可求得待估植物品种权载体——种子每年销售额的变化区间。

最后，根据公式 7－24 可以推算出种子所获得利润每年的变化范围，即增量利润 Δm_t。以种子每年利润范围与分成率相乘即为待估植物品种权每年所获得的利润增量的变化范围。

$$\text{年增量利润} = \text{年销售额增量} \times \text{主营业务利润率} \quad (7-24)$$

将每年种子销售所获得利润增量的最大值 Δm_{max} 以及最小值 Δm_{min} 分别折现加总，得到植物品种权需求方价值评估模型中的增

量利润的最大值 ΔMt_{max} 以及最小值 ΔMt_{min}。

$$\Delta Mt_{max} = \frac{\Delta m_{max1}}{(1+i)} + \frac{\Delta m_{max2}}{(1+i)^2} + \cdots + \frac{\Delta m_{maxn}}{(1+i)^n} \quad (7-25)$$

$$\Delta Mt_{min} = \frac{\Delta m_{min1}}{(1+i)} + \frac{\Delta m_{min2}}{(1+i)^2} + \cdots + \frac{\Delta m_{minn}}{(1+i)^n} \quad (7-26)$$

式中：Δm_{max}——收益期内每年植物品种权的物质载体（种子）所获得增量利润的最大值；

Δm_{min}——收益期内每年植物品种权的物质载体（种子）所获得增量利润的最小值；

n——待估植物品种权的收益期；

i——折现率。

本章小结

本章主要对植物品种权价值区间评估模型中的收益类参数进行研究，通过对定性因素的模糊判断得到量化的数值，包括折现率的确定、分成率的确定、收益期的确定以及增量利润的确定四个方面。

1. 在对折现率的确定上，首先，对折现率的本质及构成、确定原则、现有常用计算方法进行概括与总结；其次，在此基础上提出了基于 CAPM 模型的生命周期动态折现率的计算方法，即在传统的 CAPM 模型应用的基础上采用模糊层次评价法，考虑待估植物品种权所在企业的特有风险以及待估植物品种权自身的特有风险，并且分别建立了企业特有风险以及植物品种权自身特有风险指标体系；最后，分析以上各部分风险所占比例，将测算出的各单项风险加总，即得到待估植物品种权的风险。

2. 在对分成率的确定上，首先，对分成率确定的理论依据、植物品种权收益与种子收益的关系以及传统的分成率计算方法进行了概括与总结；其次，在此基础上提出了可比公司调整法来计算植物品种权分成率，即在传统的可比公司法的基础上，采用层次分析法将植物品种权所在企业与可比上市公司中影响分成率的因素进行对比调整，缩小传统可比公司法计算植物品种权分成率时的误差，使植物品种权分成率的计算结果更加符合实际，以保证评估结果的合理性。

3. 在对收益期的确定上，首先，对植物品种权收益期的内涵、收益期确定的基本原则进行了概括与总结；其次，在此基础上提出了利用多属性综合评价法确定植物品种权收益期的评估思路，即通过对植物品种权收益期取值有影响的各个因素进行评测，确定各个因素对经济寿命的影响程度，再根据多位专家确定的各个因素的权重，最终得到植物品种权收益期的确定值；最后，将其与植物品种权收益期确定原则中提到的自然寿命、经济寿命和权利寿命中的最短者对比，取最小值。该方法综合了评估以及种业行业多位资深专家的意见，最终确定的参数结果具有一定的合理性。

4. 在对增量利润的确定上，首先，对计算基础收益额的本质及口径、收益额与种子生命周期的关系以及传统的收益额测算方法进行了概括与总结。其次，在此基础上提出了增量收益额及增量利润的测算思路。增量收益额的测算主要是用来确定未来收益期年度内单位种子价格及年推广面积 S 的变化趋势。本书在可比相似品种的基础上借助预测模型进行预测，根据拟合优度 R^2 以及实际情况进行调整确定，进而得出未来收益期内年增量收益额的动态变化数值。最后，根据计算得出的年增量收益额的动态变化数值，借助公式求得年增量利润。

第八章　植物品种权市场均衡价值的确定

当市场上某种商品的供给量等于需求量时，其形成的价值为均衡价值。在商品交易实践中，影响交易的因素多种多样，很难形成商品的均衡价值，植物品种权交易也不例外。因此，应当积极采取有效手段降低植物品种权实际交易价格与其评估结果之间的误差。在实际植物品种权交易转让过程中，供需双方达成交易的前提是必须有能够被双方同时接受的植物品种权价值区间。基于此，本书根据前面章节所构建的供需双方价值区间，运用博弈理论，对植物品种权价值区间进行确定，在此基础上，应用纳什均衡确定最终的植物品种权均衡价值。

第一节　供给方与需求方价值评估区间复合

本书分别从植物品种权供需双方角度考虑，构建了植物品种权供给方及需求方价值区间评估模型；并对供给方价值区间评估模型中的成本类参数，以及需求方价值区间评估模型中的收益类参数进行了确定，从而得到植物品种权供需双方的价值区间。本书研究的是植物品种权交易价值，评估的目的是进行交易转让，即供需双方在植物品种权交易市场上，通过博弈达成最终有效合约，该合约价格便是同时考虑供需双方利益并被其所接受的均衡价值，该均衡价值是植物品种权最终达成交易时价值的体现。

在本书第五章、第六章和第七章研究的基础上，对确定的供需双方价值区间进行复合，可以确定供需双方谈判的基础，该基础也是双方达成交易的前提。复合结果包括以下六种情况，如图 8－1 所示。

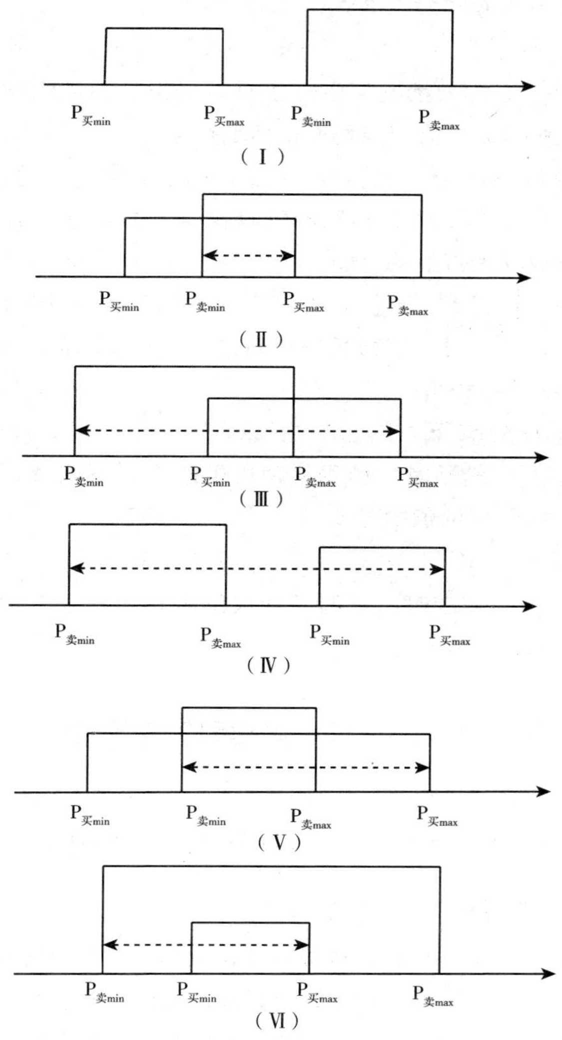

图 8－1　六种价格区间

在第Ⅰ种情况下，$P_{卖min} > P_{买max}$，植物品种权的供给方与需求方的价值评估区间不相交，这种情况下，转让时，交易双方无法进行谈判，则不能形成均衡价值。

在第Ⅱ种情况下，$P_{卖max} > P_{买max} > P_{卖min} > P_{买min}$，相交区间为 $[P_{卖min}, P_{买max}]$，这种情况下，转让时，植物品种权供给方与需求方存在谈判的基础，有形成均衡价值的可能。

在第Ⅲ种情况下，$P_{买max} > P_{卖max} > P_{买min} > P_{卖min}$，相交区间为 $[P_{买min}, P_{卖max}]$，转让时，植物品种权供给方与需求方存在谈判的基础，有形成均衡价值的可能。

在第Ⅳ种情况下，$P_{买min} > P_{卖max}$，双方的价值评估区间不相交，这种情况下，转让时，植物品种权供给方与需求方谈判非常容易，非常容易形成均衡价值。

在第Ⅴ种情况下，$P_{买max} > P_{卖max} > P_{卖min} > P_{买min}$，相交区间为 $[P_{卖min}, P_{卖max}]$，转让时，植物品种权供给方与需求方存在谈判的基础，有形成均衡价值的可能。

在第Ⅵ种情况下，$P_{卖max} > P_{买max} > P_{买min} > P_{卖min}$，相交区间为 $[P_{卖min}, P_{买max}]$，转让时，植物品种权供给方与需求方存在谈判的基础，有形成均衡价值的可能。

第二节　植物品种权均衡价值模型的构建

一、植物品种权供需双方谈判模型的构建

（一）谈判模型构建的基础

植物品种权交易具有其自身特点，例如信息非对称性、信息及交易合约的不完全性等。首先，供需双方对转让过程所面临的风险难以进行准确预测，虽然各自均具有有限理性，但很难对所转让植物品种权未来实施收益进行全面、准确的预估。其次，供需双方对

所转让的植物品种权的信息量不同，双方均具有对方所不能验证或不知道的知识、信息，包括在转让之前需求方对该植物品种权的性状及价值消耗的信息不对称，以及转让之后供给方对该植物品种权实施所带来收益、产生风险的信息不对称等。再次，由于植物品种权实施及所带来收益的不确定性，即使双方各自具有有限理性，也不可能精准无误地预测该交易从谈判至达成合约所发生的所有状况，即植物品种权供需双方形成的合约为不完全合约。

鉴于以上原因，植物品种权供需双方均不完全知晓对方的状况，必然对对方心理预期的最高价和最低价不完全清楚。因此，植物品种权交易时供需双方的谈判建立在各自对植物品种权价值评估区间的基础之上，对报价策略进行制定形成均衡价值，力争达到供需双方最大满意，并在该均衡价值下签订交易合约，完成植物品种权转让。为此，本书在构建供给方和需求方谈判的基础之上，运用博弈论和贝叶斯纳什均衡，对均衡价值下供需双方的报价策略展开研究。

（二）供需双方谈判模型的构建

令 $V=(P_s,\ P_d)$，代表植物品种权需求方和供给方的保留价格，P_s表示的是植物品种权供给方在转让过程中所能够承受的最低价格，P_d表示的是植物品种权需求方在购买过程中所愿意付出的最高价格，P 为供需双方谈判成功所达成的合约价格。

若 $P_s \leqslant P_d$，则谈判是可行的，且最终合约价格为 $P_s \leqslant P \leqslant P_d$；若 $P_s > P_d$，则谈判是无效的。这个条件描述了模型的基本特征，即最终的植物品种权交易合约价格 P 应该保证被所有的博弈参与人所接受。

在不完全信息条件下，一般假定：谈判的每一方对自己的保留价格是确定的，而关于对方的保留价格是不确定的，可以由一个概率分布表示，且此概率分布是公共知识。对植物品种权的供给方，P_d是取值于 $X_d=[P_{dmin},\ P_{dmax}]$ 上的随机变量，具有累加概率分布

$F_s(P_d \mid \zeta_s)$。

F_s（$P_d \mid \zeta_s$）表示植物品种权的供给方在条件ζ_s情况下关于P_d的概率分布，ζ_s表示植物品种权的供给方的先验信息，且满足F_s（$P_{dmin} \mid \zeta_s$）$=0$ 和 $F_s(P_{dmax} \mid \zeta_s)=1$ 在区间［P_{dmin}，P_{dmax}］上严格递增和可微。

同理，对植物品种权的需求方，P_s是取值于$X_s=[P_{smin}, P_{smax}]$上的随机变量，具有累加概率分布$F_d(P_s \mid \zeta_d)$。

$F_d(P_s \mid \zeta_d)$ 表示植物品种权的需求方在条件ζ_d情况下关于P_s的概率分布，ζ_d表示需求方的先验信息，满足$F_d(P_{smin} \mid \zeta_d)=0$ 和 $F_d(P_{smax} \mid \zeta_d)=1$ 在区间［P_{smin}，P_{smax}］上严格递增和可微。

我们可以对植物品种权供需双方所进行的交易谈判进行简单描述：假设植物品种权需求方报价为d，供给方报价为s，在满足$d \geqslant s$的情况下，该谈判具有可行性，并且最终的合约价格为$p=ks+(1-k)d$，（$0 \leqslant k \leqslant 1$）；相反，若$d<s$，则意味着该谈判不具有可行性，即交易失败。具体而言，在$k=1$的情况下，意味着首先报价方为植物品种权需求方，而供给方对该报价可以拒绝也可以选择接受。在该种情况下，最终植物品种权供给方的报价会决定最终的交易价格，而植物品种权供给方的报价只会对是否产生最终的合约产生一定影响。所以，作为植物品种权供给方的最优策略，其应当满足：针对所有的P_s，报价$P_s=s$。同样道理，在$k=0$的情况下，供需双方要想达成合约必须满足$s \leqslant d$，而此时，享有优先报价权的一方为植物品种权供给方。

植物品种权供需双方的谈判属于非合作性博弈，供需双方策略选择可以通过贝叶斯纳什均衡来解决。在合约成立的情况下，植物品种权供需双方所获得的收益应当等于该植物品种权成交价格与保留价格之间的差额，即需求方收益为P_d-P，供给方收益为$P-P_s$，而在植物品种权供需双方达不成合约的情况下，双方各自的收益均为0。

同样，可以假定植物品种权供需双方进行交易谈判的最终目的为获得各自效用的最大化，那么植物品种权供需双方的报价策略 d 和 s 应当为一个函数，且该函数与供需双方各自的保留价格有关，记为 $d=D(P_d)$、$s=S(P_s)$。因为 P_d 和 P_s 都为随机变量，所以 d 和 s 也应当是随机变量。$S(\cdot)$ 为植物品种权供给方的报价策略，分布函数 $F_d(P_d)$ 的概率分布密度为 $g_d(s \mid \zeta_d)$，植物品种权需求方所期望达到的收益在不完全信息条件下如式（8-1）所示。

$$\begin{aligned} &E_d(d,P_s) = \int_{P_{d\min}}^{P_{d\max}} (P_d - P) g_d(s|\zeta_d) d_s && d \geqslant P_{s\min} \\ &E_d(d,P_s) = 0 && d < P_{s\min} \end{aligned} \tag{8-1}$$

同理，植物品种权供给方所期望达到的收益在不完全信息条件下如式（8-2）所示。

$$\begin{aligned} &E_s(s,P_s) = \int_{P_{s\min}}^{P_{s\max}} (P - P_s) g_s(d|\zeta_s) d_d && s \leqslant P_{d\max} \\ &E_s(s,P_d) = 0 && s > P_{d\max} \end{aligned} \tag{8-2}$$

二、植物品种权价值最优报价策略

在植物品种权供给方的保留价格为 P_s 的情况下，植物品种权供给方对 $D(\cdot)$ 的最佳报价策略为 S^*。假如对于所有的 s，都满足 $E_s(s,P_s) \leqslant E_s(s^*,P_s)$。同理，物品种权需求方对 $D(\cdot)$ 的最佳报价策略为 D^*，对于所有的 d，满足 $E_d(d,P_d) \leqslant E_d(d^*,P_d)$。那么最终的纳什均衡解为（$s^*$，$d^*$），即最佳报价策略组合。在该均衡解达成时，不可能通过任何单方面局中人的作用而使期望收益变得更大。

对于转让交易时植物品种权的供给方与需求方的谈判模型，本书做以下三点假设：

第一，$P_i(i=s, d)$ 在［0，1］上符合均匀分布，且 $F_i(\cdot)$ 作为分布函数为公共知识；

第二，最终合约 $p=\frac{1}{2}(s+d)$，即 $k=\frac{1}{2}$；

第三，$S(P_s)=\alpha_s+\beta_s P_s$，$D(P_d)=\alpha_d+\beta_d P_d$（线性战略均衡），其中 α_s、β_s、α_d、β_d 分别为 S 和 D 的线性系数。

根据以上假设，贝叶斯纳什均衡解，即战略组合（s^*，d^*），应当同时具备以下条件。

（1）植物品种权的供给方最优。对于所有的 s，均满足 $E_s(s, P_s)\leqslant E_s(s^*, P_s)$，即 s^* 是在 $P_s\in[0, 1]$ 情况下，下面所有问题的最优解。

$$\max[1/2(s+E[d(P_d)\mid d(P_d)\geqslant s])-P_s]\times \mathrm{Prob}\{d(P_d)\geqslant s\}$$

$E[d(P_d)\mid d(P_d)]\geqslant s$ 是给定的植物品种权供给方的报价低于植物品种权需求方报价的条件下，植物品种权的供给方预期的需求方的报价。

（2）植物品种权的需求方最优。对于所有的 d，均满足 $E_d(d, P_d)\leqslant E_d(d^*, P_d)$，即 d^* 是在 $P_s\in[0, 1]$ 情况下，下面所有问题的最优解。

$$\max[P_d-1/2(d+E[s(P_s)\mid s(P_s)\geqslant d])-P_d]\times \mathrm{Prob}\{d\geqslant s(P_s)\}$$

$E_s(s^*, P_s)\geqslant E_s(s, P_s)$ 是给定的植物品种权需求方的报价低于植物品种权供给方报价的条件下，植物品种权的需求方预期的供给方的报价。

因为 P_d 在［0，1］上均匀分布，故 d 在［α_d，$\alpha_d+\beta_d$］上均匀分布，因此有：

$$\begin{aligned}\mathrm{Prob}\{d(P_d)\geqslant s\}&=\mathrm{prob}\{\alpha_d+\beta_d, P_d\geqslant s\}\\&=\mathrm{prob}\{P_d\geqslant(s-\alpha_d)/\beta_d\}\\&=(\alpha_d+\beta_d-s)/\beta_d\end{aligned}$$

将以上两个等式代入植物品种权供给方的目标函数，得到：

$$\max\{1/2[s+1/2(s+\alpha_d+\beta_d)]-P_s\}\times(\alpha_d/\beta_d-s)/\beta_d \quad (8-3)$$

最优化的一阶条件意味着：

$$s = 1/3(\alpha_d + \beta_d) + 2/3P_s \tag{8-4}$$

上述结论说明，如果植物品种权的需求方选择线性战略，那么，植物品种权的供给方的最优反应也是线性的。

同理，因为 P_s 在［0，1］上均匀分布，故 s 在［α_s，$\alpha_s + \beta_s$］上均匀分布，因此有：

$$\begin{aligned} \text{Prob}\{d \geqslant s(P_s)\} &= \text{prob}\{d \geqslant \alpha_s, \alpha_s + \beta_s\} \\ &= \text{prob}\{P_s \leqslant (d - \alpha_s)/\beta_s\} \\ &= (d - \alpha_s)/\beta_s \end{aligned} \tag{8-5}$$

将以上两个等式代入植物品种权供给方的目标函数，得到：

$$\max\{P_d - 1/2[d + 1/2(\alpha_s + d)] - P_d\} \times (d - \alpha_s/\beta_s)/\beta_s \tag{8-6}$$

最优化的一阶条件意味着：

$$d = 1/3\alpha_s + 2/3P_d \tag{8-7}$$

对上述均衡线性战略求解如下：

$$\begin{cases} s = 1/3(\alpha_d + \beta_d) + 2/3P_s \\ d = 1/3\alpha_s + 2/3P_d \\ S(P_s) = \alpha_s + \beta_s P_s \\ D(P_d) = \alpha_d + \beta_d P_d \end{cases}$$

$$\begin{cases} \alpha_d = 1/12 \\ \beta_d = 2/3 \\ \alpha_s = 1/4 \\ \beta_s = 2/3 \end{cases}$$

$$\begin{cases} s^* = 1/4 + 2/3P_s \\ d^* = 1/12 + 2/3P_d \end{cases}$$

此时，议定的合约价格为：

$$P=1/2[s+1/2(s+\alpha_d+\beta_d)]=3/4s+3/16 \qquad (8-8)$$

或者：

$$P=1/2[d+1/2(\alpha_s+d)]=3/4d+1/16 \qquad (8-9)$$

所以，在均衡线性战略下：

$$P=3/4s+3/16=3/4(1/4+2/3P_s)+3/16=3/8+1/2P_s\geqslant P_s \qquad (8-10)$$

即最终的植物品种权交易合约价格应该不小于植物品种权供给方的保留价（$P_s\geqslant 3/4$），否则合约均衡无效。

同理：

$$P=3/4d+1/16=3/4(1/12+2/3P_d)+1/16\leqslant P_d \qquad (8-11)$$

即最终的植物品种权合约价格应该不大于植物品种权需求方的保留价（$P_d\leqslant 1/4$），否则合约均衡无效（如图 8-2 所示）。

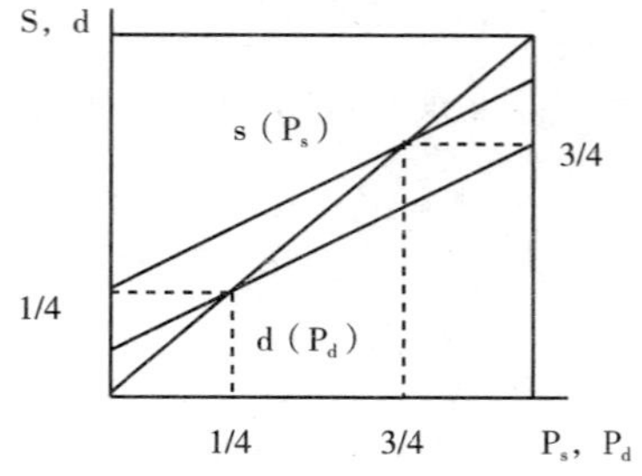

图 8-2 均衡线性战略示意

所以，植物品种权供需要想达成交易，必须满足 $\alpha_s+\beta_sP_s\leqslant\alpha_d+\beta_dP_d$，整理可以得到：$P_s+1/4\leqslant P_d$，而此时的成交价格则为：$P=(P_d+P_s)/2$。

早在 1983 年，沙特威托和梅耶森就对均匀分布状况下双向拍卖博弈的线性战略均衡中行为参与者的期望收益做过研究，并且得出：任何其他形式下的贝叶斯纳什均衡都要小于或者等于该均匀分布下的期望收益值。因此，在该研究的基础上，假如能够明确 $P_s + 1/4 \leqslant P_d$ 的条件可以满足，那么植物品种权供需双方就形成了最优报价策略。

本章小结

本章着重对植物品种权交易时市场均衡价值的确定进行了研究，构建了植物品种权供给方与需求方的谈判模型，运用博弈论及贝叶斯纳什均衡，对形成均衡价值时双方的最优报价策略进行了深入研究。

1. 将植物品种权供给方与需求方的价值评估区间进行复合，对复合后出现的六种情况进行分析，以确定植物品种权交易时植物品种权供给方和需求方进行交易谈判的基础。

2. 构建植物品种权供给方与需求方的谈判模型。植物品种权的供给方与需求方在交易市场上进行谈判最终达成合约，但是谈判是在不完全信息下进行的博弈。因为植物品种权供需双方均为有限理性人，不能准确预测整个交易过程中的风险，且对于植物品种权未来实施所带来的收益也不能全面、准确地估计。正是由于双方信息的不对称，导致植物品种权供需双方所掌握的与植物品种权交易相关的信息具有量上的不对等性。双方都拥有对方所无法验证的信息量，造成了供需双方形成的合约为不完全合约。

3. 植物品种权供需双方均对对方预期的最低以及最高价格不完全确定。但是，谈判是建立在双方各自的价值评估区间范围内的，因此，要制定相应报价策略，力争形成各自最大满意程度下的植物品种权均衡价值，最终达成交易，完成植物品种权的转让。植物品种权合约价格即为供给方与需求方都能接受的均衡价值，这个均衡价值即为植物品种权进行转让时的最优价格体现。

第九章 植物品种权价值评估案例
——以 SY101 玉米品种权为例

我国农作物以“大田作物”为主，“大田作物”包括玉米、水稻、小麦、棉花、大豆等，前三类在我国农业种植面积中占据主导地位，小麦主流种子不属于杂交种子，可以自留种，科技含量相对较低；而玉米、水稻的主流种子品种均为杂交品种，且玉米种子在杂交种子行业中最具代表性，因此本书以某玉米品种权为例，来应用本书的价值评估思路。

第一节 案例背景
——SY101 玉米品种权概况

一、评估委托方简介

A 种业公司是黑龙江省集“育繁推”于一体的大规模种业科技公司，以水稻、玉米、小麦等大田作物为主要育种研发对象，同时也进行植保、栽培等工作的研究，拥有自己的销售网络。该公司有玉米育种室、水稻育种室、小麦育种室以及相应的下游种子开发销售子公司。A 种业公司成立于 1983 年，截止到 2015 年底，已取得各项科研成果 79 项，推广 SY 字头新品种 39 个，且累计推广面积达到 1. 73 亿公顷，创收效益约 35 亿人民币，整体而言，科研实力较为突出，创收效果显著。

二、经济行为

A 种业企业自主研发了一项玉米品种权 SY101，2015 年 12 月 31 日，该行业龙头种业企业 B 拟与 A 种业企业商讨该玉米品种权的独家许可转让事宜。B 企业在玉米品种权 SY101 区试、中试过程中一直考察跟踪，且对 SY101 的制种条件、性状表现等各方面较为满意。此外，如果转让成功的话，B 企业有足够的配套设施于 2016 年制种并销售。A 种业公司为了对该玉米品种权交易价格提供指导依据，特委托评估事务所进行评估。

三、委估资产概况

SY101 是 A 种业公司玉米研究所研发的于 2015 年 10 月通过国家级审定的新品种，审定区域为北部春播区，同年被授予植物新品种保护，且在推广试种过程中性状表现突出。该品种 2012 ~ 2013 年在由省内组织的各适种区内异地多点鉴定中，平均单产为 12828.8 千克/公顷，较对照品种增产 2.6%；2014 ~ 2015 年，进入区域试验阶段，两年区域试验中平均单产为 12837 千克/公顷，较对照品种平均增产 4.2%；2015 年在全省的生产实验中，平均单产达到了 11896.1 千克/公顷，较对照品种增产 2.4%。SY101 属于中熟品种，出苗至成熟 127 天，比对照品种早 1 天，需≥10℃，积温 2350℃左右。该品种幼苗生长健壮，发苗较快，淀粉含量高，商品品质好，籽粒橙黄，有光泽；后期脱水快，耐瘤黑粉及青枯病，耐旱性强，具有较好的生态适应性和高产稳产特性。

第二节　评估要素的选择

一、评估基准日

经过 B 公司和权利人 A 共同协商决定，本项目资产评估基准日为 2015 年 12 月 31 日。

二、评估对象和范围

评估对象为 A 种业公司拥有的 SY101 玉米品种权，评估范围为 SY101 的独家转让许可价值。

三、评估目的

SY101 是拟通过市场进行交易的一项玉米品种权，评估目的是为植物品种权的供给方和需求方确定 SY101 玉米品种权的价格提供价值参考。

四、价值类型

该评估项目所涉及的交易双方为非关联方，双方在自愿、平等和充分了解交易对象特点的情况下展开交易。受让方有能力提供必要的配套生产设备，使评估对象达到充分利用状态。因此，该评估项目的价值类型为市场价值类型，即自愿买方和自愿卖方在各自理性行事且未受任何强迫压制的情况下，对在评估基准日进行正常公平交易中，某项资产交易价值的估计数额。

五、评估方法

评估方法首先应用本书提出的植物品种权价值区间评估模型确定了供需双方的价值区间，然后对该价值区间进行分析复合，最后通过构建均衡价格模型，运用贝叶斯纳什均衡找到交易双方价值区间内的均衡价值。

第三节　评估过程

一、SY101 玉米品种权供给方价值评估区间的确定

（一）研发成本

鉴于 SY101 玉米品种权研发周期较长，且研发过程中，与水稻、

大豆等其他品种的研发并行，因此，确定采用 ABC 法对 SY101 玉米品种权的研发成本进行归集以及剥离，得到其研发成本的构成情况，如表 9－1 所示。

表 9－1　　SY101 玉米品种权研发成本构成　　单位：万元

资源		资源成本动因	作业成本库	作业动因（率）	SY101 玉米品种权作业成本
核算科目	费用类型				
生产成本	材料费用	植物新品种开发与设计	植物新品种开发与设计	直接分配	226
	育种专用设备			直接分配	186
	工资及福利费			人工小时 T_1	119
制造费用	折旧费	实验辅助	实验辅助	机器工时 T_2	58
	摊派费			人数 T_3	79
	维修费			人工小时 T_4	21
管理费用	资料费	调研设计	调研设计	人工小时 T_5	5
	培训费	技术培训	培训	培训时间 T_6	10
	外协费	组织协调	组织协调	人工小时 T_7	7
	差旅费	调研采购	调研采购	调研 T_8 采购 T_9	9
	咨询费	鉴定咨询	鉴定咨询	咨询次数 T_{10}	3
	成果鉴定及审定费	鉴定咨询	鉴定咨询	鉴定及审定次数 T_{11}	2
财务费用	筹资手续费	筹集研发资金	概念设计与开发	直接计入	1
	筹资利息费	筹集研发资金		直接计入	8
SY101 研发成本合计					734

资料来源：根据 A 种业企业调研数据整理。

（二）交易成本

植物品种权的交易成本包括市场交易成本、运用成本、排他成本以及违约成本。本例根据A种业企业提供的以往类似玉米品种权的交易相关成本信息，预计SY101玉米品种权在转让过程中，将发生市场交易成本3万元。运用成本3.5万元，主要为付给植物品种权评估机构的服务费，由于SY101在2015年刚刚通过审定，距离评估基准日时间尚短，因此，为保持其价值而发生的管理费用较低。排他成本0.45万元，其中包括植物新品种保护申请费1000元，审查费2500元，以及保护期第一年的年费1000元。违约成本由于尚未达成交易，不存在违约行为及违约费用。

因此，SY101玉米品种权的交易成本如式（9-1）所示：

$$F = e_1 + e_2 + e_3 + e_4 = 3 + 3.5 + 0.45 = 6.95(\text{万元}) \quad (9-1)$$

（三）机会成本

根据本书植物品种权供给方价值评估模型，植物品种权供给方的机会成本包括投资机会成本和转让机会成本。其中投资机会成本中主要为对r即资金平均收益率的确定。SY101玉米品种权的研发周期大概为6~8年，因此r_{min}选取中国债券市场上剩余期限为6~8年期的国债收益率2.84%（见表9-2）。r_{max}选取我国种业企业2010~2014年近五年行业平均利润率的平均值10.38%（详见《中国种业发展报告2015》），因此：

投资机会成本的最小值O_{amin}根据公式（6-5）计算结果为：

$O_{a\min} = (D + F) \times r_{\min} = (734 + 6.95) \times 2.84\% = 21.04$（万元）

投资机会成本的最大值O_{amax}根据公式（6-6）计算结果为：

$O_{amax} = (D + F) \times r_{max} = (734 + 6.95) \times 10.38\% = 76.91$（万元）

而转让机会成本O_b的确定，按照SY101玉米品种权研发成本提取比例范围的平均值0.5%来计算确定，即为$734 \times 0.5\% = 3.67$（万元），因此：

SY101 玉米品种权机会成本的最小值 $F_{min}=21.04+3.67=24.71$（万元）

SY101 玉米品种权机会成本的最大值 $F_{max}=76.91+3.67=80.58$（万元）

表 9-2　　国债到期收益率　　单位：%

指标名称	中债国债到期收益率（6 年）	中债国债到期收益率（7 年）	中债国债到期收益率（8 年）
频率	日	日	日
2015 年 12 月 31 日	2.8008	2.8361	2.8320
2016 年 1 月 04 日	2.8396	2.8701	2.8701
2016 年 1 月 05 日	2.8725	2.8999	2.8975
2016 年 1 月 06 日	2.8468	2.8817	2.8839
2016 年 1 月 07 日	2.8336	2.8599	2.8574
2016 年 1 月 08 日	2.8140	2.8402	2.8389
2016 年 1 月 11 日	2.7888	2.8249	2.8230
2016 年 1 月 12 日	2.7651	2.8048	2.8004
2016 年 1 月 13 日	2.7071	2.7497	2.7434
2016 年 1 月 14 日	2.7303	2.7796	2.7720
2016 年 1 月 15 日	2.7335	2.7773	2.7690
2016 年 1 月 18 日	2.7617	2.8094	2.8005
2016 年 1 月 19 日	2.7901	2.8392	2.8277
2016 年 1 月 20 日	2.8101	2.8542	2.8426
2016 年 1 月 21 日	2.7844	2.8293	2.8190
2016 年 1 月 22 日	2.7750	2.8144	2.8034
2016 年 1 月 25 日	2.8485	2.8796	2.8737
2016 年 1 月 26 日	2.8529	2.8796	2.8743
2016 年 1 月 27 日	2.8929	2.9196	2.9144
2016 年 1 月 28 日	2.8710	2.8973	2.8940

续表

指标名称	中债国债到期收益率（6年）	中债国债到期收益率（7年）	中债国债到期收益率（8年）
频率	日	日	日
2016年1月29日	2.8416	2.8695	2.8616
2016年2月01日	2.8233	2.8546	2.8472
2016年2月02日	2.8658	2.9044	2.8951
2016年2月03日	2.8728	2.9138	2.9047
2016年2月04日	2.8505	2.8893	2.8780
2016年2月05日	2.8568	2.8989	2.8840
2016年2月06日	2.8599	2.8980	2.8833
2016年2月14日	2.7895	2.8480	2.8392
2016年2月15日	2.8181	2.8641	2.8527
2016年2月16日	2.8385	2.8789	2.8648
2016年2月17日	2.8404	2.8788	2.8639
2016年2月18日	2.8345	2.8740	2.8607
2016年2月19日	2.8277	2.8665	2.8523
2016年2月22日	2.8178	2.8741	2.8632
2016年2月23日	2.8099	2.8693	2.8609
2016年2月24日	2.8096	2.8700	2.8691
2016年2月25日	2.8215	2.8796	2.8745
2016年2月26日	2.8166	2.8794	2.8709
2016年2月29日	2.8072	2.8670	2.8610
2016年3月01日	2.7940	2.8598	2.8572
平均值	2.8432		

资料来源：万得资讯。

（四）期望获得的利润

A种业企业期望获得的利润 $P_f = (D + F + O_{a\max} + O_b) \times (1 + T)$，$T$ 可以选取我国可以从事种子生产的种业上市公司近5年的成本费用利润率的平均值，经查询万得数据库计算可知，T 为 15.66%（见表 9－3）。

表 9－3　　种业上市公司成本利润率（2010～2014 年）　　单位：%

股票代码	公司简称	2014	2013	2012	2011	2010
002041	登海种业	55.19	61.82	57.75	56.86	72.68
000998	隆平高科	20.75	18.55	18.22	16.80	11.50
300189	神农基因	－27.08	8.34	18.86	16.82	18.99
600354	敦煌种业	－20.18	6.74	－2.23	8.65	18.37
600371	万向德农	0.63	－8.44	15.36	18.15	8.99
000713	丰乐种业	4.51	3.36	3.89	3.55	6.63
300087	荃银高科	5.38	5.80	9.60	10.42	23.00
平均值		5.60	13.74	17.35	18.75	22.88
总平均值		15.66				

资料来源：万得资讯。

将 T 代入公式，求得 A 种业企业期望获得的利润：

$$P_f = (D + F + O_{amax} + O_b) \times (1 + T)$$
$$= (734 + 6.95 + 76.91) \times 15.66\% = 128.08（万元） \quad (9-2)$$

（五）SY101 玉米品种权价值评估区间——供给方

将上述计算结果，代入公式（5－3）得到 SY101 玉米品种权价值评估区间供给方的价格下限：

$$P_{卖 min} = D + F + O_{amin} + O_b$$
$$= 734 + 6.95 + 21.04 = 761.99（万元） \quad (9-3)$$

将上述计算结果，代入公式（5－7）得到 SY101 玉米品种权价值评估区间供给方的价格上限：

$$P_{卖 max} = D + F + O_{amax} + O_b + P_f$$
$$= 734 + 6.95 + 76.91 + 128.08 = 945.94（万元） \quad (9-4)$$

因此，对于供给方 A 种业企业而言，SY101 玉米品种权价值评估区间为［761.99 万元，945.94 万元］。

二、SY101 玉米品种权需求方价值评估区间的确定

（一）折现率

1. 无风险报酬率 R_f的确定

本例选择从评估基准日到国债到期日“剩余期限”与评估对象收益期相近的国债到期收益率均值作为本次评估无风险收益率 R_f。经过市场调研，受市场供给、种业竞争、营销政策等多方面影响，玉米品种权收益期一般在 4～10 年范围内波动，基于谨慎性原则，本书选取从评估基准日 2015 年 12 月 31 日到国债到期日“剩余期限”为 6～8 年的国债，并取其到期收益率均值（详见表 9－2）。由表 9－2 可知，本例选择计算的国债到期收益率均值 2.84% 即为本次评估的无风险收益率 R_f。

2. 资本市场平均收益 R_m的确定

本书在第七章中，已经对我国资本市场平均收益 R_m进行了具体测算，本例在此选取表 7－1 中的数据，选择 9.21% 作为资本市场平均收益 R_m。

3. 风险系数 β 的确定

由于 β 系数是衡量单只股票价格的波动率与股市整体波动率之间的倍数关系的，因此应当收集多家与待评估 A 公司行业相关或类似的上市公司的资料，且可比公司的选取要遵循一定的标准。首先，可比公司需要与被评估公司主营业务相同或相近，或受同样的经济因素影响；其次，可比公司股票单一发行 A 股股票，至少有 2 年（24 个月）的上市历史，股票交易活跃；最后，可比公司股票与选定的股票市场指标指数的相关性 t 检验要能通过。

经过筛选，确定丰乐种业、隆平高科、登海种业、荃银高科、敦煌种业、万向德农六家上市公司作为参考，采用万得资讯公布的

沪深300指数周收益率作为自变量，进行时间序列分析和T检验，发现六家上市公司的股票周收益率与市场指数的收益率具有高度显著的相关性，可以作为类比公司。然后，根据万得资讯公司公布的距评估基准日60个月期间的周指标，计算归集相对于沪深两市（采用沪深300指数）的财务杠杆风险系数 β_U，并根据相关财务数据求出被评估企业股票市场无财务杠杆风险系数 β_L（如表9－4所示）。

表9－4　　可比公司相关参数及 β 测算　　单位：万元

可比上市公司	股票代码	适用所得税（%）	E	D	D/E（%）	β_L	β_U
丰乐种业	000713. SZ	15	134480	54417	40. 46	0. 9717	0. 9810
隆平高科	000998. SZ	15	202053	208469	103. 17	0. 7014	0. 7692
登海种业	002041. SZ	25	290332	104168	35. 88	0. 5857	0. 7224
荃银高科	300087. SZ	15	72861	31971	43. 88	0. 7552	0. 8360
敦煌种业	600354. SH	25	127118	241504	189. 98	0. 9287	0. 9522
万向德农	600371. SH	25	40016	39480	98. 66	1. 2214	1. 1483
平均值			144477	113335	85. 34	0. 8607	0. 9015

资料来源：万得资讯。

通过表9－4可以看出：可比种业上市公司剔除财务杠杆之后的 β 系数的平均值为0. 9015，可比公司的财务杠杆系数D/E为85. 34%，因为待估SY101所在的A公司适用的所得税税率为15%，因此可以计算得到该公司的系数 β_L 为1. 55。

$$\beta_L = \beta_U \times [1 + (1 - T) \times D/E] = 0.9015 \times [1 + (1 - 15\%) \times 85.34\%] = 1.55 \quad (9-5)$$

4. A种业公司特有风险 R_s 的确定

（1）对比分析，建立影响A种业公司特有风险的因素集。从我国玉米种子企业的整体情况来看，排名前十位的种子公司市场占有率高达20%，但是从事玉米种子销售的小型种业企业却高达几千家，户均销售额不足100万元，玉米种业企业呈现出极度分散的状态。近年来，我国种子行业的市场集中度呈逐年上升的态势。截至2014年底，我国持有有效经营许可证的企业数量为5064家，相比2010年数量减少了3636家，减幅高达41.8%。这与国家的“种业新政”相符，即逐步减少小规模种业企业，逐步向“育繁推”一体化的大型种业企业过渡。与国外相比，我国目前并没有出现像美国先锋那样的垄断公司。从发达国家种子行业发展经验分析，种业行业属于“研发难度大、投入高、市场进入难、营销费用大”的高风险、高收益的基础性行业，要求该行业应当保持高度集中性，以降低经营风险。

近几年，我国大宗农产品、农资价格均有所上涨，而玉米种子价格不升反降。种子价格下降的原因很多，但主要原因在于玉米种子行业一级市场运作的不成熟。随着玉米种业行业集中度的增加，营销市场竞争必将逐步规范，玉米品种权的价值也会稳步提升。A种业公司目前企业员工56人，其中销售部门20人、研发部门10人、管理部门10人、综合部16人。部门设置及人员配置随着市场需求而相应调整。截至评估报告日，SY101已经通过审定，达到交易推广的相关条件。经过评估人员访谈相关专家后得知，该公司同时进行多种玉米、水稻等农作物的研发，每一项研发品种的成功都具有一定的概率性。按照植物品种权的生命周期规律，该玉米品种权技术从引入初期至产业化仍需一定时间，并且产权持有单位建立起从源头至终端各阶段均可掌控的商业模式也需要一定时间，才能够在市场上流通并取得超额收益。

通过以上分析，为了保持一致性，A种业公司特有风险的确定继续选择丰乐种业、隆平高科、登海种业、荃银高科、敦煌种业、万向德农六家上市公司作为对比参考，构建统一风险指标体系。

（2）构造判断比较矩阵并对一致性进行检验，确定权重。构造判断矩阵主要是通过比较同一层次上的各因素对上一层相关因素的影响作用，即将同一层的各因素进行两两比较。根据判断矩阵尺度，分别构造出层次结构中一级指标（m_i）对A种业公司个别风险（M）、二级指标（m_{ij}）对一级指标（m_i）的比较判断矩阵。

本书根据对A种业公司的分析，建立A种业公司特有风险指标体系，根据评估师的经验并结合资深种业专家意见（详见附录E），构造两两比较的判断矩阵（即确定隶属矩阵）。运用Matlab软件结合本书第七章提出的测算判断矩阵的最大特征根和特征向量的方法，得出判断矩阵各自的最大特征根λ_{max}、权向量F；运用Matlab软件检验判断矩阵的一致性，运算出相应的CI、CN，并检验是否具有满意的一致性。

①通过$M-m_i$层比较判断，确定一级风险因素（m_i）在A种业公司特有风险中作用的大小（如表9-5所示）。

表9-5 $M-m_i$矩阵判断及权重计算

$M-m_i$	m_1	m_2	m_3	m_4	权重
m_1	1	2	3	3	0.4100
m_2	1/2	1	3	2	0.3012
m_3	1/2	1/3	1	2	0.1709
m_4	1/3	1/2	1/2	1	0.1178

运用Matlab软件对上述判断矩阵做一致性检验，其中：

$\lambda_{max}=4.1649$

$W=(0.4100\quad 0.3012\quad 0.1709\quad 0.1178)$

$CI=0.0550$

$CN=0.0611<0.1$，一致性检验通过。

②通过m_1-m_{1j}层比较判断，确定二级特有风险因素（m_{1j}）在A种业公司规模风险中作用的大小（如表9-6所示）。

表 9-6　m_1-m_{1j} 矩阵判断及权重计算

m_1-m_{1j}	m_{11}	m_{12}	m_{13}	权重
m_{11}	1	1/5	1/3	0.1095
m_{12}	5	1	2	0.5861
m_{13}	3	1/2	1	0.3090

运用 Matlab 软件对上述判断矩阵做一致性检验，其中：

$\lambda_{max}=3.3007$

$F_1=(0.1095\quad 0.5816\quad 0.3090\quad 0.1178)$

$CI_1=0.0018$

$CN_1=0.0032<0.1$，一致性检验通过。

③通过 m_2-m_{2j} 层比较判断，确定二级特有风险因素（m_{2j}）在 A 种业公司规模风险中作用的大小（如表 9-7 所示）。

表 9-7　m_2-m_{2j} 矩阵判断及权重计算

m_2-m_{2j}	m_{21}	m_{22}	m_{23}	m_{24}	权重
m_{21}	1	2	2	2	0.3835
m_{22}	1/2	1	1/3	1/3	0.1119
m_{23}	1/2	3	1	2	0.2947
m_{24}	1/2	3	1/2	1	0.2099

运用 Matlab 软件对上述判断矩阵做一致性检验，其中：

$\lambda_{max}=4.2153$

$F_2=(0.3835\quad 0.1119\quad 0.2947\quad 0.2099)$

$CI_2=0.0018$

$CN_2=0.0797<0.1$，一致性检验通过。

④通过 m_3-m_{3j} 层比较判断，确定二级特有风险因素（m_{3j}）在 A 种业公司规模风险中作用的大小（如表 9-8 所示）。

表 9-8 m_3-m_{3j}矩阵判断及权重计算

m_3-m_{3j}	m_{31}	m_{32}	m_{33}	权重
m_{31}	1	3	5	0.6370
m_{32}	1/3	1	3	0.2583
m_{33}	1/5	1/3	1	0.1047

运用 Matlab 软件对上述判断矩阵做一致性检验，其中：

$\lambda_{max}=3.0385$

$F_3=(0.6370\quad 0.2583\quad 0.1047)$

$CI_3=0.0193$

$CN_3=0.0332<0.1$，一致性检验通过。

⑤通过 m_4-m_{4j}层比较判断，确定二级特有风险因素（m_{4j}）在A种业公司规模风险中作用的大小（如表9-9所示）。

表 9-9 m_4-m_{4j}矩阵判断及权重计算

m_4-m_{2j}	m_{41}	m_{42}	m_{43}	m_{44}	权重
m_{41}	1	3	2	2	0.4304
m_{42}	1/3	1	1/2	2	0.1418
m_{43}	1/2	2	1	3	0.2982
m_{44}	1/2	1/2	1/3	1	0.1295

运用 Matlab 软件对上述判断矩阵做一致性检验，其中：

$\lambda_{max}=3.9761$

$F_4=(0.4304\quad 0.1418\quad 0.2982\quad 0.1295)$

$CI_4=-0.0080$

$CN_4=-0.0080<0.1$，一致性检验通过。

通过检验得知，判断矩阵各自的 CN 均小于 0.1，证明其一致性是可以接受的，则 λ_{max}对应的特征向量可以作为排序的权向量。

（3）建立评判集得出综合评价结果。以选定的丰乐种业、隆平高科、登海种业、签银高科、敦煌种业、万向德农六家上市公司作为对比参考，分别确定二级指标（m_{ij}）中各个因素的风险等级（如表9－10所示）、风险报酬率（如表9－11所示）。

表9－10　　A种业企业特有风险因素指标评估

一级指标（m_i）权重	二级指标（m_{ij}）权重		评估结果				
			高风险	较高风险	中等风险	较低风险	低风险
企业规模风险（m_1）0.4100	总资产（m_{11}）	0.1095	0	0	3	2	3
	人力资源风险（m_{12}）	0.5816	0	0	3	2	3
	营业风险（m_{13}）	0.3090	0	2	3	3	0
企业经营风险（m_2）0.3012	企业历史经营状况（m_{21}）	0.3835	0	2	4	2	0
	企业授权推广区域（m_{22}）	0.1119	0	0	0	4	4
	植物品种权所处生命周期阶段（m_{23}）	0.2947	1	2	5	0	0
	植物品种权对应新品种性状表现及稳定性（m_{24}）	0.2099	0	0	1	4	3
企业管理风险（m_3）0.1709	种子销售服务机制（m_{31}）	0.6370	0	3	2	3	0
	新品种技术开发能力（m_{32}）	0.2583	0	1	3	2	2
	种子质量控制风险（m_{33}）	0.1047	0	0	2	3	3
企业财务风险（m_4）0.1178	杠杆系数（m_{41}）	0.4304	0	0	3	4	1
	流动性（m_{42}）	0.1418	0	0	1	4	3
	保障比率（m_{43}）	0.2982	0	0	2	3	3
	资本资源获得（m_{44}）	0.1295	1	3	4	0	0

表9－11　　风险等级及风险报酬率取值　　单位：%

评估结果	高风险	较高风险	中等风险	较低风险	低风险
风险报酬率	2.8	1.9	1.4	0.9	0.4

对规模风险、经营风险、管理风险以及财务风险做出综合评价如下：

m_{11}—— (0　0　3/8　2/8　3/8)

m_{12}—— (0　0　3/8　2/8　3/8)

m_{13}—— (0　2/8　3/8　3/8　0)

因此，m_1的判断矩阵表示如下：

$$N_1 = \begin{bmatrix} 0 & 0 & 3/8 & 2/8 & 3/8 \\ 0 & 0 & 3/8 & 2/8 & 3/8 \\ 0 & 2/8 & 3/8 & 3/8 & 0 \end{bmatrix} = \begin{bmatrix} 0 & 0 & 0.375 & 0.25 & 0.375 \\ 0 & 0 & 0.375 & 0.25 & 0.375 \\ 0 & 0.25 & 0.375 & 0.375 & 0 \end{bmatrix}$$

权重 $F_1 = (0.1095\quad 0.5816\quad 0.3090)$，对其做出综合判断，得到：

$$F_1 \otimes N_1 = (0\quad 0.25\quad 0.375\quad 0.25\quad 0.375) = B_1$$

同样计算，

$$N_2 = \begin{bmatrix} 0 & 0.25 & 0.5 & 0.25 & 0 \\ 0 & 0 & 0 & 0.5 & 0.5 \\ 0.125 & 0.125 & 0.625 & 0 & 0 \\ 0 & 0 & 0.125 & 0.5 & 0.375 \end{bmatrix}$$

权重 $F_2 = (0.3835\quad 0.1119\quad 0.2947\quad 0.2099)$，对其做出综合判断，得到：

$$F_2 \otimes N_2 = (0.125\quad 0.25\quad 0.3835\quad 0.2947\quad 0.2099) = B_2$$

$$N_3 = \begin{bmatrix} 0 & 0.375 & 0.5 & 0.375 & 0 \\ 0 & 0.125 & 0.375 & 0.25 & 0.25 \\ 0 & 0 & 0.25 & 0.375 & 0.375 \end{bmatrix}$$

权重 $F_3 = (0.6372\quad 0.2583\quad 0.1047)$，对其做出综合判断，得到：

$$F_3 \otimes N_3 = (0 \quad 0.375 \quad 0.5 \quad 0.375 \quad 0.25) = B_3$$

$$N_4 = \begin{bmatrix} 0 & 0 & 0.375 & 0.5 & 0.125 \\ 0 & 0 & 0.125 & 0.5 & 0.375 \\ 0 & 0 & 0.25 & 0.375 & 0.375 \\ 0.125 & 0.375 & 0.5 & 0 & 0 \end{bmatrix}$$

权重 $F_4 = (0.4304 \quad 0.1418 \quad 0.2982 \quad 0.1295)$，对其做出综合判断，得到：

$$F_4 \otimes N_4 = (0.125 \quad 0.1295 \quad 0.375 \quad 0.4304 \quad 0.2982) = B_4$$

然后对一级指标（m_i）综合做出判断：$M = \{m_1, m_2, m_3, m_4\}$，

权重 $W = (0.4100 \quad 0.3012 \quad 0.1709 \quad 0.1178)$，对其综合评判得到如下结果：

$$W \otimes N = (0.4100 \quad 0.3012 \quad 0.1709 \quad 0.1178) \otimes \begin{pmatrix} B_1 \\ B_2 \\ B_3 \\ B_4 \end{pmatrix}$$

$$= (0.125 \quad 0.25 \quad 0.375 \quad 0.2947 \quad 0.375)$$

最后，将其归一化后得到：（0.0880　0.1762　0.2641　0.2076　0.2641）

以上结果说明，A 种业企业的特有风险评估的总体指标趋势为：高风险所占比例为 8.8%，较高风险所占比例为 17.62%，中等风险所占比例为 26.41%，较低风险所占比例为 20.76%，低风险所占比例为 26.41%。

将以上计算得出的不同风险等级所占的比例乘以相应风险等级的风险报酬率（见表 9－10）便可以得出 A 种业企业的特有风险报酬率，计算过程如式（9－6）所示。

$$(0.0880\ 0.1762\ 0.2641\ 0.2076\ 0.2641) \times \begin{pmatrix} 2.8\% \\ 1.9\% \\ 1.4\% \\ 0.9\% \\ 0.4\% \end{pmatrix} = 1.2434\% \tag{9-6}$$

因此，得出 A 种业企业的特有风险 R_s 为 1.2434%，且结合上文可以计算得出 A 种业企业的整体风险报酬率为 13.9535%。

5. SY101 玉米品种权特有风险 R_d 的确定

SY101 玉米品种权特有风险 R_d 随着其物质载体——玉米种子生命周期的不同而不同。因此，确定 R_d 必须具体分析生命周期不同阶段风险影响因素，从而确定 SY101 玉米新品种在生命周期各阶段不同的特有风险报酬率。

（1）引入期。SY101 玉米新品种属于从研发到投入使用的测试期间，生产技术不够完善，配套技术尚处在试验阶段，品种的先进性和新颖性特点尚没有得到消费者的普遍认可，市场需求量较少，该阶段 SY101 玉米新品种面临技术风险、生产风险以及市场风险的多重考验，其中以技术和生产风险为主。

（2）成长期。SY101 玉米品种权所依托的物质载体——种子，通过市场的推广，生产技术已经娴熟，新功能和优良性状得到消费者的认可，在高额利润的诱惑下，市场竞争不断加剧，该阶段生产及技术风险逐渐下降，市场风险成为主要风险。

（3）成熟期。由于 SY101 玉米品种权的排他性，其载体——种子获得了高于行业平均水平的超额利润，该品种的市场逐渐趋向稳定，生产技术逐步换代升级，达到完善，生产和技术风险不再存在，在高额利润下，竞争激烈程度达到极值点，竞争风险占据主导地位。

（4）衰退期。SY101 玉米品种权所依托的物质载体——种子在市场上经过多年的流通后，该玉米品种的性能已经成熟，但是随着竞争者的纷纷效仿甚至超越，该品种在市场上的性状表现已经处于落后阶段，超额利润消失，甚至出现负利润，技术和工艺虽然已经成熟，但是开始出现替代技术。该阶段技术风险、生产风险可以忽略不计，市场风险及竞争风险并行占据主导地位。

由于 SY101 玉米品种权已经通过省级审定并且是独家许可转让，因此法律风险虽然贯穿生命周期的各个阶段，但是总体较小可以忽略不计。此外，SY101 玉米新品种的种植及生产容易受到自然环境的影响，在其生命周期的各个阶段，自然灾害发生的风险始终相随，在风险报酬率的确定中必须予以考虑。与此同时，在评估实践中还要合理考虑其他风险因素对 SY101 玉米品种权风险报酬率的影响，从而提高折现率预测的准确性和可靠性，保证评估质量。

经过以上分析，结合上文对 A 种业企业整体风险报酬率的分析，采用层次分析法确定不同生命周期中 A 企业风险所占比例，并聘请本专业领域资深专家对不同生命周期各个阶段的评价指标采用百分制进行打分，得到以下结果。

表 9-12　　SY101 生命周期各个阶段风险报酬率　　单位:%

指　标	引入期	成长期	成熟期	衰退期
A 企业整体风险	13.9535	13.9535	13.9535	13.9535
A 企业整体风险比重	75.90	80.89	84.62	78.04
SY101 特有风险比重	24.10	19.11	15.38	21.96
SY101 玉米品种权风险	18.36	17.25	16.49	17.88

资料来源：本书计算数据。

通过以上计算，可以得出 SY101 玉米品种权在生命周期的各个阶段的风险报酬率，且各个阶段的风险有所不同，其中引入期为 18.36%，成长期为 17.25%，成熟期为 16.49%，衰退期为 17.88%。

（二）分成率

1. 可比公司的选取

由于 SY101 玉米品种权所属的种业企业 A 公司为非上市公司，其市场价值不能直接计算得出。为了能估算出该行业的玉米品种权分成率，从国内同类企业上市公司中选取可比公司，并通过分析可比公司经营风险等因素的方法，确定 A 种业企业的玉米品种权分成率。

在本次评估中，可比公司的选择标准为：（1）可比公司只发行人民币 A 股；（2）可比公司为从事植物品种权（主要为农作物）研发、育种及销售一体化的种业上市公司；（3）可比公司连续三年盈利，并且截止到评估基准日该公司股票上市已满两年。

根据上述选择标准，本次评估在 6 家同类 A 股上市的公司中最终选择以下三家可比公司：登海种业（股票代码：002041. SZ）、丰乐种业（股票代码：000713. SZ）、隆平高科（股票代码：000998. SZ），确定依据如下。

第一，玉米品种权所带来的营业收入占总营业收入的比重与 A 种业企业相近。对于选取的从事植物品种权（主要为农作物）研发的种业上市公司而言，营业收入由多项产业共同构成，且每个企业玉米品种权研发带来的营业收入占总营业收入的比重也不尽相同。在选择可比公司实例时，优先考虑玉米带来的营业收入所占比重与 A 种业企业接近的公司。

第二，成长性相仿。良好的成长能力是种业企业持续发展的动力和前提，同时也是投资者们关注企业未来发展前景的重要方面。所选择的可比公司的成长性虽然很难与 A 种业企业的成长性完全相同，但至少所选可比公司应与委估对象具有相同的发展方向。

第三，规模相近。规模可以通过总资产、营业收入等多种因素来衡量，一般情况下要求大规模的种业企业和小规模种业企业相比差别控制在 10 倍以内，但是鉴于 SY101 玉米品种权所属 A 种业企业规模较小，在同类上市企业中很难找到与其规模相当或相近的公司，因此，可比公司实例与 A 种业企业规模的差距范围可以适当扩大，但是应当首选最为接近的可比公司。

综合以上三点，最终选择的可比公司实例为登海种业、丰乐种业以及隆平高科。

山东登海种业股份有限公司是由莱州市登海种业有限公司于 1998 年 7 月 15 整体变更设立的，是由著名玉米育种和栽培专家李登海为首创建的农业高科技上市企业，位居中国种业五十强第三位，是“国家玉米工程技术研究中心”“国家玉米新品种技术研究推广中心”。该公司长期致力于玉米育种与高产栽培研究工作，现已选育出 100 多个紧凑型玉米杂交种，其中 43 个通过审定，获得 7 项发明专利和 38 项植物新植物品种权。经营范围：玉米种子生产，自育农作物杂交种子销售及技术服务；粮食、棉花、油料、草类等农作物种子的自繁自育、分装销售。

丰乐种业公司是中国种子行业第一家上市公司，综合实力与规模居中国种子行业前列。丰乐玉米种子、丰乐水稻种子分别于 2006 年 9 月、2007 年 9 月获得“中国名牌产品”称号。该公司拥有各类良种及农产品生产基地 2 万公顷，遍及国内主要典型农业生态区。每年向社会提供水稻、玉米、油菜、小麦、棉花、芝麻、西甜瓜、蔬菜等几十个种类 500 多个优良品种及农化产品，形成了以种业为主，农用化工、农副产品深加工及房地产、旅游服务业等多业并举的一体化运作格局。经营范围为农作物种子、农产品生产及销售、化肥零售、畜牧业及畜产品加工、农化产品和相关进出口贸易。

袁隆平农业高科技股份有限公司成立于 1999 年 6 月，是由湖南省农业科学院、湖南杂交水稻研究中心、袁隆平院士等发起设立、以科研单位为依托的农业高科技股份有限公司。该公司是农业产业化国家重点龙头企业和国家科技创新型星火龙头企业、湖南省重点高新技术企业。公司连续 6 年被评为优秀高新技术企业和技术创新先进单位，“隆平高科”商标已经被认定为中国驰名商标。经营范围以种业为主营业务方向，以农技服务创造价值，主要从事各类农作物种子的研发、繁育、加工、储藏、销售。

2. 可比公司玉米品种权贡献率的估算

（1）登海种业玉米品种权贡献率的估算如表9－13所示。

表9－13　　登海种业玉米品种权贡献率估算　　单位：万元

年　　份	2011	2012	2013	2014
无形资产在资本结构中的比例（%）	17.56	11.40	14.80	14.77
无形资产中玉米品种权所占比例（%）	70	70	70	70
玉米品种权在资本结构中的比重（%）	12.29	7.98	10.36	10.34
主营业务现金流	93879.33	150501.84	160559.66	159337.73
玉米品种权对现金流的贡献	11540.62	12005.23	16638.93	53550.04
主营业务收入	115298.88	117080.67	150537.51	148008.15
净利润	41275.48	42376.37	56498.90	53550.04
玉米品种权对净利润贡献率（%）	27.96	28.33	29.45	30.77
净利润贡献率平均值（%）	29.13			

资料来源：根据万得资讯的数据计算整理。

通过计算可知，登海种业2011年至2014年的玉米品种权的贡献率分别为27.96%、28.33%、29.45%、30.77%，取平均数约为29.13%，因此可供参考的第一个玉米品种权对净利润贡献率取值为29.13%。

（2）丰乐种业玉米品种权贡献率的估算如表9－14所示。通过计算可知，万向德农 2011 年至 2014 年的玉米品种权的贡献率分别为 28.36%、30.22%、34.45%、33.76%，取平均数约为 31.70%，因此可供参考的第二个玉米品种权贡对净利润献率取值为 31.70%。

表 9-14　　丰乐种业玉米品种权贡献率估算　　单位：万元

年　份	2011	2012	2013	2014
无形资产在资本结构中的比例（%）	1.36	1.59	1.55	1.96
无形资产中玉米品种权所占比例（%）	70	70	70	70
玉米品种权在资本结构中的比重（%）	0.95	1.11	1.08	1.37
主营业务现金流	162409.63	185427.13	179513.82	150465.84
玉米品种权对现金流的贡献	1549.78	6833.05	1946.09	2059.87
主营业务收入	161974.51	184320.30	169393.49	137880.00
净利润	5464.66	6833.05	5649.02	6101.51
玉米品种权对净利润贡献率（%）	28.36	30.22	34.45	33.76
净利润贡献率平均值（%）	31.70			

资料来源：根据万得资讯的数据计算整理。

（3）隆平高科玉米品种权贡献率的估算如表 9-15 所示。通过计算可知，敦煌种业 2011 年至 2014 年的玉米品种权的贡献率分别为 27.74%、29.28%、33.15%、35.44%，取平均数约为 31.4%，因此可供参考的第三个玉米品种权对净利润贡献率取值为 31.40%。

表9-15 隆平高科玉米品种权贡献率估算 单位：万元

年 份	2011	2012	2013	2014
无形资产在资本结构中的比例（%）	5.37	6.64	7.89	9.72
无形资产中玉米品种权所占比例（%）	70	70	70	70
玉米品种权在资本结构中的比重（%）	3.76	4.65	5.52	6.80
主营业务现金流	168133.40	177875.33	182012.87	169796.17
玉米品种权对现金流的贡献	6314.57	8262.52	10054.70	11547.61
主营业务收入	155226.92	170530.98	188471.63	181542.49
净利润	22763.43	28218.98	30330.93	32583.54
玉米品种权对净利润贡献率（%）	27.74	29.28	33.15	35.44
净利润贡献率平均值（%）	31.40			

资料来源：根据万得资讯的数据计算整理。

从表9-13至表9-15中可以看出，三个可比种业上市公司的玉米品种权对净利润的贡献率分布在27.74%～35.44%的范围内，三个可比公司2011～2014年植物品种权贡献率平均值分别为29.13%、31.70%和31.40%，总平均值为30.74%。

3. 可比公司法的调整——基于层次分析法

玉米品种权贡献率大小受到诸多因素的影响，主要分为技术因素、经济因素和法律因素，在此基础上可细分为若干具体因素。本书运用层次分析法对这些影响因素的影响程度进行量化处理，并以可比公司平均技术贡献率为基础，结合A种业企业的实际情况加以调整，以期降低原玉米品种权对净利润贡献率取值的主观性，得到更为合理的取值，从而更客观地得出SY101玉米品种权价值。

在本书第七章中，已经总结了影响玉米品种权分成率的六个因素，分别为以下几方面：（1）新品种的性状及稳定性；（2）新品种进入市场阶段；（3）新品种的竞争能力；（4）新品种适宜种植范围；（5）新品种需求方营销能力；（6）新品种许可及审定状况。

然后，通过层次分析法确定各个影响因素的权重，并进行一致性检验（详见第七章）。在做一致性检验之前，首先应该确定玉米品种权贡献率各影响因素的标度，层次分析法将此标度分为1~9级。针对玉米品种权贡献率的六个影响因素而言，每两个因素之间既不可能具有相同的重要性，又达不到两者相比某项极端重要，因此，在确定标度时剔除1级和9级两个标度，从2~8级中来选择。此次标度确定采用了调查问卷（见附录C）的形式，综合业内评估师及种业专家打分结果，最终将各影响因素标度确定如下。

玉米新品种的性状表现及遗传性状的稳定性是决定其能否带来超额收益的主要因素。性状表现良好，稳定性强的优良品种会对种业企业的生产运营产生链式反应，较大程度地提高销售量，因此，新品种的性状及稳定性选取的标度维度为8级。

对于某项玉米品种权而言，种业企业在购买此植物品种权或者将此植物品种权用于实际制种生产时，需要衡量该玉米新品种进入市场的阶段。引入期、成长期、成熟期以及衰退期不同的生命周期阶段获取超额收益的能力及风险均不同，进而影响了该玉米品种权的贡献率，因此，影响因素中进入市场的阶段所选择的标度维度为7级。

在充分考虑玉米新品种进入市场阶段之后，种业企业应该重点考虑该项玉米品种权在市场上的市场竞争能力，即替代品种数量的多少将直接影响该玉米品种权的市场份额。替代品种越少，市场竞争力就越大，该项玉米品种权所带来的收益也就越高，即贡献率也就越高，因此，影响因素中新品种的竞争能力所选择的标度维度为6级。

玉米新品种适宜种植范围同样也对玉米品种权的贡献率产生影

响。适宜推广范围大，市场容量就大，相对在未来年度的销量也会较高，该项植物品种权所带来的收益也就较高，即玉米品种权贡献率也就较高，但是相比以上三个因素，这一因素的影响相对较小，因此，该因素所选择的标度维度为 5 级。

三米品种权需求方的营销能力市属于经济因素，对玉米品种权贡献率的影响程度相对小于技术因素，但是较法律因素而言影响程度则较大，因此，该影响因素所选择的标度维度为 3 级。

三米新品种实施许可的方式，以及是否通过审定，是国家级审定还是省级审定均会对其转让价值产生影响。但是相对于其他影响因素而言，玉米品种权的法律状态和保护范围对其贡献率的影响程度较小，因此所选择标度维度为 2 级。

通过上述分析，可以得出如下判断矩阵：

$$B=\begin{pmatrix} 1 & 8/7 & 8/6 & 8/5 & 8/3 & 8/2 \\ 7/8 & 1 & 7/6 & 7/5 & 7/3 & 7/2 \\ 6/8 & 6/7 & 1 & 6/5 & 6/3 & 6/2 \\ 5/8 & 5/7 & 5/6 & 1 & 5/3 & 5/2 \\ 3/8 & 3/7 & 3/6 & 3/5 & 1 & 3/2 \\ 2/8 & 2/7 & 2/6 & 2/5 & 2/3 & 2/1 \end{pmatrix}$$

随后，用 Matlab 软件计算层次单排序的权向量，并进行一致性检验，得出成对比较矩阵 B 的最大特征值 $\lambda=6$。该特征值对应的归一化特征向量为：

$$\omega=\{0.2581,\ 0.2258,\ 0.1935,\ 0.1613,\ 0.0968,\ 0.0645\}$$

则 $CI=\frac{\lambda-N}{N-1}=\frac{6-6}{6-1}=0$；因此，$CR=\frac{CI}{RI}=0<1$，比较矩阵 B 通过一致性检验。

经过以上运算，得出玉米品种权贡献率的六项影响因素的权重分别为 0.2581、0.2258、0.1935、0.1613、0.0968、0.0645，并且通过了一致性检验。

4. SY101 玉米品种权贡献率的确定

在确定 SY101 玉米品种权对净利润贡献率之前，首先根据委估对象的实际情况对可比实例的技术贡献率加以调整，然后将调整后的四个可比实例的平均值作为委估对象的技术贡献率。无形资产评估专家经过对委估对象的详细信息进行分析，得出各影响因素评分标准表（见表 9－16）。

表 9－16　　　分成率影响因素影响程度评分标准

影响因素	评分标准	得分
新品种的性状及稳定性	性状表现好，稳定性强	100
	性状表现较好，稳定性较强	80
	性状表现一般，稳定性一般	40
新品种进入市场阶段	引入期进入市场	60
	发展期进入市场	80
	成熟期进入市场	100
	衰退期进入市场	0
新品种的竞争能力	市场中竞争对手少，竞争优势明显	100
	市场中竞争对手较多，竞争优势一般	60
	市场中竞争对手多，无明显竞争优势	40
新品种适宜种植范围	适宜种植区域大，发展前景好	100
	适宜种植区域中等，发展前景较好	80
	适宜种植范围小，发展前景一般	60
新品种需求方营销能力	品种销售依赖固有渠道及网络	100
	品种销售一定程度上依赖固有渠道及网络	80
	品种销售不依赖固有渠道及网络	60
新品种许可及审定状况	独占许可通过审定	100
	独占许可未通过审定	80
	其他许可通过审定	60
	其他许可未通过审定	40

根据评分标准表，结合 SY101 玉米品种权的实际情况，邀请专业评估师及业内资深专家对比 SY101 玉米品种权与可比公司相似品种的各个因素进行打分，结果如表 9－17 所示。

表 9－17 各影响因素对比打分

指 标	SY101 玉米品种权	登海种业	丰乐种业	隆平高科
新品种的性状及稳定性	100	100	100	100
新品种进入市场阶段	50	50	50	50
新品种竞争能力	80	100	100	100
新品种适宜种植范围	80	50	80	100
新品种需求方营销能力	80	100	80	80
新品种许可及审定状况	100	100	80	60

综合以上评分结果，分别计算 SY101 玉米品种权对净利润的贡献率，过程如下。

（1）根据与可比公司登海种业的对比结果，求得 SY101 玉米品种权对净利润贡献率为：

$$\alpha_1 = \left(0.2581 \times \frac{100}{100} + 0.2258 \times \frac{50}{50} + 0.1935 \times \frac{80}{100} + 0.1613 \times \frac{80}{50} + 0.0968 \times \frac{80}{100} + 0.0645 \times \frac{100}{100}\right) \times 29.13\% = 30.35\%$$

（2）根据与可比公司丰乐种业的对比结果，求得 SY101 玉米品种权对净利润的贡献率为：

$$\alpha_2 = \left(0.2581 \times \frac{100}{100} + 0.2258 \times \frac{50}{50} + 0.1935 \times \frac{80}{100} + 0.1613 \times \frac{80}{80} + 0.0968 \times \frac{80}{80} + 0.0645 \times \frac{100}{80}\right) \times 31.70\% = 34.26\%$$

（3）根据与可比公司隆平高科的对比结果，求得 SY101 玉米品种权对净利润的贡献率为：

$$\alpha_3 = \left(0.2581 \times \frac{100}{100} + 0.2258 \times \frac{50}{50} + 0.1935 \times \frac{80}{100} + 0.1613 \times \frac{80}{100} + 0.0968 \times \frac{80}{80} + 0.0645 \times \frac{100}{60}\right) \times 31.40\% = 37.96\%$$

对以上结果求平均值，得到 SY101 玉米品种权最终对净利润的贡献率为：$\alpha = \frac{(30.35\% + 34.26\% + 37.96\%)}{3} = 34.19\%$

SY101 玉米品种权对净利润的贡献率的取值是在量化各因素影响程度的基础上进行调整得来的，相对于单纯的可比公司方法而言，这种改进更为客观。同时，根据联合国工业发展组织对各国技术贸易合同进行的大量调查和统计分析，显示委估对象所在行业的技术贡献率取值范围为 30% ~40%，本案例中委估对象 SY101 玉米品种权对净利润的贡献率取值为 34.19%，属于合理范围。

（三）收益期

1. 确定指标权重系数

采用 G_1 法，确定出影响收益期的法律因素、技术因素、市场因素以及供求因素的权重分别为：$\omega_1 = 0.1617$、$\omega_2 = 0.3125$、$\omega_3 = 0.2826$、$\omega_4 = 0.2432$。

其中，法律影响因素中的授权状况与许可方式的权重分别为：$\omega_{11} = 0.5645$、$\omega_{12} = 0.4355$；技术影响因素中品种替代情况、品种性状表现、品种配套技术的权重分别为：$\omega_{21} = 0.3826$、$\omega_{22} = 0.3317$、$\omega_{23} = 0.2857$；市场影响因素中的因素市场竞争情况、适应种植范围以及品种生命周期的权重分别为 $\omega_{31} = 0.3512$、$\omega_{32} = 0.3277$、$\omega_{33} = 0.3211$。

2. 对指标进行评分，计算调整系数和经济寿命

经过评估行业以及种业资深专家对 SY101 玉米品种权资料等相关信息的分析（分析过程略），得到综合评价表 9－18。

表 9－18　　收益期影响因素综合评价

权重	考虑因素		权重	分值					
				100	80	60	40	20	0
0.1617	法律因素	授权状况	0.5645		80				
		许可方式	0.4355	100					
0.3125	技术因素	品种替代情况	0.3826			60			
		品种性状表现	0.3317		80				
		品种配套技术	0.2857		80				
0.2826	市场因素	市场竞争情况	0.3512			60			
		适应种植范围	0.3277		80				
		品种生命周期	0.3211	100					
0.2432	供给因素	需求方营销能力	1.0000			60			

根据表 9－18 的数据，代入第七章 7－17 的公式，可以求得 SY101 玉米品种权收益期调整系数 $r = 88.01\%$。

确定 SY101 玉米品种权的经济年限，需要考虑其自然寿命周期、品种性状的先进性、垄断性、实用性、创新梯度及法律状态等综合判断。我国 1997 年颁布的《植物新品种保护条例》规定，植物品种权的保护期限，自授权之日起，藤本植物、林木、果树和观赏树木为 20 年，其他植物为 15 年。一旦保护期限届满，授权品种即进入公共领域，任何人均可以自由、免费地利用该品种。本例待估 SY101 玉米品种权已经于 2015 年通过省级审定，并于同年取得了植物新品种保护的权利。

因此，该玉米品种权的权利（或法律）寿命截止到 2030 年，

其自然寿命在假设没有竞争及自然灾害的理想状态下也会保持10年左右。但是大量的生产实践证明，由于市场竞争、自然因素、公司运作以及农业生产技术的进步导致的替代品种的出现等原因，新品种从进入市场到退出市场其经济寿命往往小于其权利寿命。纵观近十年玉米新品种在市场上生命周期表现规律，经过资深种业专家对市场上相似性状的玉米新品种的经济寿命比较，综合考虑其应用前景、市场、经济、技术、公司运作能力等因素，最终确定SY101经济寿命的上限为7年，下限为3年。

根据第七章公式（7-18），代入计算得到如下结果（如表9-19所示）。

表9-19　　调整后收益期的确定

调整系数合计	r	88.01%
收益期上限	n	7
收益期下限	m	3
调整后收益期	$R=m+(n-m)\times r$	6.5

资料来源：根据本书数据计算整理。

最后，将用多属性综合评价法确定的SY101玉米品种权的经济寿命与其自然寿命和权利寿命比较，取最小值。通过上文的分析，可知SY101玉米品种权确定的最终经济寿命期限为6.5年。

（四）增量利润

1. 种子市场的需求与竞争分析

近年来，黑龙江省根据国家商品粮政策要求，逐渐调整种植结构。在宜种植水田的地域大面积改种水稻，在不宜种植水田的生产区域种植高产稳产的玉米。种植玉米的平均收益高过原来黑龙江省主要作物大豆的收益，因此大豆种植面积逐年下降，玉米种植面积逐年上升，2005～2014年近十年间，由222.02万公顷上升到544.02万公顷，成为我国玉米种植面积最大的省。随着玉米种植面积的持续扩大，对玉米种子的需求也持续增加，玉米新品种的价格除了在供过于求的年限会偶尔下降，整体趋势在持续上涨。玉米种属杂交品种，农民不能自己留种，种子必须购买使用，为保障植物品种权人收益提供了保障。

SY101 适宜种植区域是黑龙江省第三积温带，常年活动积温为 2100～2500℃，同一积温带玉米种子主要有绥玉 7、先玉 335、海玉 13、丰单 3、富玉 1、吉单 27、九玉 1、平早 2、兴单 15、吉单 519、金玉 3、龙单 38、绿单 1 等 20 多个品种，竞争相对激烈。与市场现有品种比较，SY101 有较好产量表现，淀粉含量、粗蛋白含量均较高；活秆成熟，可做青贮饲料加以利用，抗性好，耐干旱；但稳定性有待检验。

2. SY101 收益期年度推广面积区间预测

（1）根据待估 SY101 玉米品种权审定的推广范围及性状表现，在企业或市场上找出与其类似的近几年推广的玉米品种权。经过实际考察，确定市场上同样在黑龙江省推广的与 SY101 相似的品种有两个，分别为 SX1 和 SX2，具体情况如下。

SX1 为 A 种业企业在 2010 年自主研发并实施的玉米品种权，至今已经在黑龙江省推广六年，现在公司正在考虑更新换代新品种。据 A 企业统计，SX1 自 2010 年实施以来，2010～2015 年每年在黑龙江的推广面积分别为 60467 公顷、98200 公顷、156933 公顷、177067 公顷、189333 公顷、179820 公顷。

SX2 为 2011 年 A 种业企业独家转让给 D 种业企业实施推广的玉米品种权，D 种业企业规模与 A 企业相当，经营品种相似，加之良好的营销运作方式，取得了巨大成功，SX2 至今仍是 D 公司的主营品种之一。据 D 企业统计，SX2 自 2011 年实施以来，2011～2015 年每年在黑龙江的推广面积分别为 67553 公顷、108373 公顷、160293 公顷、181720 公顷、181507 公顷。

根据 SX1 和 SX2 历年推广面积，分别绘制两个对比品种的年推广面积发展趋势线（如图 9－1 所示）。

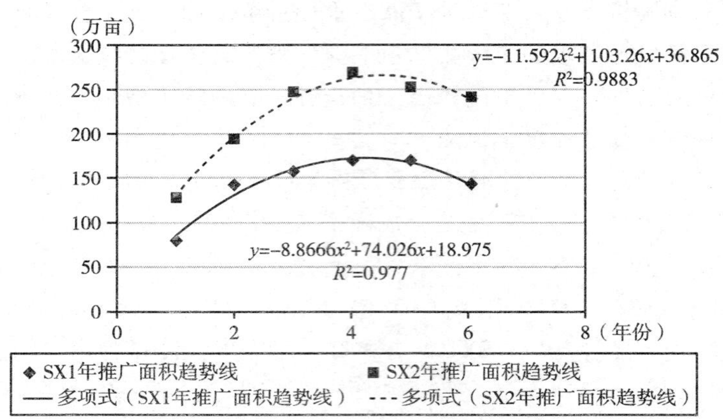

图 9-1　对比品种年推广面积趋势线

（2）根据对比品种 SX1 和 SX2 历年推广面积的发展趋势，对待估玉米品种权 SY101 的年推广面积的范围进行预测。相比较而言，目前的市场环境与之前几年有所不同，先锋、万向德农、隆平高科等大型种业上司业务逐渐进入黑龙江市场，竞争逐渐激烈；并且 A 公司的主营品种 SQ 系在黑龙江第四、第五积温带热销，公司为 SY101 投放的精力和财力有限。因此，参照 SX1 和 SX2 的推广历程，经过资深种业推广销售部经理的预测，遵循谨慎客观性原则，SY101 各年推广面积分别以对比品种年推广面积的 95% 计算。2016 年为 SY101 在种业市场上的引入期，2017 年和 2018 年分别为 SY101 在种业市场上的成长期，2019 年和 2020 年分别为 SY101 在种业市场上的成熟期，2021 年到 2022 年上半年（前文预测的收益期为 6.5 年）为 SY101 在种业市场上的衰退期，逐步退出市场。不同的生命周期适用不同的风险报酬率。SY101 在其收益期内每年的推广面积区间值预测如表 9-20 所示。假设每年的推广面积增长量呈均匀分布，则 2022 年上半年的年推广量为预测趋势线计算出来的全年的一半。

表 9-20　　SY101 年推广面积区间值预测　　单位：公顷

年份	2016	2017	2018	2019	2020	2021	2022（1~6 月）	合计
生命周期	引入期	成长期	成长期	成熟期	成熟期	衰退期	衰退期	
推广面积 S_{max}	81407	124780	153467	167473	166800	151440	60700	906067
推广面积 S_{min}	53287	83320	102127	109700	106047	91153	32520	578153

资料来源：根据本书数据计算整理。

3. 每公顷用种量及销售单价预测

截止到 2015 年底，全国玉米种植机收面积已经达到 80%，SY101 实行单粒点播，出芽率高，生产实验中每公顷用种量约为 0.12 公斤。在分析近几年全国玉米种子平均单价的基础上，预测出销售单价年变化趋势线，并结合未来年度玉米种业所处的经济环境及企业的销售策略而确定。2009 ~ 2014 年全国玉米种子平均单价如图9 -2 所示。

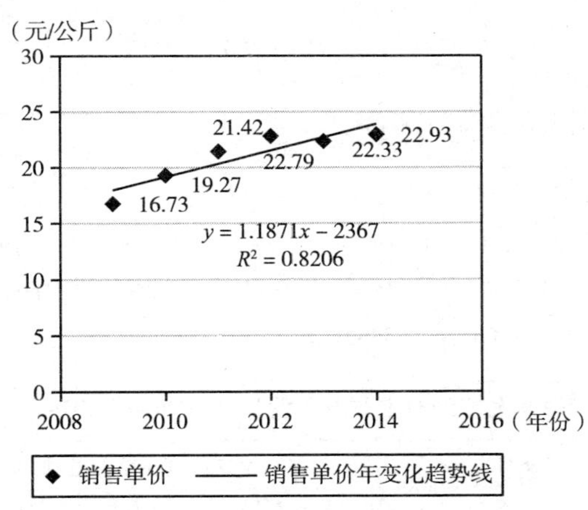

图 9-2　玉米种子平均零售单价（2009 ~ 2014 年）

根据图 9 -2 玉米销售单价年变化趋势线，可以预测出玉米种子 2016 ~ 2022 年的销售单价分别为 26. 1936 元/公斤、27. 3807 元/

公斤、28.56 元/公斤、29.75 元/公斤、30.94 元/公斤、32.13 元/公斤、33.3162 元/公斤。

以上的预测结果为全国玉米种子的平均销售单价，由于 SY101 为新品种，预计在未来十年，我国玉米种植面积依然有扩大的趋势，且需求量也会有所增加，加之 A 种业企业具有自己的营销策略及相关经验，同时考虑 SY101 所处的生命周期，预计在 2016 的引入期以及 2018 年的成长期 SY101 种子的销售单价比预测值高 4 元；成熟期由于竞争者的纷纷效仿，种子单价年增幅变缓，趋于平稳，预计 SY101 在 2019 年销售单价比预测值高 3.5 元，2020 年与 2019 年持平；衰退期由于更多替代品种的出现，SY101 的竞争优势丧失，销售单价降低，预计 2021 年的销售单价比预测值低 1 元，2022 年的销售单价比预测值小 3 元。具体单价预测结果如表 9－21 所示。

表 9－21 SY101 销售单价预测（2016 年至 2022 年 1～6 月）

年份	2016	2017	2018	2019	2020	2021	2022（1～6 月）
生命周期	引入期	成长期	成长期	成熟期	成熟期	衰退期	衰退期
销售单价（元/公斤）	30.21	31.38	32.56	33.25	33.25	31.13	30.32

资料来源：根据本书数据计算整理。

4. 主营业务利润率的确定

A 种业企业的主营业务利润率可以选取距离评估基准日最近 5 年在 A 股上市的十家种业公司主营业务利润率平均值。本书选取的年度为 2010～2014 年（见表 9－22）。

表 9－22 种业上市公司主营业务利润率（2010～2014） 单位：%

A 股种业上市公司		不同年度主营业务利润率				
股票代码	公司名称	2014 年 12 月	2013 年 12 月	2012 年 12 月	2011 年 12 月	2010 年 12 月
000713.SZ	丰乐种业	4.4252	3.3349	3.7072	3.3738	5.9801
000998.SZ	隆平高科	17.9482	16.0931	16.5477	14.6646	10.5234

续表

A 股种业上市公司		不同年度主营业务利润率				
股票代码	公司名称	2014 年 12 月	2013 年 12 月	2012 年 12 月	2011 年 12 月	2010 年 12 月
002041. SZ	登海种业	36. 1805	37. 5314	36. 1942	35. 7987	41. 0027
300087. SZ	荃银高科	5. 1539	5. 3232	8. 7499	9. 4998	19. 3253
300189. SZ	神农基因	-32. 6021	7. 7176	15. 7961	14. 3199	15. 9075
600354. SH	敦煌种业	-20. 3566	6. 1062	-2. 1913	7. 4542	14. 9144
600371. SH	万向德农	0. 5991	-9. 3109	13. 5866	15. 5410	7. 9929
002385. SZ	大北农	4. 3977	4. 6991	6. 6452	6. 7365	5. 9827
600540. SH	新赛股份	-0. 9540	-3. 2607	0. 4719	-15. 3820	2. 2472
600108. SH	亚盛集团	9. 3450	16. 2497	20. 3876	7. 9433	8. 9301
年平均值		2. 4137	8. 4484	11. 9895	9. 9950	13. 2806
总平均值		9. 2254				

资料来源：万得资讯。

5. 未来年度增量利润 Δm_t 的确定

根据以上计算数据，求得 SY101 玉米品种权所对应的种子未来收益期每年的增量利润，计算结果如表 9-23 所示。

表 9-23　　增量收益计算

年份	2016	2017	2018	2019	2020	2021	2022（1~6 月）
生命周期	引入期	成长期	成长期	成熟期	成熟期	衰退期	衰退期
销售单价（元/公斤）	30. 21	31. 38	32. 56	33. 25	33. 25	31. 13	30. 32
每公顷用种量（公斤）	0. 12	0. 12	0. 12	0. 12	0. 12	0. 12	0. 12
主营业务利润率（%）	9. 2254	9. 2254	9. 2254	9. 2254	9. 2254	9. 2254	9. 2254
推广面积 S_{max}（公顷）	81407	124780	153467	167473	166800	151440	60700

续表

年份	2016	2017	2018	2019	2020	2021	2022（1~6月）
推广面积 S_{min}（公顷）	53287	83320	102127	109700	106047	91153	32520
增量利润 Δm_{max}	612.58	975.32	1244.65	1387.03	1381.45	1174.27	458.42
增量利润 Δm_{min}	400.98	651.26	828.27	908.55	878.29	706.81	245.60

资料来源：根据本书数据计算整理。

（五）SY101 玉米品种权价值评估区间——需求方

1. 根据公式 $P_{买max} = \sum_{t=1}^{n} \frac{\alpha \Delta Mt_{max}}{(1+i_c)^t}$，可以求得植物品种权价值评估模型中 SY101 玉米品种权价值需求方的最大值 $P_{买max}$。具体计算结果如表 9－24 所示。

表 9－24　SY101 玉米品种权价值需求方最大值（$P_{买max}$）

年份	2016	2017	2018	2019	2020	2021	2022（1~6月）
生命周期	引入期	成长期	成长期	成熟期	成熟期	衰退期	衰退期
分成率（%）	34.19	34.19	34.19	34.19	34.19	34.19	34.19
增量利润 Δm_{max}	612.58	975.32	1244.65	1387.03	1381.45	1174.27	458.42
折现率（%）	18.36	17.25	17.25	16.49	16.49	17.88	17.88
折现系数	0.8449	0.7274	0.6204	0.5431	0.4662	0.3727	0.3433
现值（万元）	176.96	242.56	264.01	257.55	220.20	149.63	53.81
现值合计（万元）	1364.71						

资料来源：根据本书数据计算整理。

2. 根据公式 $P_{买\min} = \sum_{t=1}^{n} \frac{\alpha \Delta M t_{\min}}{(1+i_c)^t}$，可以求得植物品种权价值评估模型中 SY101 玉米品种权价值需求方的最小值 $P_{买\min}$。具体计算结果如表 9－25 所示。

表 9－25　SY101 玉米品种权价值需求方最小值（$P_{买\min}$）

年份	2016	2017	2018	2019	2020	2021	2022（1～6 月）
生命周期	引入期	成长期	成长期	成熟期	成熟期	衰退期	衰退期
分成率（%）	34.19	34.19	34.19	34.19	34.19	34.19	34.19
增量利润 $\Delta m_{\min}$	400.98	651.26	828.27	908.55	878.29	706.81	245.60
折现率（%）	18.36	17.25	17.25	16.49	16.49	17.88	17.88
扩现系数	0.8449	0.7274	0.6204	0.5431	0.4662	0.3727	0.3433
现值（万元）	115.83	161.97	175.69	168.70	139.99	90.07	28.83
现值合计（万元）	881.08						

资料来源：根据本书数据计算整理。

因此，对于需求方 B 种业企业而言，SY101 玉米品种权价值评估的区间为［881.08 万元，1364.71 万元］。

三、SY101 玉米品种权供需双方价值区间复合

将植物品种权供给方 A 种业企业与需求方 B 种业企业的价值区间进行复合，如图 9－3 所示。

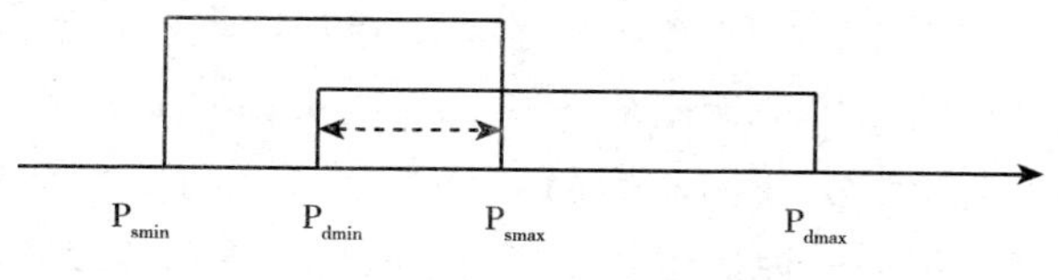

图 9－3　供需双方价值区间复合

根据图 9－3 可以看出，SY101 玉米品种权的供给方 A 种业企业和需求方 B 种业企业，共同接受的价格区间为［881.01，945.94］，在该

重合的区间内，供需双方能够形成价格谈判的基础，因此，均衡价格的形成存在一定的可能性。由于 SY101 玉米品种权供需双方各自的报价在相交区间内均匀分布，依据谈判模型可以得到如下等式：

$$P_{smax} - P_{均衡} = P_{均衡} - P_{dmin}$$

由此可以得出：

$$P_{均衡} = (P_{smax} + P_{dmin})/2$$

所以，SY101 玉米品种权的均衡理想价格为 913.48 万元，该价值即为经过价值区间复合最终确定的评估值。在该均衡理想价格下，SY101 玉米品种权的供需双方均能达到最大满意的均衡效用，并顺利完成交易。

但是，由于在该植物品种权交易过程中，交易双方的谈判实力以及对双方的信息了解不是完全对称均衡的。因此，SY101 玉米品种权交易最终达成的价格可能会偏向供给或需求某一方，从而不能形成帕累托有效交易，但是最终的成交价格必定会围绕求得的均衡价格波动，且不会偏离均衡价格。

第四节　评估结论与比较

一、评估结果自身合理性的验证

（一）评估结果自身合理性验证的方法

在资产评估当中，无论应用什么样的方法都会存在一定的误差，这是客观事实。我们能做的就是运用相关的知识尽量减小误差，在资产评估的三种常用方法当中，我们一般认为成本法的评估结果要小于市场法的评估结果，而收益法的评估结果会高于市场法。所以，本书对评估结果的合理性的检验，采用市场法作为比较对象，来确定本书研究思路评估结果的合理性。具体方法为：在种业市场上选取与 SY101 玉米品种权性状表现、市场竞争等各价值影响因素最为接近的交易案例进行比较分析。设选取的交易案例的比准价格为 Q，其算术平均值用 Y 表示，则有：

$$Y=\frac{Q}{N} \tag{9-7}$$

其中，$Q=Q_1+Q_2+\cdots+Q_n$，N 为选取的可比案例数，相对误差表示为 $\Delta\Phi=\frac{Y-Q_i}{Y}$，以此类推，算出 N 个误差数据，最后求这 N 个误差数据的标准差，如公式（9-8）所示：

$$\delta=\sqrt{\frac{(Y-Q_i)^2}{n}} \tag{9-8}$$

在实际中，由于各方面限制不可能选取很多可比案例，一般认为选取 3~5 个便可以证明其结果的有效性，且认为偶然误差是不可能大于三倍的，因此通常会取三倍中的误差即 3δ 作为误差极限。若 SY101 玉米品种权的评估价值在该范围内，则说明该评估结果自身具有合理性。

（二）SY101 玉米品种权评估结果自身合理性验证

本着“步步逼近”的原则，在种业交易市场上选择与待估 SY101 玉米品种权在各方面最为相似的三个可比案例，经过筛选确定的三个可比案例的交易价格分别为：852.74 万元，921.96 万元和 983.27 万元。

$$\text{可比案例的算数平均值 } Y=\frac{852.74+921.96+983.27}{3}=919.09 \tag{9-9}$$

在市场比较法下，该案例的误差范围为：

$$\delta=\sqrt{\frac{(919.09-852.74)^2+(919.09-921.26)^2+(919.09-983.27)^2}{3}}$$

$$=\pm 53.31 \tag{9-10}$$

因此，待估 SY101 玉米品种权的评估价值在区间［919.09－53.31，919.09＋53.31］（即［865.78，972.40］）范围内是合理的。而在本书的评估案例中，确定的 SY101 玉米品种权的评估价值区间为［881.01，945.94］，在合理性验证确定的范围内，且 919.09－913.48＝5.61，也在确定的 53.31 的范围之内，说明本书的评估结果通过了评估结果自身的合理性验证，在一定程度上具有合理性。

但值得注意的是，在实际转让交易过程中，转让价格还受制于供给双方的谈判水平等多方面因素，由此造成了供需双方对 SY101 玉米品种权了解程度的不均衡。因此，最终成交价格可能会偏离某一方而偏向另一方，导致达不成有效帕累托交易。但无论如何，最终成交价格会围绕本书确定的均衡价格而上下波动，不会有太大的偏离，而 H 评估事务所对 SY101 玉米品种权跟踪的最终交易价格为 900 万元，也印证了本书的以上结论。

二、评估结果与其他评估方法的比较

本书选取案例来自于北京 H 评估事务所。北京 H 评估事务所一直对 A 种业企业和 B 种业企业就 SY101 玉米品种权的转让交易进行后续跟踪，跟踪结果显示，2015 年 2 月 28 日，双方最终以 900 万元成交，A 种业企业将研发的 SY101 玉米品种权独家转让给 B 种业企业。而 H 评估事务所对 SY101 玉米品种权评估的价值为 845 万元。

与 H 评估事务所相比，本书在 SY101 玉米品种权价值评估中的分析思路和参数的选取主要存在以下几点差异。

（一）评估整体思路

原案例采用的是三大评估方法中传统的收益法，主要是对收益法应用中相关的评估参数进行确定，最终得到 SY101 玉米品种权一个确定的评估值。目前，我国种业交易市场发展还不完善，植物品种权价格会受到国家调控、经济形势、市场竞争等多方面影响，原案例的评估结果只有一个确定的值，在一定的时间内不能随时反映 SY101 玉米品种权的价值，一旦情况发生变化，评估结果的可靠性就会有所降低。可见，原案例并未考虑交易双方在市场上讨价还价对成交价格的影响，也没有反映出 SY101 玉米品种权的价值范围和变动趋势，可靠度有待检验。

而本书研究是运用博弈分析和均衡价格理论，从 SY101 玉米品种权交易双方的角度出发，将 SY101 玉米品种权的评估价值以区间的形式表达出来，其中构建的供需双方的植物品种权价值评估模型借鉴了收益法的基本原理及思想，最终利用贝叶斯纳什均衡原理，确定 SY101 玉米品种权的均衡价格。

可见评估思路是本书研究和原案例最大的差异。很显然，本书的研究有利于反映 SY101 玉米品种权价值在一定时间内的变化动态，有利于交易双方做出正确的决策。在交易过程中，交易双方可以根据 SY101 玉米品种权价值的变化趋势决定卖与不卖或买与不买，能够在充分考虑自身利益的基础上，提高评估结果的真实性及可靠性。

（二）折现率

原案例中折现率的确定是在 CAPM 模型上进行适当的扩展，即在 CAPM 模型的基础之上考虑了 SY101 玉米品种权项目的特有风险。其中，β 系数选取的是万得资讯公布的农林牧渔的行业系数；无风险报酬率 R_f 直接选取财政部接近评估基准日 2015 年 11 月发行的五年期国债；SY101 玉米品种权项目的特有风险 R_d 为固定值 3.5%，只考虑了行业竞争以及不可预见的自然风险。原案例最终折现率的测算值为 13.91%。

本书折现率的研究也在 CAPM 模型上进行适当扩展，构建了企业特有风险指标体系，考虑了 SY101 玉米品种权所在企业风险。在测算企业风险的基础上，再考虑 SY101 玉米品种权项目的特有风险 R_d。其中，β 系数选取的是距离评估基准日最近的，经过 T 检验与待评估公司相关性高度显著的 5～6 家上市公司剔除财务杠杆后的 β 系数的平均值，相比原案例中选取的农林牧渔的行业系数更具有代表性和可靠性；风险报酬率 R_f 是在对 SY101 玉米品种权未来收益期进行测算的基础上选取的剩余期限与之最为接近的国债利率的平均值，相比原案例直接选取 5 年更为谨慎和精准；SY101 玉米品种权项目的特有风险 R_d 选定的是考虑其生命周期的动态折现率，且构建了植物品种权特有风险指标体系，考虑得更加全面，与实际更相符。不足之处在于由于客观条件及时间的限制，没有能够更加准确地确定企业整体风险与 SY101 玉米品种权特有风险的比例关系。

（三）分成率

原案例 SY101 玉米品种权分成率的确定采用了“可比公司法”，在上市公司中选择与被评估 SY101 玉米品种权所在企业处于同行业的上市公司作为“可比公司”，通过可比上市公司中相关无形资产所创造收益占全部收入的比例来估算可比公司相关无形资产的比例，再以可比公司中相关无形资产比例为基准，估算被评估企业 SY101 玉米品种权的比例，进而测算出 SY101 玉米品种权的分成率。可见传统的“可比公司法”并未考虑被评估种业企业与可比公司之间的差异性。

本书分成率在原案例“可比公司法”的基础上，通过对资深的评估师及种业专家进行问卷访谈，最终确定出影响分成率的主要因素。然后，通过层次分析法将这些影响因素进行量化，在此基础上对可比公司的分成率的平均值进行调整，将被评估种业企业与可比公司之间的差异量化处理，提高了植物品种权分成率最终测算结果的科学性及客观性。不足之处在于层次分析法中的专家赋值未免带有些许主观性，只能在合理范围内减小上市公司与待估企业分成率的差异性，并不能完全消除。

（四）收益期

原案例 SY101 玉米品种权收益期的选取依据的是评估师根据

其掌握的委估方的书面资料进行的经验判断，没有找出影响收益期的重点因素。本书收益期的确定是在考虑 SY101 玉米品种权自然寿命、经济寿命以及权利寿命孰短的原则下，通过资深评估师及种业专家对影响其价值因素的指标不断地筛选、修改及完善，最终构建影响 SY101 玉米品种权收益期的影响因素指标体系，并且通过多属性综合评价法确定其收益期。可见，本书对 SY101 玉米品种权收益期的确定考虑了影响其收益期的主要因素，较原案例更加符合实际。不足之处为建立在影响 SY101 玉米品种权收益期的主要因素基础之上的多属性综合评价法不可避免地带有些许主观性，可以考虑收集市场上相似玉米品种权收益期并通过实证找出主要影响因素来进行研究。

（五）评估结果的合理性分析

评估结果是对评估基准日具体评估环境中评估对象资产价值的合理估计。但是，评估对象的经济行为发生日可能与评估基准日具有较大的差别，评估环境也可能发生较大的变化。此外，资产评估并不是一种鉴证活动，而是咨询活动。评估结果只是交易双方的价值参考。因此，评估结果合理性的判断比较困难，最好的办法是根据评估对象价值实现的真实过程来加以验证。

从评估过程来看，显然本书的整体评估思路及参数选取更为合理。而且，经过对 SY101 玉米品种权价值实现过程的跟踪，发现 A 种业企业与 B 种业企业最终的成交价格为 900 万元。可见，本书的评估结果更为接近双方的交易价格。

本章小结

本章是对本书研究成果的应用及结果的合理性验证。主要从两方面来进行验证，分别为评估结果自身合理性验证以及评估结果与其他评估方法的比较性验证。

1. 评估结果自身的合理性验证。在资产评估中，一般认为成本法的评估结果要小于市场法的评估结果，而收益法的评估结果会高于市场法。本着“误差最小化”的原则，本书对评估结果的合理性检验采用市场法作为比较对象来确定，即在种业市场上选取与SY101玉米品种权相似的植物品种权，跟踪其最后的交易价格，求出各自交易价格与算术平均值标准差δ的均值，选取3δ作为极限误差，最后将本书的评估结果与算术平均值求得的标准差进行比较，在一定范围内说明评估结果合理，超出则说明误差太大。

2. 评估结果与其他评估方法的合理性验证。该部分验证通过将本书提出的植物品种权价值区间评估模型应用到实际转让交易案例中，并将本书的研究结论、评估所的评估值与最终实际交易值进行比较。如果本书的评估结果更加接近实际交易数值，说明本书的评估结果与实际交易价格更相符，而价格围绕价值上下波动，进而说明本书的评估结果可靠性更高。

第十章　研究结论与展望

本章是对本书研究成果的总结和未来研究的展望，其中第一节是本书的主要研究结论，第二节是本书的研究局限性及未来研究的展望。

第一节　研究结论

1. 植物品种权价值评估受到资产评估理论要素以及植物品种权价值理论的双重影响，而评估过程正是构建资产评估价值与植物品种权价值之间桥梁的过程。植物品种权以马克思劳动价值论为基础，从“生产”角度分析植物品种权的价值构成以及形成机理。植物品种权价值的实现以效用价值论和生命周期理论为基础，从“消费”角度分析植物品种权的价值实现方式及过程。概括而言，影响植物品种权价值的因素包括法律、技术、市场竞争、供求以及其他五个方面，且构建的植物品种权价值影响因素指标体系为植物品种权价值区间模型中参数的确定奠定基础。

2. 通过对我国植物品种权的现状进行分析发现，我国在植物品种权保护方面，保护范围在逐年扩大，申请量及授权量整体呈现上升趋势，申请及授权比例虽有所波动但趋于稳定。在植物品种权申请与授权品种方面，发现申请授权品种以大田作物为主，申请和授权主体以教学科研单位及企业为主，且企业的数量有赶超教学科研单位的趋势，这与国家种业政策向企业倾斜相符。在申请与授权地区分布方面，地区差异显著，发展不平衡，且申请授权质量与当地的经济发展状况相关。在植物品种权交易方面，无论是教学科研单位还是种业企业，植物品种权交易数量均呈现出上升趋势。这些分析，为本书研究范围的界定以及植物品种权价值评估模型的合理构建奠定了基础。

3. 区间在数学中是数集的一种表现形式，植物品种权价值区间是指植物品种权价值的分布范围。本书在对植物品种权常用评估方法优缺点进行分析的基础上，采用价值区间评估植物品种权价值的合理性，并且考虑供需双方利益以及植物品种权生命周期特点，分别构建植物品种权供给方和需求方的价值区间评估模型。然后，对供给方价值区间评估模型中涉及的成本类参数（研发成本、交易成本、机会成本）以及需求方价值区间评估模型中涉及的收益类参数（折现率、分成率、收益期、增量利润）进行量化及确定。

4. 在成本类参数的具体确定方面，首先，将 ABC 法应用到植物品种权研发成本的确定中，解决了传统成本核算方法下植物品种权研发成本难以精确计量的困难，根据成本动因把成本精确地分配到成本对象上去，与传统的成本法相比，优势明显。其次，在对植物品种权交易成本的概念、交易方式及特点进行深入剖析的基础上，对其构成进行了确定。最后，对植物品种权机会成本进行了分析，将其分为投资机会成本及转让机会成本，并对各个机会成本的产生过程及确定进行了详细分析。

5. 在收益类参数的具体确定方面，首先，对折现率的本质及构成、确定原则进行了阐述，在对现有常用折现率计算方法进行分析的基础上，根据植物品种权价值实现规律，提出了植物品种权需求方价值区间评估模型中折现率的确定思路，即基于 CAPM 生命周期动态折现率的确定。其次，对分成率确定的理论依据、植物品种权收益与种子收益的关系进行了具体的阐述。在对传统的分成率计算方法进行分析的基础上，对现有的可比公司法确定分成率进行改进，用层次分析法缩小待估种业企业与可比上市公司之间的差异，进而得到更为准确和可靠的植物品种权分成率。再次，在对植物品种权收益期的内涵及确定原则进行阐述的基础上，提出了采用多属性综合评价法确定植物品种权收益期的思路。最后，在对收益额的本质及口径、收益额与种子生命周期关系、收益额测算一般方法进行阐述的基础之上，采取趋势线分析法对年推广面积、种子价格进行了预测，提出了增量利润的确定思路。

6. 对构建的植物品种权供需双方的价值区间进行一一复合，确定双方能够进行谈判的基础条件，在此基础之上，构建供需双方在信息不完全对称情况下的谈判模型，给出双方的最优报价策略；然后利用博弈论及贝叶斯纳什均衡，找到供需双方在各自最大满意程度下的均衡价值，该价值即为植物品种权转让交易价值的最佳体现，同时供需双方分别实现了的各自利益的最大化；最后，以 SY101 玉米品种权为例，对本书提出的评估思路进行了实证分析，并对其合理性从自身角度和对比角度进行了合理性验证。

第二节　研究局限性和研究展望

尽管本书对植物品种权价值评估理论及实务研究付出了很多努力，也得到了一些有意义的成果，但是以下问题仍然不能回避，需要进一步深入研究。

1. 植物品种权价值区间评估模型中大部分收益类参数的确定是以植物品种权价值影响因素为起点的，而影响因素的确定是建立在实际调研以及对数据资料进行整理的基础之上的，未免因为调研主体、地域等不同而带有些许主观性。如何逐步缩小这些主观性是今后应当进一步努力的方向。

2. 评估实务中对植物品种权评估方法及问题的搜集是评估思路改进及规范使用的基础。由于笔者植物品种权价值评估实务经验的欠缺，在书中缺乏对于评估方法资料以及应用程序的论述，仅对植物品种权保护的整体状况、申请与授权的具体状况以及交易状况方面进行了数据整理及分析，需要结合评估实践，进一步展开深入研究。

3. 由于我国数据信息的匮乏、评估理论研究的滞后以及植物品种权的特点，植物品种权价值评估模型中部分参数在可获得数据的基础上，采用了些许带有主观判断的方法，例如层次分析法以及模糊层次分析法。在今后的研究中，需要对参数的确定进行更多的实证研究，提高参数确定的合理性及可操作性。

附　　录

附录 A

Matlab 计算最大特征值和权向量以及检验一致性的程序代码：

```
A = [ ];
[v, d] = eig ( A ) ;
laboda = max(diag(d))
fprintf('最大特征值为%.4f\n',laboda)
xb = find(laboda = = diag(d));
fprintf('最大特征值对应的权向量为\n')
quan   vector = v(:,xb)./sum(v(:,xb))
n = length(A);
CI = (laboda - n)/(n - 1)
RI mat = [0,0,0.58,0.90,1.12,1.24,1.32,1.41,1.45,1.49,1.51];
RI = RI mat (n);
fprintf('一致性比率为\n')
CR = CI/RI
if   CR < 0.1
     fprintf('通过了一致性检验\n')
else
     fprintf('没有通过了一致性检验,需要重新修正 A\n')
end
```

附录 B

有关确定植物品种权分成率影响因素的调查问卷

尊敬的资产评估师及种业专家：

您好，我是一名博士研究生，在做植物品种权价值评估方面的研究，非常感谢您在百忙之中参与此次问卷调查，希望能得到您无私的帮助。

本次调查的目的是为撰写我的博士毕业论文做准备，找出影响植物品种权价值评估中分成率的主要因素。不存在任何商业用途，也不会泄露您的隐私。请您在以下植物品种权价值影响因素中根据工作经验选出您认为会对植物品种权分成率造成影响的主要因素，请在您所选定的因素后面画上对勾即可，如果您认为还有其他要补充的因素建议，请写在最后补充因素一栏。在此衷心地向您表示感谢！

第一层次指标	第二层次指标	第三层次指标	影响分成率的因素
植物品种权价值影响因素	法律因素	是否授予植物新品种保护	
		是否通过国家或省级审定	
		审定级别及在审定中的表现	
		转让及许可实施方式	
	技术因素	新品种的性状及稳定性	
		新品种的新颖性、特异性（替代性）	
		新品种的适应性	
		新品种配套种植相关技术	

续表

第一层次指标	第二层次指标	第三层次指标	影响分成率的因素
植物品种权价值影响因素	市场竞争因素	品种进入市场的阶段	
		品种的生命周期	
		新品种适应种植范围（审定范围）	
		新品种在市场上的竞争力	
		植物品种权实施的市场环境	
	供求因素	供给方的声誉	
		供给双方谈判能力	
		供给方选择机会	
		需求方营销能力	
		需求方研发能力	
		品种供求状况	
	其他因素	供给方推介	
		制种成本	
		转让成本	
补充因素			

附录 C

关于植物品种权分成率影响因素影响程度的调查问卷

尊敬的资产评估师及种业专家：

您好，我是一名博士研究生，在做植物品种权价值评估方面的研究。非常感谢您在百忙之中参与此次问卷调查，希望能得到您无私的帮助。本次调查是为撰写我的博士毕业论文做准备，研究植物品种权价值评估中分成率各个影响因素的重要性程度，不存在任何商业用途，也不会泄露您的隐私，请您根据评估实践以及工作中的实际情况填写。谢谢您的合作！

请您根据植物品种权评估工作经验以及种业行业惯例对以下 6 个影响植物品种权分成率的因素进行打分（根据各因素的影响程度，最高为 9 分，最低为 1 分，不存在得分相同的情况）。

影响植物品种权分成率的因素		得 分
技术因素	新品种性状及稳定性	
	新品种进入市场阶段	
市场竞争因素	新品种竞争能力	
	新品种适宜种植范围	
法律因素	新品种许可及审定状态	
经济因素	新品种市场供求状况	

附录 D

有关确定植物品种权收益期影响因素的调查问卷

尊敬的资产评估师及种业专家：

您好，我是一名博士研究生，在做植物品种权价值评估方面的研究，非常感谢您在百忙之中参与此次问卷调查，希望能得到您无私的帮助。

本次调查的目的是为撰写我的博士毕业论文做准备，找出影响植物品种权价值评估中收益期的主要因素。不存在任何商业用途，也不会泄露您的隐私。请您在以下植物品种权价值影响因素中根据工作经验选出您认为会对植物品种权收益期造成影响的主要因素，请在您所选定的因素后面画上对勾即可，如果您认为还有其他要补充的因素建议，请写在最后补充因素一栏。在此衷心地向您表示感谢！

第一层次指标	第二层次指标	第三层次指标	影响分成率的因素
植物品种权价值影响因素	法律因素	是否授予植物新品种保护	
		是否通过国家或省级审定	
		审定级别及在审定中的表现	
		转让及许可实施方式	
	技术因素	新品种的性状及稳定性	
		新品种的新颖性、特异性（替代性）	
		新品种的适应性	
		新品种配套种植相关技术	

续表

第一层次指标	第二层次指标	第三层次指标	影响分成率的因素
植物品种权价值影响因素	市场竞争因素	品种进入市场的阶段	
		品种的生命周期	
		新品种适应种植范围（审定范围）	
		新品种在市场上的竞争力	
		植物品种权实施的市场环境	
	供求因素	供给方的声誉	
		供给双方谈判能力	
		供给方选择机会	
		需求方营销能力	
		需求方研发能力	
		品种供求状况	
	其他因素	供给方推介	
		制种成本	
		转让成本	
补充因素			

附录 E

关于 A 种业公司个别风险因素的调查问卷

各位专家您好！

由于要对 A 种业公司研发的拟转让玉米品种权 SY101 的价值进行评估，需要了解这该玉米品种权给 A 种业公司带来的风险，以及影响 A 种业公司个别风险因素的重要程度。所以请您根据您的经验完成下面选项。希望您能积极参与，谢谢！

1. 根据 A 种业公司的情况来看，你认为以下各因素对该公司个别风险的重要程度是多少？（很重要 5 分，比较重要 4 分，一般重要 3 分，比较不重要 2 分，不重要 1 分，请在所选分数上打√）

①企业规模风险　5　4　3　2　1

②企业经营风险　5　4　3　2　1

③企业管理风险　5　4　3　2　1

④企业财务风险　5　4　3　2　1

2. 根据 A 种业公司的情况来看，你认为以下各因素对 A 种业公司的规模风险的重要程度是多少？（很重要 5 分，比较重要 4 分，一般重要 3 分，比较不重要 2 分，不重要 1 分，请在所选分数上打√）

①总资产　5　4　3　2　1

②人力资源风险　5　4　3　2　1

③营业风险　5　4　3　2　1

3. 根据 A 种业公司的情况来看，你认为以下各因素对 A 种业公司的经营风险的重要程度是多少？（很重要 5 分，比较重要 4 分，一般重要 3 分，比较不重要 2 分，不重要 1 分，请在所选分数上打√）

①企业历史经营状况　5　4　3　2　1

②企业授权推广区域　5　4　3　2　1

③植物品种权所处生命周期阶段　5　4　3　2　1

④植物品种权对应新品种性状表现及稳定性　5　4　3　2　1

4. 根据A种业公司的情况来看，你认为以下各因素对A种业公司管理风险的重要程度是多少？（很重要5分，比较重要4分，一般重要3分，比较不重要2分，不重要1分，请在所选分数上打√）

①种子销售服务机制　5　4　3　2　1

②新品种技术开发能力　5　4　3　2　1

③种子质量控制风险　5　4　3　2　1

5. 根据A种业公司的情况来看，你认为以下各因素对A种业公司的财务的重要程度是多少？（很重要5分，比较重要4分，一般重要3分，比较不重要2分，不重要1分，请在所选分数上打√）

① 杠杆系数　5　4　3　2　1

② 流动性　5　4　3　2　1

③ 保障比率　5　4　3　2　1

④ 资本资源获得　5　4　3　2　1

参考文献

[1] David RR Parker. An Insititutional Perspective on Property Research. Sixth Annual Pacific Rim Real Estate Society Conefrence. http://business. unisa. edu. au, 2000.

[2] Gerald G. Udall. Thomas A. Patter. Pricing New Technology [J]. Research. Technology Marketing, July-Aug, 1989.

[3] Goldscheider Robert, Jarosz John, Mulhern Carla. Use of the 25 Percent Rule in Valuing IP [J]. Les Nouvelles. 2002 (12).

[4] Guidelines for Evaluation of Transfer of Technology Agreement [M]. United Nations. New York, 1979.

[5] Jaffe A J, Lusht K M. The Concept of Market Value: Its Origin and Development Published Paper. Institute for Real Estate Studies College of Business Administration. The Pennsylvania State University. 1985.

[6] Jordan Smith. Valuation of Intellectual Property and Intangible Assets [M]. John Wiley & Sons In New York, 1989.

[7] Keith Spence, Hons. B. Sc, MBA. An Over view of Valuation Practices and the Development of a Canadian Code for the Valuation of Mineral Properties Export Development Corporation Mineral Economics Society 2000, (3).

[8] Lintner. Security Prices, Risk and Maximal Gains form Diversification [J]. Journal of Finance, 1965 (12).

[9] Lintner. Security Prices, Risk and Maximal Gains form Diversification [J]. Journal of Finance. 1965 (12).

[10] Michael Blight. Pacific Rim Real Estate Society Conefrence

Brisbane. An Alternative Method For Residential ProPerty Valuation. ProPerty Research Centre School of Construction. Property and Planning January 2003.

[11] Michael Blight. Pacific Rim Real Estate Society Conference Brisbane. An Alternative Method For Residential Property Valuation. Property Research Centre School of Construction. Property and Planning. January 2003.

[12] Michael R Milgrim PhD, IVSC Lead Editor. International Valuation Standards for Global Property Markets. Delivered at the Japan Real Estate Institute in Tokyo. www. Ivsc. org/pubs/archives. Jan. 2001.

[13] Neil Crosby, Steven Devaney, Tony Key and George Matysiak. Valuation Accuracy: Reconciling the Timing of the Valuation and Sale. European RealEstate Society. www . rdg. ac. uk. 2003 (6).

[14] Neil Crosby. Valuation Accuracy, Variation and Bias in the Context of Expectations. Journal of Property Investment and Finance. 2000 (2).

[15] Nick French. A Question of Value A Discussion of Property Pricing and Definitions of Value The University of Reading UK. 2001.

[16] Osman. The Price of Technologies & Their Price Formation [J]. European Journal of Marketing. Vo1. 20 No. 1. 1986.

[17] Peter Dent, MarionTemPle. Economic Value – a Methodological Dilemma? Centre for Real Estate Management School of Architecture. RICS Cutting Edge Conefrence Oxford Brookes University. www. brookes. ac. uk. 1998.

[18] Ratcliff, R. U. Is there a "New School" of Appraisal Thought? The Appraisal. 1972 (10).

[19] Real Estate Appraisal . Third Edition. The American Institute of Real Estate Appraisers. http: //www. appraisal foundation. org.

[20] Sharpe. Capital Asset Prices: a Theory of Market Equilibri-

um under Conditions of Risk [J]. Journal of Finance，1964 (9).

[21] Thomas Maxwell. The Eye of SPirit：Contemplative Experience and Integral Science. www. tmax well@ zoo. uvm. edu.

[22] USPAP American Evaluation Association. www. Appraisal foundation. org. Edition. 2002.

[23] Waldy B. Valuation Accuracy. 64th FIG Permanent Committee Meeting & International Symposium. Singapore, 1997.

[24] Stephen Ross 等［吴世农译］. 公司理财［M］. 北京：机械工业出版社，2003.

[25] 安青雨．植物新品种权侵权问题研究［D］. 郑州：郑州大学．2013. 6.

[26] 步春敏．植物品种权市场化运营问题研究［D］. 泰安：山东农业大学．2012. 6.

[27] 步士贤．植物品种权转让价格形成研究［J］. 农村经济与科技，2011. 2.

[28] 陈超，展进涛，周宁．植物新品种保护制度对我国种业的经济影响［J］. 江西农业学报，2007 . 7.

[29] 陈久梅．无形资产评估理论和方法若干问题探讨［D］. 西安：西安电子科技大学，2002. 1.

[30] 陈丽娟．资产评估基本理论框架研究［D］. 保定：河北农业大学，2004. 6.

[31] 陈晓光，银路．技术商品计价原则探讨［J］. 科技管理研究，1999. 6.

[32] 崔恩渤．资产评估不确定性研究［D］. 保定，河北农业大学．2009. 5.

[33] 董娇娇．林权抵押评估的理论与方法研究［D］. 保定：河北农业大学．2012. 6.

[34] 杜瑞峰．植物品种权保护问题研究［D］. 泰安：山东农业大学，2010.

[35] 杜瑞峰. 植物品种权保护问题研究 [D]. 泰安: 山东农业大学. 2010. 6.

[36] 段毅才. 试论评估值的价值区间 [J]. 中国资产评估, 2005. 2.

[37] 高亭亭, 苏宁. 基于上海证券交易所股票样本的CAPM模型适用性研究 [J]. 山西财经大学学报, 2010. 1.

[38] 郭复初. 无形资产评估的特点与科学依据 [J]. 四川会计, 1994. 9.

[39] 郭兴海. 浅谈无形资产评估中价值载体的确定 [J]. 中国资产评估, 2001. 1.

[40] 何宽. 特许专利技术收益分成率分析及评价研究 [D]. 成都: 西南石油大学. 2006. 4.

[41] 贺湘华. 资产评估中的评估对象概念新释 [J]. 中国资产评估, 2003. 5.

[42] 侯树虎. 我国植物品种权侵权问题研究 [D]. 泰安: 山东农业大学. 2011. 6.

[43] 胡凯, 张鹏. 我国植物新品种权申请授权状况分析 [J]. 技术经济与管理研究, 2013. 1.

[44] 胡晓明, 冯军. 企业估值中折现率的确定: 基于CAPM模型 [J]. 会计之友, 2014. 2.

[45] 户晓坤. 马克思政治经济学批判的哲学基础及其当代意义 [D]. 上海: 复旦大学. 2008. 6.

[46] 贾志安. "种业新政"加速行业合纵连横 [J]. 农村. 农业. 农民: 下半月, 2012. 5.

[47] 姜楠. 对无形资产评估价值决定理论的重新认识 [J]. 东北财经大学学报, 2001. 11.

[48] 康均心, 王敏敏. 农产品品种权法律保护问题研究 [J]. 湖北警官学院学报, 2013. 2.

[49] 郎晓新. 加工制造型民营企业生命周期测度的实证研究

[D]. 长沙：中南大学 . 2008. 6.

[50] 乐明凯 . 我国农业种子安全的法律问题研究——基于当前外资进入背景 [D]. 武汉：华中农业大学 . 2012. 6.

[51] 李贯忠 . 收益法评估专利价值若干评估技术参数确定方法研究 [D]. 沈阳：东北大学 . 2009. 6.

[52] 李国芳，陈华伟 . 基于市场的农作物品种技术价值评估 [J]. 中国种业，2008 . 3.

[53] 李国芳，赵邦宏 . 关于农作物新品种价值评估的一些思考 [J]. 中国资产评估，2007. 7.

[54] 李国芳 . 农作物品种价值评估研究 [D]. 保定：河北农业大学 . 2008. 5.

[55] 李红娟，孙济庆 . 知识产权的价值评估模型研究 [J]. 科技情报开发与经济，2007. 27.

[56] 李家媛 . 无形资产评估理论及方法探讨 [D]. 成都：西南财经大学，2002. 4.

[57] 李杰，孟祥军 . 无形资产评估折现率：美国的研究成果及启示 [J]. 中国资产评估 . 2007. (11).

[58] 李杰，孟祥军 . 无形资产评估折现率：美国的研究成果及启示 [J]. 中国资产评估，2007.

[59] 李小娟，李曼 . 王淑珍，关于农业无形资产的探讨 [J]. 经济论坛，2004. 15.

[60] 李秀丽 . 农业知识产权评估研究 [D]. 保定：河北农业大学，2012.

[61] 李雪莹 . 无形资产评估中折现率问题探讨 [J]. 合作经济与科技，2014 . 10.

[62] 李延喜 . 基于动态现金流量的企业价值评估模型研究 [D]. 大连：大连理工大学，2002.

[63] 李珍 . 森林资源资产抵押贷款价值评估研究 [D]. 保定：河北农业大学 . 2013. 6.

[64] 廖秀健，谢丹. UPOV91 文本与 78 文本的区别及其对我国的影响 [J]. 湖南科技大学学报（社会科学版），2010 . 2.

[65] 刘斌强，江玉得. 基于专利信息分析的技术生命周期判断与应用 [J]. 唯实，2011. 1.

[66] 刘凤朝，刘则渊. 关于知识产权评估的几点思考 [J]. 科技管理，2001. 12.

[67] 刘淑琴，刘天婵. 资产评估在财政支出绩效评价中的优势分析 [J]. 山西财政税务专科学校学报，2013. 6.

[68] 吕方军. 农业植物新品种权保护问题研究 [D]. 泰安：山东农业大学. 2014. 6.

[69] 吕凤金. 植物新品种保护对我国种子产业的影响研究 [D]. 北京：中国农业科学院. 2006. 6.

[70] 罗伯特. F. 赖利等 [伍颖等译]. 商业价值评估与知识产权分析手册 [M]. 北京：中国人民大学出版社，2006.

[71] 罗斯等 [吴世农译]. 公司理财 [M]. 北京：机械工业出版社，2003.

[72] 罗忠玲. 农作物新品种知识产权制度研究 [D]. 武汉：华中农业大学. 2006. 6.

[73] 马敬. 国际知识产权贸易中的价值评估问题研究 [D]. 沈阳：沈阳工业大学. 2007. 3.

[74] 马小琪. 基于博弈论的资产评估机理与方法研究 [D]. 哈尔滨：哈尔滨工业大学，2006.

[75] 马忠明，易江. 专利价值评估的实物期权方法 [J]. 价值工程，2004.

[76] 茅宁. 项目评价的实物期权分析方法研究 [J]. 南京化工大学学报，2000. 2.

[77] 牟萍. 植物品种权研究 [D]. 重庆：重庆大学. 2009. 6.

[78] 聂建青. 植物品种权成本收益分析 [D]. 泰安：山东农业大学. 2011. 6.

[79] 全国注册资产评估师考试用书编写组. 资产评估 [M]. 北京：经济科学出版社，2007.

[80] 沈永清. 技术型无形资产价值评估方法研究——基于粗糙集理论的评估模型 [J]. 北京交通大学学报，2007. 3.

[81] 宋霞. 植物品种权交易估价问题研究 [D]. 泰安：山东农业大学. 2008.

[82] 宋霞. 植物品种权交易估价问题研究 [D]. 泰安：山东农业大学. 2008. 6.

[83] 苏勇，周颖，郭岩. 商标、商誉价值的评估方法探析 [J]. 商业研究，2002. 2.

[84] 汪海粟. 企业价值评估十大矛盾 [J]. 经济研究参考，2000 . 5.

[85] 王建民. 企业不同生命周期阶段的成长模式选择 [J]. 北京劳动保障职业学院学报，2012. 4.

[86] 王建忠. 资产评估理论结构研究 [D]. 成都：西南财经大学. 2008. 12.

[87] 王莉. 基于市场的技术型资产价值评估与价格确定研究 [D]. 天津：天津大学. 2006. 6.

[88] 王黎霞. 基于期权定价理论的无形资产评估 [D]. 昆明：昆明理工大学. 2006. 12.

[89] 王飒. 植物新品种权的权属问题研究 [D]. 北京：北京工商大学. 2011. 6.

[90] 王淑珍，李小娟. 无形资产评估理论探析 [J]. 中国农垦经济，2004. 8.

[91] 王艳翠. 我国植物新品种的法律保护研究 [D]. 石家庄：河北经贸大学. 2010. 6.

[92] 王志强，梁明锻，陈培昆. 实物期权理论及其在资产评估中的应用 [J]. 中国资产评估，2005.

[93] 尉京红. 我国资产评估质量控制问题研究 [D]. 天津：

天津大学 . 2007. 6.

[94] 吴兴全 . 农业无形资产评估方法研究 [D]. 北京：中国农业大学 . 2005. 6.

[95] 夏健明，陈元志 . 实物期权理论述评 [J]. 上海金融学院学报，2005. 1.

[96] 许烨 . 我国植物新品种法律保护研究 [D]. 南京：南京理工大学 . 2014. 6.

[97] 闫丽萍 . 资产评估基本准则评价与经济学分析——基于评估人员对基本准则理解和应用情况的调查 [D]. 保定：河北农业大学 . 2005. 6.

[98] 杨大楷 . 无形资产区间价值动态评估模型及实证研究 [J]. 2010. 3.

[99] 杨小丽 . 房地产评估的价值区间及均衡价格研究 [D]. 保定，河北农业大学 . 2009. 5.

[100] 杨小丽 . 房地产评估的价值区间及均衡价格研究 [D]. 保定：河北农业大学 . 2009. 5.

[101] 杨艳秋 . 植物品种权价值链增值机制与增值模型研究 [D]. 泰安：山东农业大学 . 2013. 6.

[102] 杨阳 . 上市公司收益法价值评估参数差异研究——以三家医药公司为例 [D]. 北京：北京交通大学 . 2014. 6.

[103] 杨毅，张涛 . 加强农业高校知识产权保护工作的几点思考 [J]. 湖北农业科学，2013.

[104] 于磊，刘宇迪 . 专利资产评估动态分成率问题探讨 [J]. 中国资产评估，2014 . 6.

[105] 喻亚平 . 基于品种权保护的我国农作物育种制度创新研究 [D]. 武汉：华中农业大学 . 2014. 6.

[106] 苑泽明，李海英，孙浩亮，王红 . 知识产权质押融资价值评估：收益分成率研究 [J]. 科学学研究，2012 . 6.

[107] 张梅青，裴琳琳 . 期权定价理论在技术商品定价中的

应用探讨 [J]. 北方交通大学学报，2003. 3.

[108] 张荣. 生物多样性视角下我国植物品种权制度完善研究 [D]. 长沙：湖南大学. 2010. 6.

[109] 张文艳. 植物品种权合作实施伙伴选择问题研究 [D]. 泰安：山东农业大学. 2011. 6.

[110] 张永榜，梁莱歆. 基于市场价值的技术资产评估研究 [J]. 中国地质大学学报（社会科学版），2004. 11.

[111] 张永榜. 技术资产价值评估方法研究 [D]. 中南大学. 2004. 11.

[112] 赵国杰，王莉. 基于市场价值的技术资产评估模型的修正——兼与梁莱歆教授商榷 [J]. 中国地质大学学报（社会科学版），2006. 2.

[113] 赵薇薇. 国有资产转制中的资产评估研究 [D]. 天津：天津大学. 2006. 6.

[114] 中国农业科学院农业知识产权研究中心. 中国农业知识产权创造指数报告（R）. 北京，2015.

[115] 周海珍. 浅论收益法中折现率的确定 [J]. 中国资产评估，2001 . 4.

[116] 周宁，展进涛. 基于 UPOV 公约的国际植物新品种保护进程及其对我国的启示. [J]. 江西农业学报，2007. 8.

[117] 周衍平. 农业技术产权问题研究 [D]. 泰安：山东农业大学. 2003. 5.

[118] 周作斌，张云论. 知识产权与人权的冲突及协调——以植物新品种权与农民权关系为视角 [J]. 陕西行政学院学报，2012. 2.

[119] 朱爱辉，刘媛媛，马亚男. 约当投资分成法在动态联盟利润分配中的运用 [J]. 科技管理研究，2008 . 6.

[120] 邹海雷，专利权定价的买物期权方法 [J]. 重庆工商大学学报，2004. 1.

后　记

本书是以我的博士论文为基础完成的，在本书完成之际，我衷心地向我的博士生导师——河北农业大学商学院尉京红教授致以最诚挚的感谢和最深厚的敬意。尉老师慈祥、睿智、和谐的音容犹如一幅优美的画卷，将铭记我心。

能够走进河北农业大学学习资产评估一直是我心中的梦想，而能够成为尉老师的学生则更增添了一份幸运。尉老师从事资产评估研究工作多年，理论和实践经验丰富。从我论文的选题、结构安排、外出实习、论文写作、修改直至定稿，尉老师都给予了我极大的帮助。每当遇到瓶颈时，尉老师总能发表其独特的见解为我指点迷津，已记不清多少次尉老师顾不上吃饭与我探讨论文写作思路直至深夜。其深厚的学术功底、严谨认真的治学态度、缜密的逻辑思维，使我受益匪浅，是我终生学习的榜样。尉老师经常教导我："要认认真真干好每一件事，不要着急去考虑结果。"恩师的这句话我一直铭记在心，并指引我前行。论文的完成倾注了恩师大量的心血，在此表示深深的谢意。

感谢河北农业大学商学院王建中教授、许月明教授、郭丽华教授、张玲教授，河北农业大学经济贸易学院赵邦宏教授、王健教授、路剑教授、张润清教授、孙文生教授对我论文给予的帮助、指导和宝贵意见。

感谢国际交流合作处任晓坤，在外文资料搜集及翻译过程中给予的热心帮助；感谢北京中金浩资产评估有限责任公司丁坚董事长、项目经理张志飞以及段知路在论文案例资料搜集过程中给予的极大帮助。

感谢我的师兄于磊副教授、师姐李名威副教授以及李珍老师在我论文资料的收集以及写作过程中给予的极大帮助和指导。每每想起，内心禁不住洋溢着感激之情。同时还要感谢河北农业大学商学院物流系系主任刁钢副教授、渤海校区基础课部周旭老师对我论文中模型的运用提出的建设性意见。

感谢我的博士班同学：刘国峰、周瑾、李庄玉、刘鹏、赵文华、白丽。他们在学习和生活中给予我关心和鼓励，共同度过的宝贵学习时光永远值得珍惜。一路有你们，才使得这漫长而艰辛的博士历程充满快乐和期待。

感谢我的两位小师妹李静茹和王晓辉对本论文进行的多次仔细认真的校对，正因为你们的辛勤付出和工作，才使得我的论文顺利出版。

此外，特别感谢我的父母，二十多年漫漫求学路，是父母在背后做我坚强的后盾，是父母默默支持我并在我的生活中无私的付出，才成就了今天的我。因为有了父母不求回报的爱，才让我有了面对困难的勇气，挫折面前依旧乐观，坎坷面前依旧坚强。

最后，感谢我的爱人孙明臻在生活中对我的包容、理解与支持，给予了我无限的精神动力。

谨以此文表达对所有出现在我生命中关怀和爱护我的人的祝福，祝愿爱我的和我爱的人们幸福、平安、快乐。

刘　宇

2018 年 6 月